政策評価の実践とその課題

|アカウンタビリティのジレンマ|

山谷清志 著

The Practices and Problems
of Policy Evaluation
Dilemma of Accountability
KIYOSHI YAMAYA

萌書房

目　　次

序　章　わが国における政策評価の理論と実践……………3
　1　3つの体系……………………………………………3
　2　「評価」とは何か……………………………………5
　3　評価方式と評価手法…………………………………8
　4　アカウンタビリティのジレンマ……………………10
　5　プログラム（施策）…………………………………12
　6　政策評価の将来………………………………………17

第1章　政策評価小史………………………………………23
　1　制度導入時の経緯……………………………………23
　2　政策評価の「前史」…………………………………26
　3　導　入…………………………………………………28
　　　(1)　三重県庁　28／(2)　行政改革会議「最終報告」と中央省庁
　　　等改革基本法　30
　4　予測しなかった展開…………………………………32
　　　(1)　業績測定と数量化　33／(2)　事前評価偏重の傾向　34／(3)
　　　内部評価と客観性　35／(4)　予算との連動　38
　5　さらなる課題…………………………………………42

第2章　政策評価制度の構造………………………………47
　1　政策評価の仕組みと考え方…………………………47
　　　(1)　政策評価の仕組みを導くもの　47／(2)　政策の定義　48／
　　　(3)　評価結果の活用　50／(4)　具体的な作業　50／(5)　総務省
　　　の役割──独立性・客観性　53
　2　政策評価と他の関連概念……………………………55
　　　(1)　行政監察（administrative inspection）と監査（administ-

ii　目　次

　　　　　rative audit）　55／(2)　会計監査（audit）　59／(3)　他の評価
　　　　　との区別——外務省の例　60
　　まとめ………………………………………………………………………… 66

第3章　政策評価の手法と方式……………………………………………71
　1　「評価」の概念整理………………………………………………… 71
　2　政策評価の方式と方法…………………………………………… 74
　　　　　(1)　評価対象の選定　74／(2)　評価方法　76／(3)　評価可能性
　　　　　78
　3　検討案に対する各省庁の反応…………………………………… 78
　4　公式のガイドライン……………………………………………… 83
　　　　　(1)　政策評価の3方式　83／(2)　ガイドラインの性格と各府省
　　　　　の対応　84／(3)　評価時期　86
　5　その他の「政策評価」…………………………………………… 87
　　　　　——男女共同参画局の「影響調査」——
　6　政策評価の理論的再検討………………………………………… 89
　　　　　(1)　政策手段の問題点　89／(2)　定性的評価と定量的評価の問
　　　　　題　91／(3)　業績測定（実績評価）とプログラム評価（評価研
　　　　　究）　93
　　まとめ………………………………………………………………………… 96

第4章　ガバナンス理論とNPMの影響…………………………………99
　はじめに……………………………………………………………………… 99
　1　ガバナンス理論の起源…………………………………………… 100
　2　ガバナンス理論の類型…………………………………………… 101
　　　　　(1)　7つの類型　101／(2)　その他のガバナンスの類型　105
　3　ガバナンス型改革の日本的展開………………………………… 107
　　　　　(1)　日本における特徴　107／(2)　ガバナンス理論とNPMの
　　　　　融合　109
　4　評価におけるNPMの影響……………………………………… 110
　　　　　(1)　「評価研究」の登場と展開　110／(2)　評価の普及と政府改

　　　　革の始まり　111／(3)　NPM型ガバナンス改革と業績測定の普
　　　　及　113
　まとめ……………………………………………………………………115
　　　──わが国での導入とその影響──

第5章　諸外国の政策評価と中央府省……………………123
　　　　　──何を，どのように受容したか──
　はじめに…………………………………………………………………123
　1　総務省（行政評価局）……………………………………………124
　　　　(1)　アメリカ　124／(2)　イギリス　126／(3)　カナダ　128／(4)
　　　　オーストラリア　130／(5)　ニュージーランド　131／(6)　韓国
　　　　131／(7)　総務省の調査傾向と教訓　132
　2　経済産業省…………………………………………………………133
　3　財務省………………………………………………………………134
　　　　(1)　政策評価の「制度」の各国比較　135／(2)　政策評価の仕
　　　　組み──4カ国における概要　135／(3)　財務省調査の特徴
　　　　137
　4　国土交通省…………………………………………………………137
　　　　(1)　国土交通政策研究所　137／(2)　ドイツの政策評価に関す
　　　　る研究　139／(3)　国土交通省のまとめ　139
　5　その他の機関………………………………………………………140
　　　　(1)　外務省　140／(2)　会計検査院　141
　まとめ……………………………………………………………………143

第6章　地方自治体改革と「評価」運動……………………147
　　　　　──政策評価，行政評価，経営評価──
　はじめに…………………………………………………………………147
　1　地方自治体改革の時代……………………………………………149
　　　　(1)　「事務事業評価システム」　149／(2)　「時のアセスメント」
　　　　から「政策アセスメント」へ　151／(3)　「業務棚卸法」　152／
　　　　(4)　行政経営品質改善　153／(5)　「政策マーケティング」　154
　　　　／(6)　東京都政策指標「TOKYO CHECKUP LIST 99」　156

／(7)　格付け・認証の動き　157
　2　地方自治体「評価」の特色……………………………………158
　　　　(1)　「脱政治」化　159／(2)　NPM 志向　160／(3)　政策の誤解　161／(4)　「サプライサイド」視点の評価　162／(5)　コンサルタントの活用　163
　3　「評価」の方向性………………………………………………166
　　　　(1)　行政評価への道　166／(2)　「経営評価」への吸収　171
　まとめ……………………………………………………………………172

第7章　政策評価における 技(アート) とデモクラシー……179
　　　　　　——外部評価, 政策シンクタンク, NPO——

　1　「外部評価」問題が問いかけるもの…………………………179
　2　政策評価と2つの価値…………………………………………182
　　　　(1)　2つの価値　182／(2)　政策評価のリテラシーとコンサルタント　183／(3)　政策評価と行政評価の混同　185
　3　「不幸な出会い」とNPO………………………………………187
　　　　(1)　「政策なき評価」　187／(2)　「政策シンクタンク」　188／(3)　政策評価と NPO　190
　4　デモクラシーの類型と政策評価のタイプ……………………192
　　　　(1)　プロフェッショナル評価　193／(2)　ステークホルダー評価（stakeholder evaluation）　194／(3)　協働型評価（collaborative evaluation）　197／(4)　エンパワーメント評価（empowerment evaluation）　198／(5)　政策提唱型評価（advocacy evaluation）　199
　5　評価タイプの現実的可能性……………………………………200
　　　　(1)　NPO の可能性　200／(2)　政策評価への関与の実際　202
　まとめ……………………………………………………………………204

第8章　政策評価とアカウンタビリティのジレンマ………209
　はじめに…………………………………………………………………209
　1　政策評価の導入経緯における問題……………………………211
　　　　(1)　導入の前後　211／(2)　膨大な作業負担　213／(3)　政策評

価結果を予算編成に使いたいという難問　215／(4)　ツールとして不備，洗練されていない　220／(5)　関心が移った　222／(6)　「外部評価」と客観性　223

　2　アカウンタビリティ概念の解釈……………………………………225
　　　(1)　オーダー・メイドの評価システム　225／(2)　1970年頃のアカウンタビリティ　226／(3)　「小さな政府」からNPMの時代　228／(4)　リストラクチュアリング時代のアカウンタビリティ　231

　まとめ………………………………………………………………………231
　　──戦略的評価のすすめ──

第9章　政策評価制度の見直し……………………………………237

　1　制度の見直し………………………………………………………237
　　　(1)　参議院決議（2003年7月18日）　237／(2)　総務省「政策評価制度に関する見直しの論点整理」（2004年12月21日）　239／(3)　総務省「政策評価制度に関する見直しの方向性」（2005年6月17日）　241／(4)　参議院「政策評価制度の見直しに関する決議」（2005年6月22日）　243／(5)　閣議決定「政策評価に関する基本方針の改定について」（2005年12月16日）　244／(6)　閣議決定「行政改革の重要方針」（2005年12月24日）　249

　2　見直しの各論………………………………………………………251
　　　(1)　予算との連携　251／(2)　独立行政法人評価との連携　253／(3)　メタ評価（meta-evalation）の問題　260／(4)　外部評価の課題　265

　まとめ………………………………………………………………………274

[資料編]

　行政機関が行う政策の評価に関する法律……………………………278
　政策評価・独立行政法人関連年表……………………………………287
　　　　　　　　　　　　　　　＊
　参考文献…………………………………………………………………289
　おわりに…………………………………………………………………299
　索　引……………………………………………………………………309

政策評価の実践とその課題
―― アカウンタビリティのジレンマ ――

序章　わが国における政策評価の理論と実践

　政策評価とは政治家の誤解と，多くの研究者の無理解，実務家の反感に見舞われた珍しい分野である。導入された時から実務では廃止の声が上がり，役に立たないと嫌みを言われ続けた。一部の政治家が行政のあら探しの道具だと誤解したからであり，公務員にとっては本業以外の評価に多大な手間暇がかかったからである。また一部の行政研究者（行政法学者や行政学者）からは，いい加減な研究分野だと揶揄された。制度そのものが未熟であるだけでなく，彼ら研究者のよって立つ「法規国家を基調とする日本的文脈」と違う評価の思考が矛盾を起こしたためかもしれない。その一方で，大多数の国民はその存在すら知らない。

　本書はこうした政策評価に対する誤解のもつれをほどき，状況をいく分かでも改善するための，ささやかな試みである。

　その手始めとしてこの序章では，政策と行政と専門分野の3つの体系，「評価」そのものの特有の理解，評価方式と評価手法の区別，アカウンタビリティのジレンマ，そしてプログラムの必要性という日本の政策評価をめぐる特有な事情を説明する。

1　3つの体系

　政策評価が注目されたのは1990年代であったが，その後色いろな社会情勢，経済状況の影響を受けて（第1章を参照）「行政機関が行う政策の評価に関する法律」（2001年6月29日法律第86号，以下「政策評価法」）が制定・施行され，政策評価の現場では総合評価（Comprehensive Evaluation――英文名は総務省行政評価局による，以下同じ），実績評価（Performance Evaluation），事業

評価（Project Evaluation）の3方式で実施されてきた。

　紛らわしいのは政策評価と行政評価の存在である。両者は理論上明らかに違うものであるはずだが[2]、地方自治体の現場では同じものとして用いられてきた。理由は「両者をあえて区別する実益がなかった」という現場の人たちの言葉が本音であろう。しかし、両者が混同されたまま導入されたため、多くの人びとに誤解を与え、誤った使い方が広まった（たとえて言えば、薬名を混乱して異なる症状に処方した、異なる効能の薬であることを承知しながら患者に処方したので症状が改善しない、副作用（現場の混乱）が強すぎて体に有害、役に立つと勧められ素人が訳の分からない健康食品を購入して金をドブに捨てた）。政策評価、行政評価、事務事業評価、経営評価、独立行政法人評価など、日本全体で一度に多くの評価が導入され、大混乱に陥ったのである。

　政策評価と行政評価は、行政と政策の機能上の違いとその研究分野の違いを正しく理解できれば区別できる。たとえば教育行政・福祉行政・医療行政というところに共通する「行政」の機能とそれを研究対象にする行政学という学問分野、教育政策・福祉政策・医療政策に共通する「政策」の機能とこの政策を研究する政策学、そして教育・福祉・医療の各プロフェッションと教育学・福祉学・医学という3種類の異なる体系があり、これらを区別できるかどうかで、本来の政策評価と行政評価の区別が付くはずである。ただ、難しいのは、これら本来異なるはずの3体系が微妙に重なり合っているからである（またそれでなければ組織や人事は動かない）。しかし、研究分野では整理が進んできている（**表序-1**を参照）。

　たとえば、2000年9月25日に創設された日本評価学会の紀要『日本評価研究』は、その毎回の目次においては政府開発援助（ODA）、自治体財政、社会福祉、イギリス会計検査院の外部評価機能、ジェンダーの主流化とジェンダー政策評価、感染症対策プロジェクト評価、政策工学試論など多様なテーマがちりばめられ、雑多な印象を受ける。しかし、実はこの学会の中では政策、行政（管理運営）、専門分野の上記3種類の異なる体系間の区別に配慮して研究大会運営を行い、あるいは投稿論文の査読を行っている。もちろんこれと同じ事情は評価の先進地アメリカでも見られる。アメリカ評価学会（the American

Evaluation Association) の紀要 *American Journal of Evaluation*, 国際的に著名な評価研究雑誌 *Evaluation*, あるいは応用社会研究を標榜する評価専門家の雑誌 *Evaluation Review* においても, 薬物濫用, 児童虐待, 教育コストなど一見関連がないように見える専門分野の問題が, メタ評価, 地方自治体当局の評価能力向上, 政策の影響力の強化などの問題とともに目次に並んでいるのである。概念整理ができていなければ理解できない目次である。

2 「評価」とは何か

ところでこの「評価」とは何であろうか。日本語で評価という時, 小学校の通信簿, 音楽コンクール, オリンピックのメダルとその色に対する世間一般の反応に見られるように, 一定の価値判断, 良し悪し, 優劣の意味合いが伴っている。そして政策評価にもこれが入り込み, 政策の良い悪い, 優劣を判断するものだという誤解が根強く存在する。場合によっては過誤行政, 失敗, 汚職や腐敗の責任を追及する仕組みであると誤った期待をされることもある。ここから2つの問題が出てきた。

1つは後述するように, わが国で法制化された政策評価は, 行政の自己評価から始まる。ここに国民の政策評価に対する期待（客観的で厳正な評価により「行政の統制」）と, 行政の実務（評価結果の現場へのフィードバックを通じた政策の自己管理）との間に大きな齟齬が存在する。

そもそも政策評価の制度は, 基本的に客観的と呼べない自己評価から始まる。また, 常識で考えてみて, よほど自虐的でなければ自己の所掌する政策の欠陥を露悪しない。それにもかかわらず, 参議院決議に代表されるように政策評価の見直しでは客観性, 厳正な実施に対する強い要請があり,（予算を増やしたい府省に対して削りたい側から）「予算への反映」が求められる。

2つめの問題は, 政策評価が価値判断や良し悪し, 優劣を決める手段であると考えられているため, 評価そのものが常に価値観に強く影響を受け続けているという問題である。

そもそも政策評価の導入の検討は, 少子化, 高齢化, 労働人口の減少, 男女

共同参画社会，産業構造の転換など，これまでに経験したことのない新しい社会状況や経済情勢の到来に対応して，政策を改めて見直したいということから始まっていた。政策転換のツールとしての政策評価である。この時の評価の基準は政策の社会における有効性と必要性，社会環境に対する妥当性・適切な関連性（relevance）であった。評価方式で言えば政策レビュー（国土交通省），プログラム評価，あるいは「総合評価」であろう。

しかしその後，法制化が準備された時期には財政破綻危機や自治体倒産の恐れが社会に蔓延し，新公共管理（New Public Management, 以下 NPM）に代表される財政危機回避型のマネジメントが重視され，政策評価にも影響した。この時期登場したのが経費削減・予算の重点化のための業績測定型の実績評価，不要不急の事務事業カットを目指す事業評価であり，そこで重視される評価基準すなわち価値は効率，費用便益，節約，経済性，「支出に見合う価値（Value for Money）」である。

このように，一方で政策評価は客観的で価値中立的であるべきだと言うが，他方そもそも評価を行う目的に強く色が付いており，その評価目的の色に合う評価方式が選ばれ，その方式で使用可能な評価方法・手法を用いているだけである。これが正しいかどうかの議論は学問的には意味がないが，政策評価もまた知らず知らずのうちに特定の価値観を反映しているという事実だけは指摘したい。そして，どのような価値観を反映させるのかという議論は，政治の場で行われるべきである。

改めて定義をすると，政策評価の議論で言う評価とは，まず第1ステップとして評価を依頼した人の目的に従って情報を集めることから始める。定性的な情報の場合もあるし，統計に代表される定量的情報，金銭に換算した情報を求められることもある。第2ステップでは集めた情報を分析し，あるいは何か（優秀事例や過去事例など）と比較する作業が始まる。そして政策評価が注目され法制度化されて後，それまで存在した研究分野から政策評価方法に取り組む著作や研究が出てきた。[3] 'Social sciences' の領域にあるこれらの研究分野の影響で，政策評価は 'science' の領域に一方の足を踏み込んだのである。

第3ステップで，こうした情報を評価の依頼者の目的に従って整理して評価

表序-1　X県の県立病院が担う医療政策の評価と他の評価視点

評価の視点	問　　い
県の医療政策の評価	国全体が予防医学，生活習慣病の予防に政策転換しているのに，県が行った高度医療に重点化する政策判断は適切か。地域の民間病院との役割分担・連携のために，適切な「紹介」を進めているか。震災時における医療協力態勢の整備。「病院改革プログラム」(2003年策定)の進捗率。
事業の評価	新しい病院棟を建設し，リハビリテーション医療と女性専用外来設置に取り組んだが，どの程度の事業実績があるか。
経営診断	現業事務委託の割合。不良債務(事業年度末日における短期資金不足)の削減率。職務給・能率給に基づく給与制度は確立しているか。SPD(Supply Processing and Distribution)・複数年契約・複合契約をしているか。
顧客満足	診察までの待ち時間の削減。NPOとボランティアの活用によるサービス向上への取り組み率。患者・家族への情報公開はどの程度進んでいるか。インフォームド・コンセントの徹底。セカンド・オピニオンの実施率。プライバシー配慮はどの程度進んでいるか。
医療の質	クリニカルパスの適用率。医療過誤の発生率。
専門家の質	医師が発表する学術論文の数。医療従事者全員の資格取得を含む研修システム整備率。臨床研修医・レジデントの受け入れ実績。
法令順守	医療法や関係法令の順守。行動規範と倫理の確立。個人情報保護と適切な情報公開などコンプライアンス活動は適切に行われているか。

シート，ロジカル・フレームワーク（Project Design Matrix : PDMと呼ぶこともある），調査報告書などにタイミングよく書き込む作業がある。行政マネジメントに有用性が高い評価シートの書き方，ODAプロジェクトの事前・事後評価を意識したロジカルフレームワーク，ODAのプログラム・レベルにある国別援助計画や特定テーマの調査（評価）に役立つ調査報告書の書き方，さらには第9章にあるように財務省が予算査定で使用する政策評価調書と政策評価の評価書をつなげる方法など，政策評価の使用目的にあった整理の仕方がこの段階では必要になってくる。これはまさに現場の実践的な「知」と「技（art）」の熟練がなければ不可能な作業である。政策評価は 'art' の世界にも一方の足を踏み込んでいると言うのはこのためである。そして実はこの 'art' の熟練度が政策評価の成否を左右する。評価目的（評価の視点）の確認，どの程度の精度で情報を収集し分析して欲しいのか，何と比較したいのか（過去の自

分の組織・財政・人口が同規模の自治体)、いつまでに結果を知りたいのかというタイミング問題、評価にどれだけ金銭コスト人的コストをかけることができるのか。これらのいわゆる'terms of reference (TOR)'を事前に詰めておかなければ、無駄な労役を現場に強いる一方で、役に立たない評価結果だという烙印を押され、現場の「評価疲れ」の原因になる。

もちろん、政策評価と評価に類似した他の見直し活動を区別することも、評価の方法の混乱、評価目的と評価方法との不適合を避けるために重要である（**表序-1**を参照)。わが国では英語で'evaluation'を意味すべき「評価」という言葉に、分析（analysis)、査定・値踏み（appraisal)、事前評価（assessment)、監査（audit)、鑑定・見積もり（estimate)、監察（inspection)、測定（measurement)、概観・総覧（review)、予告・下検分（preview)、格付け・序列（ranking)、等級付け・評定（rating)、調査・情報収集（research)、研究（study)、価値付け（value）のような多様な意味でも使用することが多いため、このような混乱、目的と方法の不適合が発生することに留意しなければならない。

3　評価方式と評価手法

わが国における政策評価の方式は、2001年1月15日に政策評価各府省連絡会議で了承された「政策評価の実施に関する標準的ガイドライン」において示された3つの標準的な方式である[5]。先に示した「総合評価」「実績評価」「事業評価」である。この3方式それぞれに代表的な評価手法は、総合評価ではプログラム評価、実績評価は業績測定、事業評価ではプロジェクト評価（費用便益分析）である。

ただ、評価方式はアメリカの評価専門誌ではこれら3つに限定されず、色いろな方式のバリエーションが見られる。たとえば政策評価を業績測定（実績評価）とプログラム評価に分けることは今や一般的な認識であるが[6]、このプログラム評価の範疇には「必要性評価」、「セオリー評価」、「プロセス評価」、「インパクト評価」、「効率性評価」が存在するという、実務の'art'の世界では非常

に説得力のある議論もある[7]。また，アメリカの研究（science）に近い，よく整理された議論としては，次の6つの類型化がある[8]。

① 'Result models'：総括的評価（summative evaluation）とも呼ばれ，組織活動やプログラムの結果，成果（outcome）を見る方式。

② '(Explanatory) process model'：政策決定から実施（implementation）にかけてのプロセスをリアルタイムで見て説明する。形成的評価（formative evaluation），プロセス評価，中間評価，モニターとも呼ばれることもある。

③ 'System model'：インプット，（政策の）構造，プロセス，アウトカム，結果の観点から体系的に見る方法と，類似のプログラムや組織の優れた結果と比較するある種ベンチマーキングに近い方法の2種類ある。

④ 'Economic models'：評価の対象（プログラムや組織）をブラックボックスにして，結果やアウトプット（便益）とインプット（費用）との関係を考える。インプットとアウトプット（アウトカム）の比率を見る効率性評価と呼ばれることもあり，あるいはパフォーマンスを見るコスト・パフォーマンスの場合もある。

⑤ 'Actor model'：顧客やステークホルダーの意向，住民満足，専門家としての規範・能力が評価基準になる。政策がその対象になる人びとにどのようなインパクトを及ぼしたか，という視点で見るならば，インパクト評価とも呼ぶことができる。

⑥ 'Program theory model'：組織活動が問題解決プログラムとして問題に介入する時の論理構造の妥当性の評価，背景・メカニズム・アウトカムの因果関係から分析する形を取る方式である。「セオリー評価」として使用される。

つまり，日本の現場においてもアメリカの理論研究においても共通して言えることは，政策評価には評価「方式」やモデルと呼ばれる評価を導く枠組み・アプローチがあり（ここでアートが役に立つ），その枠組みやアプローチの中で活用できる科学的なサイエンスの情報収集方法・分析手法・比較テクニックがあるという事実である。したがって，たとえば政策評価イコール費用便益分

析ではなく，政策評価を実施するために「事業評価」という方式の枠組みがあって，その中の具体的情報収集・分析手法として費用便益分析があると理解すべきであろう。

　そして，第9章で述べるように，実務サイドの要請で評価方式とその方法に注文がつくこともある。たとえば予算と政策評価との連携のためには施策であるプログラムを予算の単位とすることが必要で，この単位で評価する必要があり，しかも予算査定に使うには数字を出さなければ意味をなさないという注文である。この側面で限って言えば，政策評価の方式も手法もかなり選択の幅が狭まってくる。そしてこの日本の政策評価に対する注文が参考にしたアメリカでは，プログラム評価と業績測定をプログラム・レベルで統合することを推奨する実務家向けの教科書まで出ている[9]。

　いずれにしても，いくつか指示されている評価方式のいずれを選ぶのかということに関しては，現場の評価需要に合わせたアートの「技」が必要であり，またその選んだ評価方式の枠組みの中でどのような評価手法が「使えるのか」「可能なのか」に関してはサイエンスの専門知識が不可欠なのである。そして，政策評価がうまくいかないのは，このアートの部分とサイエンスの部分がミスマッチになったり，サイエンスが欠けていたり，現場で必要なアートを理解していないからである。

4　アカウンタビリティのジレンマ

　政策評価は「政府の有するその諸活動について国民に説明する責務が全うされるようにすることを目的とする」（政策評価法第1条）というねらいで制度化された。しかし，誰が，どのような立場で，どんな評価（説明）を求めているのかということを明確にしないまま，'accountability'を「説明責任」に矮小化して訳したため，政策評価を担当する現場では「説明すればよい」という安易なモラルハザードが登場した。

　たとえば，アカウンタビリティを問う主体（問責者）としては最終的には国民，その手前に国会・地方議会，そして大臣や首長が存在するが，政策担当課

の自己評価から始まってこれらのレベルにまでたどり着く回路が万全な態勢で整備されなかったため，何を求められているのか不明なまま評価業務を強いられたのが現場の担当者である（この点に関しては第2章と第8章を参照）。つまり，政策評価においては，問責者の存在が見えず，答える責任を果たす方法の指定がなかったため，アカウンタビリティ確保メカニズムがうまく機能しない致命的な制度設計ミスがあった[10]。そのため，政策評価は容易に「アカウンタビリティのジレンマ」を引き起こす[11]。

アカウンタビリティのジレンマとは言葉の通り，アカウンタビリティを担う者が相反する要求に直面してジレンマ状況に陥ってしまうことを言う。たとえば，問題に迅速な対応をして成功裏に問題を解決したい人には，細かな手続や規則は邪魔なブレーキとしか思われない。両方を一緒にやれと言われても，それはとても難しい。「真心のこもった」「手間暇をかけた」福祉の充実という目標の達成・有効性を求める声と，予算縮小・経費削減の効率化は相反する要請である。公共工事に関する住民参加や公聴会，説明会，情報公開や透明性の手続は重要でありそれを入念に行うことは当然大切であるが，それはとても時間がかかり，しかも工事本来の目的（たとえば防災・道路開通による経済活性化）が達成されることを保証しない。また，開発目標を達成し経済発展するためには，民主的な手続が邪魔になり，独裁体制が有効だという誤った言説はよく耳にするが，若干の真実もある。極論すると，一方で手続順守や合法性・合規性を求めることと，他方で効率・有効性を求めることとは相反するのである。

政策評価研修や評価体フォーラムの場で「アカウンタビリティのジレンマ」として上がった声には，以下のような例がある。

まず，政策評価に限らず様ざまな評価業務に時間が取られすぎて，本業の時間が削られる，しかし自分たちは本来政策評価のために仕事をしているのではないという話はよく耳にするジレンマ状況である。とくに評価シート1枚の中に収まるように有効性情報，効率性情報，必要性情報を科学的な根拠のある方法で説明するように求められ，また政策に関する専門家の意見やサービス受益者の感想など様ざまな情報を詰め込むように指示されているため，非常に大きな作業量になってしまい，本業の時間が削られる（本業において無責任にな

る）。時どき，意識改革が必要だと言われたので「公務員性善説」を体現しようとまじめに取り組んだが，評価書を見る側は「公務員性悪説」なので，この性悪説から見れば，所詮政策評価は自己評価なのでいくら真剣にやっても「お手盛り評価」の疑いをかけられる。政策担当者のモラールは低下する。これに関連して，ただでさえ手間暇かかる評価作業の他に，不祥事や汚職に対する予防の意味で細かな手続順守，コンプライアンスが強く求められ，本質的に評価とは違う作業をやらせられるというぼやきもある。あるいは「箸の上げ下ろしまで云々しないから結果を出せ」と言いながら，毎年事業評価や業務実績の評価，監査・会計チェックのために詳細な資料を大量に作らされ，それを重箱の隅までほじくるように細かく見られ，色いろな資料要求が次から次へと来て，本業が何もできなくなるという悲劇もある。

　そもそも政策の現場では，トップがあらゆることを細かく規定・指定して，現場がその指示通りやるということはありえない。現場には必ず一定の裁量があり，それがなければ仕事はまわらない。合法性，合規性，コンプライアンス，透明性，効率性，有効性，公平性，節約はすべて大事なことであるが，すべての作業を十分するのは現実には不可能で，どれかを優先的に行うのが現実的である。そしてどれを優先的に（大事にした）作業を進めるか，それを考えることも裁量の範囲であろう。どこまで統制するのか，自主性・自立性をどれだけ認めるのかの問題である。

　解決策はないわけではない。評価について，トップがその責任において効率だけ，経費削減だけをまずやるように指示するのであれば，ジレンマ状況は生じない。M. サッチャーはイギリス首相時代に進めた政府改革において，'Value for Money' が大事であると繰り返したが，そうした政治的な指示が必要であり，かつまた有効である。

5　プログラム（施策）

　政策評価は法の施行後3年を経た2004年から2005年にかけて，急速に方向が変化してきた。プログラムへの着目である。

実務上繰り返して求められてきた「政策評価と予算との連携」は，いくつかの地方自治体レベルで試みられてはいたが，それは予算のスケジュールに政策評価を組み込み，自治体では要所要所で知事や市長が評価結果を見ながら各課から上がってきた予算要求をチェックする方法であった。他方，国では政策評価の他に政策評価調書を別に作り予算査定の資料にしていた。もちろんその段階にいたるまでの前段階で，膨大な手間暇をかけてふるい落とし，選り分けが行われている。ただし，この程度では評価表を見て意見を言うレベルなので，参考資料程度の意味しかない。そこで予算査定に使うためには評価の単位と政策評価の単位とを一致させる，それにはプログラムが適切であるという国の府省の議論が出てきたのである（これについては第9章を参照）。

　たとえば関西のX市では事務事業評価を中心に評価活動を行ってきたが，施策レベルの評価に目を向けざるをえない状況が出た。この市では「街に花いっぱい育成事業」（農林振興課）と「公園花いっぱい事業」（公園緑化課）が並立していたが，事務事業評価だけでは各組織単位で行われる個々の事業を別々にレビューすることになる。別々の日に行ったヒアリングで原課と評価担当課との議論は金額が多い少ない程度の話で終始して継続事業になっていたが，外部有識者による「評価の評価」（メタ評価）の場で問題になったのは，この2つがそもそも何が目的で，いつまでに，何をしたいのか不明であるということであった。

　中身を見るとこの2つは市内の同一の花き生産組合から鉢植えの花を購入，街頭や公園に並べる仕事を続けていた。街と公園の対象の違い，担当課の違いはあるにしろ，事業の進め方，花いっぱいという主目的，花き農家支援の副次目的はまったく同じであった。後述する「プログラム」が同一なのである。当然2事業は統合である。事務事業を対象にする評価だけでは問題がある。

　ところでプログラムの概念はなかなか理解しにくい[12]。実務をイメージしつつ分かりやすく説明すると，以下の4つの特徴が，プログラムにはある。

① 抽象的な政策を具体的に説明したものである（例：「過疎地域のまちづくり」ではなく，「過疎地域人口の過半数を占める高齢者が買い物，通院，屋根の雪下ろしに困っている状況を改善する」）。

②　政策が対象にする問題状況の詳説，将来実現したい希望の説明。困り事をこのように解決したい，将来こんな状態にしたいということを目的として，どの程度まで解決すべきかについて目標（目的に期待する数値を付けたもの）を設定する。「いつまでに」というスケジュール，誰がやるのかという責任主体と支援者も明記する。

③　したがって，プログラムは複数のプロジェクト，事務事業の集合体であることが多い。また上記①と②を考えた事業の組み合わせで予算がどの程度必要なのか明確になってくる。

④　内容を詰めた後，住民に政策意図を明確に伝えることができるようなキャッチ・コピーを考える。たとえば，合併で過疎地域を抱え込み始めた地方中小都市では，その過疎地に住む高齢者を市の中心部に集めた方が安心で快適な生活を保証できるというコンセプトも出てくるかもしれない。しかも，電気・ガス・上下水道・除雪をはじめとしたサービスも確実に行える。これを青森市では「コンパクトシティ」（都市計画マスタープラン，1999年策定）と名付けて進めているが，このプランもプログラムに相当する。

　またODA政策の世界では，相手国の社会経済状況に合わせた援助を，相手国の開発計画と連携して進める計画（プログラム）を「セクター別援助計画」として策定している。

　プログラムに相当すると思われる例を実際行政に探して作成した表が**序-2**である。「まちづくり3法」は政策手段が規制であり，規制に関係する職員の人件費や広報程度の費用が主で，直接の支出を伴わないと思われる。しかし，これ以外のプログラムは予算との連携が可能かもしれない。

　ところで，プログラム自体には，いくつかの仕掛けが必要である。

　第1にインプットからインパクトまでにいたるプロセスの認識が必要である（**図序-1**を参照）。インプットとアウトプットの比が費用便益分析で，またインプットとアウトカムの比較が費用対効果で行われる。取り組む前の手を加えない状態と取り組んだ後の比較が「事前・事後比較」，影響評価・影響調査と呼ばれるインパクト評価もありうる。

序章　わが国における政策評価の理論と実践　15

表序-2　プログラム（Operational Manifestation of the Policy）の実例

政策	プログラム	プロジェクト	手法、関連専門分野、その他
都市政策	まちづくり3法 ①大規模小売店舗立地法（2000年施行） ②中心市街地活性化法（1998年施行） ③都市計画法（1998年～）	大規模小売店舗出店の際の商業調整を謳った大規模小売店舗法を廃止。周辺住民生活への影響に配慮した内容とする法律。中心市街地活性化法は中心市街地の活性化支援を目的とし、改正都市計画法は土地利用規制ができることとし、特別用途地区の設定ができるようにした。	都市計画、まちづくりNPO。
刑事政策	性犯罪者再犯防止処遇プログラム。	性犯罪者向け矯正教育（受講は非強制）、仮釈放者対象保護観察での矯正教育。	精神医学、臨床心理、行動臨床心理、犯罪学、犯罪精神医学。
高等教育政策	21世紀COEプログラム。	世界水準の大学の研究拠点に予算を重点配分、かつ02年度採択分に対する中間評価の結果を反映。	273拠点に約352億円。
エネルギー政策　電源三法（1974）	電源開発促進税法：発電施設等の設置促進や、石油に代わるエネルギーによる発電促進を目的。	一般電気事業者の販売電気に電源開発促進税（1kWhにつき44.5銭）を課す。	
	電源開発促進対策特別会計法：電源開発促進税の収入を財源として行う政府の経理を明確化することを目的。	電源開発促進税による収入を電源立地勘定と電源多様化勘定に区分し、あるいは特別会計法に基づく電源立地対策交付金や発電用施設周辺地域の整備のための交付金や補助金などを交付。 ・電源立地勘定（19.0銭/kWh相当）：発電用施設の設置の円滑化を図るための財政措置。 ・電源多様化勘定（25.5銭/kWh相当）：石油に代わる燃料による発電の促進を図るための財政措置。	
	発電用施設周辺地域整備法：発電用施設周辺地域において公共施設の整備を促進し、地域住民の福祉の向上を図り、発電用施設の設置を円滑化することを目的。	当該都道府県知事が作成した整備計画に基づいて、交付金が交付。公共施設：道路、港湾、漁港、都市公園、水道、通信施設、スポーツまたはレクリエーションに関する施設、環境衛生施設、教育文化施設、医療施設、社会福祉施設、消防に関する施設、国土保全施設、道路交通の安全に関する施設、熱供給施設、産業の振興に寄与する施設。	
三重県「県民しあわせプラン」戦略計画（2004～2006）。	第3編　重点プログラム「中高年者雇用・安定プログラム」（生活部）。	5事業：①短期就職実戦訓練事業、②キャリアカウンセリング事業、③次職者資格取得支援事業、④地域雇用対策推進事業、⑤ライフワークサポート推進事業。	

（注）青森県むつ市の杉山肅市長は2005年4月8日記者会見し、財政再建のため合併後の新市財政が再建団体になる可能性がかなり強い状況にあり、危機感を持って財政運営に臨むことを強調。6月中にまとまる2004年度決算で赤字額が19億円程度に膨らむ見通しで、これが05年度当初予算を計上しなければならない「カラ財源」12億円を加えると、赤字額が再建団体移行ラインの約30億円を超える可能性が強まっている。市は経費節減に努めるとともに、将来生まれる合併特例債に期待。杉山市長は今回、何らかの形で交付金を示唆する当面は電源3法交付金であるものの、この4月9日、「東奥日報」2005年4月9日。このように電源3法は目指すはエネルギー政策でありながら使用済み核燃料中間貯蔵施設立地の可否を財政再建という別の政策の文脈で語られることも多く、政策の複合をその典型例になっている。

図序-1　政策体系　政策プロセス

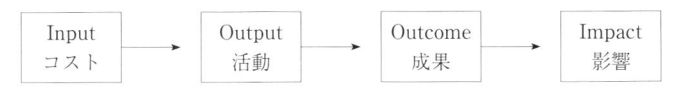

Input コスト → Output 活動 → Outcome 成果 → Impact 影響

このプロセスを適切に考えない時の不幸な例が，ある町の下水道事業で見られた。年間予算約40億円の町が下水道計画（1998年）を立案し，総事業費141億円・村負担分が63億円（インプット）をかけて下水道を建設した（アウトプット）。それを稼働して近隣の川や海の水が浄化された（アウトカム）。ここまでは良かったのであるが，観光第3セクターの多額の借金などを持つ町財政の状態を無視した下水道事業の財政負担が引き金になって財政破綻に陥り，それを嫌った周辺自治体は合併を拒否，取り残され単独でやっていかざるをえなくなった（短期的インパクト）。財政再建と称して役場職員を削減，スポーツ教室開催事業や○○映画祭・国際交流事業・子育て支援センター事業その他の事業への予算支出はすべてカット，それでも赤字が解消できずついに赤字再建団体転落確実（長期インパクト）という暗い事例である。ねらったこと，達成されたこと，副次効果，波及効果を考えたプロセス思考が必要である。

　第2に，政策体系も必要になる。政策―プログラム―プロジェクト（事業）の体系の中間レベルにプログラムが位置して，プログラムが政策を説明し，事業の展開する方向を指示するからである。鳥瞰図的に政策構想をレビューする作業と，虫瞰図的に細かな事業それぞれの可能性までを精査する作業を調整する場がプログラムであり，プログラム・プランニングの事前レビュー，プログラムの事後評価が必要になってくる。ここでは政策目的と，個々の事業との論理的整合性を因果関係的視点で論証する作業がまず必要になる。この視点で行われるプログラム評価としてとくにセオリー評価が代表的である。

　第3に必要な仕掛けは，因果関係を明確にした論理的な思考での組み立てであり，またそのための適正な実態調査とデータ収集である。たとえば，交通渋滞がひどいからと道路課に仕事を任せて道路を造る，2車線を4車線に拡幅する，バイパスを造るという対応は間違いかもしれない。現場を調査してみて，「朝の通勤時間帯に限り」マイカーに乗る人が多いから（原因），渋滞する（結

果）という理屈に変更する必要がある。そうすると，マイカーを使わなくても通勤できる交通政策体系とその政策手段としての事業を考えれば済む。マイカーが入り込まないバス・レーン（警察が監視する），自転車通勤，時差出勤など多くの事業アイディアが必要になるが，これらは道路を造り，拡幅するよりは費用が安いかもしれない。あるいはそもそも，問題の本質は道路問題ではなく住宅政策やまちづくりの話かもしれない。その時は，まったく別種の政策体系とプログラムづくりが必要になる。

　このようにプログラムは政策の目的―手段関係を説明し，うまく動くように指示・コントロールする仕組みである。これまでわが国で施策と称して実施してきたものとは違う可能性がある。政策評価の単位をプログラムにするのは国際的潮流であるが，よほど入念に取り組まなければ安易な事務事業評価の焼き直しになってしまう。

6　政策評価の将来

　政策評価の将来に関して2つの方向性を示唆したい。
　1つは実務の現場での話である。政策評価は政策の見直しである。したがって，政策評価法の枠組み以外で行われていることもある。たとえば法律の改廃の時に政策の見直しが行われる。
　代表的な例は2つある。1つは高度経済成長期，人口規模拡大期の1968年6月15日に制定された都市計画法である。この法律は，経済の低成長・高齢化社会・中心市街地の空洞化など，社会経済状況の変化に合わせてたびたび改正されてきた。この改正作業の中身そのものが政策の見直しである。また，1951年に成立した社会福祉事業法は2000年に社会福祉法として再生されたが，その大きな変更点は，行政処分の対象であった福祉サービス利用者を契約当事者にしたこと，児童福祉・高齢者福祉・障害者福祉を地域福祉という概念（プログラム）で総合化したことである。このように政策評価とは政策評価法の枠の中で限定的に行われるものではなく，実務の色いろな場で，様ざまな形で行われている日常的な活動なのである。

他方，理論研究の場でも，これまでの研究にはない新たな方向性の萌芽が見られる。それは大きなマクロの視点での研究である。たとえば第1次小泉内閣によって不良債権の最終処理が行われ，それに伴って生まれた失業者のセーフティネットとして，「緊急雇用対策特別交付金」が創設された。地方自治体が地域のニーズを踏まえて事業を実施し，公的部門における緊急かつ臨時的な雇用・就業機会の創出を図ることを目的とする特別交付金事業である。この交付金以外にも，たとえば中高年ホワイトカラー離職者向け訓練コースの充実など一連の雇用対策が提案され，経済財政諮問会議の主導で目標が設定された（2004年までに50万人強の雇用・就業機会の創出）。しかし用意されても使われない助成金が多く，現場では汚職や不正受給が多発し，さらに緊急雇用対策特別交付金で使用された評価データの信頼性に対する疑問などが報道機関によって報告されていた。この一連の流れの中で，どのような政策評価が行われ，それを基にいかなる政策の見直しを行ったのか，これは重要な研究テーマになりうる。

　あわせて，緊急雇用対策特別交付金に関する厚生労働省の評価と総務省行政評価局の客観性担保評価との関係も重要な研究テーマになる。そして，これと同じ研究テーマは他の府省と総務省の関係の中でも見られ，短期的には有望な研究の対象になるかもしれない。

　さらに，これまであまり例が見られなかった，オーラルヒストリー手法を用いた長期間にわたる政策の総合的レビューという研究方法も有望な研究領域としてありうる。[13]

　このように実務においても理論研究においても，政策評価の世界にはまだまだ「人跡未踏の地」が存在することは明らかである。しかし実務と研究のテーマ探しはいったん措いて，以下では政策評価の理論と実務における水準がどこまで到達しているのか，その 'state of the art' のレビューを行いたい。[14]

▶注

1）　古川俊一教授は日本評価学会第6回全国大会（2005年12月10日）自由論題セッションⅣで，「政策評価に見る本質的矛盾――アカウンタビリティと経営」と題し

た報告をした。ここでは「評価がNPMに資しようとしながら，法規国家を基調とする日本的文脈においてもアカウンタビリティに傾斜することで，効率性を旨とする生産性，経営思考に逆行する現象（客観的・厳格な運用によってアカウンタビリティを追求する──筆者補足）が出てくるのは，制度の組み立てとして逆説というより，本質的な矛盾といわねばならない」と説明している。なお，法規国家（Rechtstaat）とは古川教授の説明によると「法律を基礎としてその厳格な適用，運用を法律家が中心となって行う特有の国家体制を指し，フランスやドイツが代表例。日本は19世紀後半に欧州大陸から法体系を継受したので，同様な類型に属する。この対極は英国系統のコモンロー（Common Law）のシステム」である。詳しくは「日本評価学会第6回全国大会発表要旨集録」107-114ページを参照。

2） 政策評価と行政評価の概念上の違いについては，山谷清志『政策評価の理論とその展開──政府のアカウンタビリティ──』晃洋書房，1997年，第1章を参照。

3） 政策評価が注目されて既存の学問分野の研究者による多くの評価方法の文献が刊行された。その代表的なものを以下に示した。伊多波良雄編著『これからの政策評価システム──評価手法の理論と実際』中央経済社，1999年。龍慶昭・佐々木亮『「政策評価」の理論と技法』多賀出版，2000年。山田治徳『政策評価の技法』日本評論社，2000年。ハリー・P.ハトリー著，上野宏・上野真城子訳『政策評価入門──結果重視の業績測定』東洋経済新報社，2004年。規制に関する政策評価の手法に関する研究会（総務省行政評価局）『規制評価のフロンティア──海外における規制影響分析（RIA）の動向』行政管理研究センター，2004年。中井達『政策評価──費用便益分析から包絡分析法まで』ミネルヴァ書房，2005年。行政管理研究センター『政策評価の基礎用語』行政管理研究センター，2005年。

4） 政策評価の'art'の理解は，政策評価のサイエンスに関する知識と，行政現場の実際知識の両方がなければ難しい。この希有な文献が，古川俊一・北大路信郷『〔新版〕公共部門評価の理論と実際』日本加除出版，2004年，である。

5） このガイドラインで示された3つの方式は，「政策評価に関する基本方針の改定について」（2005年12月6日，閣議決定）を受けて新しく作られた「政策評価の実施に関するガイドライン」（2005年12月16日，政策評価各府省連絡会議了承）においても踏襲されている。

6） 政策評価にはプログラム評価と業績測定の2つがあるという認識をはじめとして，基本的な理解を深めるためには古川俊一「政策評価の概念・類型・課題(上)，(下)」『自治研究』第76巻第2号（2000年2月）〜第76巻第4号（2000年4月）が参考になる。

7) 田辺智子「政策評価の手法――アメリカの評価理論と実践をもとに――」『季刊行政管理研究』No. 97, 2002年3月。
8) Hanne Foss Hansen, "Choosing Evaluation Models : A Discussion on Evaluation Design," *Evaluation*, Oct. 2005, No. 11 のように必要性評価，セオリー評価，プロセス評価，インパクト評価，効率性評価に分けられるという分類もある。日本の行政の実務から見れば，この分類の方が理解しやすい。他方，別の評価モデルに関する包括的な研究 Daniel Stufflebeam, *Evaluation Models* (New Directions for Evaluation, No. 89), John Wiley & Sons, 2001 では，以下に示すように4つのアプローチ（モデルのこと，日本のガイドラインで言えば「方式」）が存在し，そのそれぞれに合計22の方法があると言う。

   Ⅰ Pseudo-evaluations
     1 : Public Relations Inspired Studies
     2 : Political Controlled Studies
   Ⅱ Questions- and Methods-Oriented Evaluation Approach
     3 : Objective-based Studies
     4 : Accountability, Particularly Payment by Results Studies
     5 : Objective Testing Programs
     6 : Outcome Evaluation as Value-Added Assessment
     7 : Performance Testing
     8 : Experimental Studies
     9 : Management Information Systems
    10 : Benefit-Cost Analysis Approach
    11 : Clarification Hearing
    12 : Case Study Evaluations
    13 : Criticism and Connoisseurship
    14 : Program Theory-Based Evaluation
    15 : Mixed Methods Studies
   Ⅲ Improvement/Accountability-Oriented Evaluation Approach
    16 : Decision/Accountability-Oriented Studies
    17 : Consumer-oriented Studies
    18 : Accreditation/Certification Approach
   Ⅳ Social Agenda/Advocacy Approach
    19 : Client-Centered Studies (or Responsive Evaluation)
    20 : Constructivist Evaluation

21：Deliberative Democratic Evaluation
　　　22：Utilization-Focused Evaluation
　　学会の交流，研究の知名度向上にはこのような包括的な研究も必要であるが，実務担当者から見ると数が多すぎて戸惑うであろうし，中には評価と呼べないものもある。
9）　James C. McDavid and Laura R. L. Hawthorn, *Program Evaluation & Performance Measurement*, Sage, 2006. プログラム評価と業績測定の統合が必要とするのは，プログラム・マネジメントを担当するセクションであり，このマネージャーが行うパフォーマンス・マネジメント（別名'result-based management'）による管理業務の見直しに業績測定が有効だと言う。Cf. McDavid and Hawthorn, pp. 4-5 and pp 383-386.
10）　田辺国昭「中央省庁における政策評価の現状と課題――期待と失望のスパイラルを超えて――」総合研究開発機構『政策形成支援のための政策評価――NIRA型政策評価モデルの提言』NIRA研究報告書0506，2005年，第2章第1節。ここで田辺教授は以下のように指摘している。すなわち「問いかける主体が欠如する場合，アカウンタビリティは十分に成立しない」（67ページ）。
11）　アカウンタビリティのジレンマとはそもそも西尾勝教授によって「行政責任のジレンマ」と呼ばれた概念を参考に考案した。行政責任のジレンマとは第1にC. ギルバートによる行政責任の類型化，すなわち制度的統制と非制度的統制，外在的統制と内在的統制の組み合わせによる4つの責任類型（外在的制度的責任・外在的非制度的責任・内在的制度的責任・内在的非制度的責任）が，相互補完的に作用するのではなく，しばしば相克し合う状況を言う。第2に，4つの責任類型のそれぞれでも起きる。詳しくは西尾勝「行政責任」『行政学の基礎概念』東京大学出版会，1990年，第9章，および西尾勝『新版・行政学』有斐閣，2001年，402-403ページを参照。
12）　プログラムの概念と政策評価に関しては，山谷清志「評価の理論と実践におけるプログラムの概念――政策評価とODA評価をめぐって――」『同志社政策科学研究』第6巻，2004年12月を参照されたい。
13）　田中弥生「構造調整借款20年間のレビューからみる日本政府の政策と判断」（『日本評価研究』Vol. 6, No. 1, 2006年）では日本の構造調整借款（1986年以来約20年間で9767億円）を対象に，開始時期の政策背景に日米貿易摩擦に取り組む日本政府の葛藤と資金環流措置があったことを指摘し，既存の政策評価やODA評価では評価しきれない構造調整借款の政策像を明らかにしている。この研究は政策の見直し，評価が政策評価の法律や制度を超えたところにも存在することを例

示している。
14）　政策評価の理論と実務の2005年段階での到達状況を明らかにした研究者と実務家による総合研究としては，政策研究大学院大学政策研究科「公共政策の決定に伴う多元的総合評価システムの構築に関する学際的基礎研究」（平成14年・15年度科学研究費補助，研究代表・大山達雄，2004年7月）がある。

第1章　政策評価小史

1　制度導入時の経緯

　政策評価制度を導入した目的や背景については，その導入が初めて公式に提言された行政改革会議「最終報告」（1997年12月3日）の説明が理解の上で参考になる。
　この最終報告はまず評価機能の充実の必要性というタイトルで，行政における評価機能の弱さを指摘する。すなわち，これまでの行政は法律制定や予算獲得に重点が置かれ，これらの効果やその後の社会経済情勢の変化に基づいて政策を積極的に見直す評価機能は軽視されがちであった。しかしながら，本来，実施段階で常にその効果が点検され，不断の見直しや改善が加えられていくことが重要であり，そのために政策の効果について事前，事後に，厳正かつ客観的な評価を行い，それを政策立案部門の企画立案作業に反映させる仕組みを充実強化することが必要である，と報告は言う。また報告は，こうして充実された評価機能が政策立案部門と実施部門との意思疎通と意見交換を促進するとともに，その過程において政策立案部門，実施部門の双方の政策についての評価や各種情報が開示されるので行政の公正・透明化を促す効果がある，というメリット論も展開する。
　この議論は一般国民から見てきわめて常識的な議論であり，行政が健全な政策活動を営むためにはごく普通に必要な考え方であるためか，行政改革会議の活動記録を見ても，さしたる議論もなく導入の話が進められている[1]。
　もっとも，最終報告の提案で政策評価制度導入の動きは終わったわけではない。中央省庁等改革に際して，評価制度に関する関連規定が「中央省庁等改革

基本法」(1998年6月成立)の第4条第6号に盛り込まれた。また，この基本法に関わる法整備の過程でも政策評価の規定が置かれ，内閣府設置法，国家行政組織法，総務省設置法に関して一括して閣議決定され，1999年4月27日国会へ提出されている。しかしなお，政策評価制度の法制化に対してはこれらの法律を検討した衆議院・参議院両院からの早急な検討を求める付帯決議，内閣総理大臣からの指示，あるいは国民各界からの要望があり，改めて「行政機関が行う政策の評価に関する法律」(以下「政策評価法」と言う)として2001年6月22日参議院可決で成立，29日に公布された。

他方，これらの立法化作業を受け，実務上の作業が進められていた。すなわち政策評価の実施体制を整備するために「中央省庁等改革の推進に関する基本方針」(1999年4月，中央省庁等改革推進本部決定)は，政策評価法の基本的な枠組みを構築する標準的ガイドラインの策定を指示した。その策定に必要な理論的検討作業は旧総務庁「政策評価の手法等に関する研究会」を中心として行われ，成果は「政策評価に関する標準的ガイドライン」[2]（2001年1月15日，政策評価各府省連絡会議了承）として策定された。

政策評価法の内容の基本的な原則は以下の通りである。まず，政策評価法は，国民に対する説明責任の徹底，国民本位の効率的で質の高い行政の実現，国民的視点に立った成果重視の行政への転換という3点を目的としている。また，各府省はその所管する政策について，その効果を把握し，必要性，効率性，有効性などの観点から評価を行い，政策の企画立案や政策に基づく活動を的確に行うために重要な情報を提供することを定めている。

政策評価法が2001年6月22日に成立し，2002年4月1日から施行された結果，政策評価は国の府省で公式に，かつ全面的に実施され，各府省は独自に基本計画や実施計画を策定し，評価結果を公表している。もちろん国よりも早い時期から取り組んでいた地方自治体においては，すでにこの時期，政策評価（行政評価）を条例にしたり，また知事や市町村長の強いリーダーシップによって導入が進められていた。

ところで，政策評価をめぐる広範な動向は，わずか6～7年の間に出てきたものであり，どのような評価手法が使われるのか，また何に評価結果を活用す

るのか，さらに導入すれば誰がどのような恩恵を受けるのか，そうした細部の議論がほとんどないまま導入された。国民一般から見れば，「唐突に」導入されたとしか思われない。そもそも，政策評価とはどのような学問にルーツがあるのかといった議論すらなかった。

そのため2002年から法律に基づき動き始めた政策評価に対しては，以前から政策評価理論の実践を考えていた人びとが違和感を持つことがあり，また行政の病理に対する万能薬とでも言うような過大な期待を寄せる人もあり，実務家の一部は手間暇がかかりすぎる割には何の役にも立たないとシニカルに批判する。いずれにしても，わが国の政策評価の理論と実態については，かなり大きな問題点が隠されているようである。

この第1章では，政策評価がこのような問題状況に陥った理由を明らかにしてみたい。もっとも，「小史」と銘打つのであれば，本来一定の期間（10年か20年）が経過した後に議論を行うべきであろう。しかし，あえてこの段階でレビューを試みた理由は3つある。1つは政策評価が法制化されて導入されてしまい，公式の制度になっているからである。この手の改革，新しい取り組みは一般に，国や地方自治体において実務上色いろ試行され，あるいは理論上必要性が執拗に繰り返されてようやく法制度化されるものが多い（行政手続や情報公開に関係した法令は必要性が主張されてから長い間を経て制度化された）。しかし，政策評価はあっけないほど簡単に法制度化された。それはなぜなのか，知る必要がある。もう1つは，そうした公式の制度になっているにもかかわらず，いまだに認知の度合が低く，一般には理解が難しいと言われ続けているが，その理由も明らかにしたい。

さらに3つめの理由として，政策評価は法制度化されているにもかかわらず，さらなる展開がありうる「硬くない制度」だからである。そもそも国会で政策評価法が審議された時すでに法律施行後3年で見直すという修正案が出され，その案は附則第2条になっている。このため，2004年度から見直し作業が始められ，その前提として導入後短時間しか経っていないにもかかわらずレビューが必要になった。政策評価とは法律になった時から，その後のオープンな改革論議が求められていた珍しい制度なのである。

2　政策評価の「前史」

　ところで，政策評価はこれまでの経緯と無関係に，突然現れたのではない。実は1990年代のいくつかの改革成果と連動して現れたと考えるべきである。その改革とは地方分権推進法（1995年），民主党「行政監視院法案」提出（1997年），中央省庁等改革基本法（1998年），「行政機関の保有する情報の公開に関する法律（情報公開法）」（1999年）などである。地方分権推進法は中央・地方間での仕事の分担関係の見直しであり，事業や政策を実施する体制が国や都道府県，もしくは市町村のいずれで行えば合理的運営が可能かという視点から行う一種の「制度評価」につながる。また，民主党の行政監視院法案は参議院を「行政監視院」として再構成しようという意図を持ち，その着想をアメリカ連邦議会付属補佐機関の会計検査院（General Accounting Office：GAO，1921年に設立，2004年7月より Government Accountability Office），とくにその行政監視機能としてのプログラム評価から得ている。さらに情報公開は政策評価と「自転車の両輪」にたとえられるように重要で，客観的な外部の第三者による評価が難しい場合に，評価に使用した情報，その収集に使ったツールや資料，評価の方法，評価結果をすべてディスクロージャーすることで客観性を高めたいという発想がある。

　なお，1996年12月16日に行政改革委員会が「行政の関与のあり方に関する基準」を定めたが，その基準，すなわち1）公共財的性格を持つ財・サービスを供給する場合，2）外部性が存在する場合，3）市場の不完全性，4）市場参加者が大きな独占力を持つ場合，5）自然（地域）独占が見られる場合，6）公平の確保が求められる場合，のいずれかがある時には行政が関与するという基準は，それ自体が行政活動と民間（営利）活動を振り分ける評価基準になるであろう。

　あるいは90年代の後半に多くの自治体で色いろ試みられた事務事業評価，公共事業評価，行政評価は，旧自治省事務次官通知「地方公共団体における行政改革推進のための指針について」（1994年10月7日）の中にルーツの一端があ

ると考えられる。すなわち事務事業の見直し，行政の責任領域と行政関与の必要性の確認，受益と負担の公平確保，行政効率・効果，事務事業の整理合理化，職員参加による明確な目標設定と効果的な進行管理の徹底，政策形成能力や創造的能力を有する意欲ある人材を育成するため明確な研修目標，住民の立場に立った行政サービスの向上などである。

　この他にも，評価の考え方を行政活動の中に取り入れようとする試みは数多い。それらすべてを列挙する紙幅はないので著名な代表例を挙げると，北海道庁が行った「時のアセスメント」（1996年）は，公共事業カットのイメージを広めることに貢献し，今日の評価ブームを招くきっかけになったものとして有名である。また建設省「公共事業の効率的・効果的実施についての検討委員会中間報告」（1996年），農水省「完了した公共事業の経済効果を調査」（1997年），建設省道路審議会建議（1997年）などは中央省庁の公共事業再評価への取り組み例として重要である。さらに，いささか性質が違うが中央教育審議会答申「今後の地方教育行政の在り方について」（1998年，多様な選択ができる学校制度の実現と「学校評議員制度」）は，教育という「ソフト」サービスの評価に踏み出すこと，またそのための新たな体制づくりを明示している。なお，1998年11月19日に公表された地方分権推進委員会の第5次勧告（「分権型社会の創造」，公共事業のあり方の見直し・非公共事業等のあり方の見直し）は，まさに分権の視点から評価の普及をバックアップしている。

　しかし，1990年代より以前にも今日の政策評価につながる考えや試み，研究が2つ存在したことはあまり知られていない。1つは旧行政管理庁行政監察局が1977年に導入した「新規施策の定期調査」である。この試みは，アメリカの各州で導入して成果を収めたサンセット・レビュー方式の日本版として一部では周知の事実である。もう1つは，会計検査院に置かれた会計検査問題研究会である。その報告書「業績検査に関する研究報告書」（1990年1月公表）は，現在導入された政策評価の先駆的研究であると言えるであろう。すなわち，様ざまな評価手法の概要説明，プログラム評価への言及，データ収集方法の説明などが行われ，また具体的な事例，たとえば今でも議論が続いている道路整備・新幹線整備・河川整備・政府開発援助・先端科学研究などのケーススタデ

ィが行われているのである。そして，現在の政策評価に対して違和感を覚える研究者には，実はこの「新規施策の定期調査」と「業績検査に関する研究報告書」のイメージが残っており，今の政策評価が「評価」ではなく測定や評定に近いこと，また政策ではなく事務事業や組織の管理についてのレビュー（management review）に接近しがちなことに違和感を覚えるのであろう。

いずれにしても，政策評価は実は様々なところでかなり以前から議論されたアイディア，導入されてきた試みの延長線上にあり，突如現れた新奇な発想のものではない。しかし，これまでの経緯を十分咀嚼して導入したのかどうかについては議論が分かれる。この点は重要である。もしこれまでの経緯を基準に考えると，制度として導入された後の政策評価はかなり違ったイメージのものになるからである。

3　導　　入

政策評価が法制度として定着してからも政策評価という統一的な方法が存在し，それが地方自治体や中央府省に共通して導入されたという誤解が存在する。しかし，少なくともわが国の場合，政策評価という特定・個別の手法は存在せず，むしろ色いろな手法の集合体であると考えるべきであろう。したがって，評価対象によって手法を使い分けることもある。あるいは政策を評価するために構築されるシステム，またはフレームワークのことを言うこともあり，そうした枠組みがない場合には評価はできない。そして評価システムや評価フレームがない時には，単なる「調査」になってしまう。

それではなぜこうした誤解が出てきたのであろうか。おそらくその原因は，出自の違う2つの評価それぞれへの期待が社会，そしてとくに行政に混在しているからであろう。

(1)　三重県庁

三重県では北川正恭氏が知事に就任後，様々な改革が試みられた。それは「サービス」「わかりやすさ」「やる気」「改革」の頭文字からなる「さわやか運

動」に象徴される。

　この改革のエッセンスは当時の三重県庁の広報誌によると成果重視の行政，結果重視の行政，生活者起点の行政というスローガンにあり[3]，このスローガンの下で横断的行政課題への対応，政策形成能力の向上，行政使命に基づく体制づくりを進めると宣言されていたのである。1996年に取り組まれた試行の具体的なポイントは事務事業の目標管理・進行管理であり，その具体的な手法の基本は目的評価表の作成にあった。1997年段階では，それがさらに研修の中で明確になる。前述の広報誌によると，「リエンジニアリング」というゼネラルエレクトリック社の経営戦略などに見られる民間経営手法に関する部次長研修，ベンチマーキング・自部門の改革方向の研修・事務事業目的評価についての所属長研修などである。同じ97年度には総合計画（その政策体系）と予算との連動，出先機関への導入，行政システム改革との連動，事務事業目的評価表を予算議論時における庁内の共通言語として機能させる試みなどが行われている。なお，この時期に事務事業が主たるターゲットになったのは，1990年代前半から取り組まれた地方行革の流れの中で事務事業の合理化が議論になったこと，また予算の単位としては事務事業（事業）がなじみやすかったことが考えられる。

　後にマネジメントの改革と呼ばれるように，このスタイルの改革はもともと政策よりは事務事業をマネジメントする体制，組織の改革に関心があったと言うべきであろう。したがって，直接には政策の評価ではなく政策実施過程の見直しである。それがアメリカの 'reinventing government' 型改革，すなわちGPRA（Government Performance and Results Act of 1993）と類似の業績評価手法を導入することにつながり，またイギリス起源のNPM型改革思想の積極的受容へとつながっていく。1998年から99年頃に政策評価（行政評価）の導入を試みた自治体のほとんどが三重県庁の視察調査に行くほどの影響力を，三重県のこれら一連の改革は持っていた。つまり，政策評価と銘打った業績測定方式と事務事業評価を取り入れた地方自治体が目指す政策評価のプロトタイプは，三重県版の事務事業評価であった[4]。

　ちなみに，国の政策評価導入の検討に際して，旧総務庁行政監察局「政策評

価の手法等に関する研究会」は三重県の担当者から公式にヒアリングしたことがある（1999年9月9日）。しかし，県は中央府省レベルとはそもそも統治制度自体が根本から違い，法定受託事務や補助金・地方交付税などが介在し，政策立案や執行，予算の仕組みとプロセスが異なっている。参考になるが，そのまま取り入れるのは難しいという空気であった。これが，国では政策評価と呼び，地方自治体では行政評価という区分の分岐点になったと言えるであろう。

(2) 行政改革会議「最終報告」と中央省庁等改革基本法

このような経緯から，国の政策評価は三重県をはじめとする地方自治体の評価とは異なる方向に向かった。政策目的を達成する手段の「事務事業」評価よりは，政策そのものの合理性に関心があったからである。また政府改革，中央省庁再編成という数十年に一度の大きな出来事の中で議論されていたからでもある。この状況証拠は，行政改革会議において政策評価が議論された同じ場で何が議論されたのかを見ることで明らかである[5]。もっとも，行政改革会議において公式に政策評価が議論された回数は多くなく，政策評価については1997年の秋に数回，行政改革会議の議事録に見える程度である。極論すると，あまり議論されずに政策評価を導入するという「ポリシー」が決まってしまったのである。その意味では，政策評価に批判的であればあるほど「拙速」だと非難する。ただ，政策評価導入の必要性には表面化しなかった議論があり，導入にいたるまでにはそれなりの問題意識と，それを克服するための計算があった。

すなわち，かつて通商産業省（「通産省」）から行政改革会議事務局に出向し，後に参議院議員になった松井孝治氏によると，通産省では1995年頃から大臣官房を中心に「政策レビュー」と称して既存政策の意義を問い直し，意義を失った「政策」のスクラップや改善を行おうという動きがあったと言われる[6]。通産省大臣官房総務課の法令審査委員は当時，翌々年度の通産省新政策の取りまとめや政策レビューも担当しており，事実上通産省内の政策の評価と新規政策の立案を担当していたのである（その意味では「政策評価」というコンセプト自体は，通産省時代からあったと言うことができる）。その当時認識された問題点は，整合性の取れない政策が，重畳的に細々積み重ねられていた点である

（たとえば地域振興立法，工業再配置法，テクノポリス法はすべて類似目的を持つ政策であった）。省内外の「縦割り行政」がそれをさらに助長したと言われる。このような問題を解決し，縦割りを排除し，政策の企画立案と執行の部分を区別して内閣官房機能・官邸機能を強化するためには，政策評価のような仕組みが必要だと認識されていたのである。その政策評価のコンセプトを考える過程にはGAOのプログラム評価，とくに議会付属機関で政策提言までも業務の範囲に含めたGAOの評価イメージが影響しており，三重県の地域経営や内部評価型目標管理とは違う発想であったと松井氏は明確に述べている。

　中央府省の政策評価導入の経緯と地方自治体，とくに三重県をプロトタイプにする政策評価（行政評価）導入の流れが微妙に違っているのは2つ理由がある。1つは地方自治体が自治体経営，とりわけ財務管理，予算管理，組織管理，人事管理などマネジメントの改善，管理能力強化がどうしても重要であったのに対して，中央府省はそうした方向よりはむしろ政策官庁としての政策企画立案能力，政策それ自体の品質改善（通産省）が重視されていたということである。とくに，公選のトップをいただく地方自治体が組織改革，職員の意識革命を打ち出そうとする部分と，政策志向を強めることで中央府省改革の内容充実を図ろうとする部分との違いが際立つのである。

　2つめは，地方自治体で行う公共事業のスクラップ・アンド・ビルド志向と，中央府省が行う政策のスクラップ・アンド・ビルド志向とは若干性格が違うということである。松井氏の言うごとく，あるいは通産省時代の「政策評価研究会」[7]や旧総務庁行政監察局の「政策評価の手法等に関する研究会」でも見られたように，政策の背景にある思想や思考様式の見直し・評価がまず第1に来るのが中央府省なのである。他方，地方自治体ではまずダムや道路事業の中止・休止，行政コストの削減から議論が始まることが多かった。国民との距離の遠近がそうなった背景にはあると思われるが，そもそも中央府省は政策官庁，地方自治体はその政策の枠内での事業担当機関という位置付けが大きいと思われる。

　もちろん，政策評価が国の府省と地方自治体と同じである必要はなく，またその置かれている制度上の立場の違い，仕事の分担関係から，むしろ別のもの

であった方が国民から見れば理解しやすいことになる。政策評価とは1つの手法があるのではなく，色いろな手法の集合体であって，その理論と実践は評価を何に使うのか，その目的によって使い分ける方向に進んできた。それがたまたま政策官庁的な中央府省と，事業担当機関的な地方自治体とでは違う性格になったと見るのが妥当であろう。「2つの流れ」はこうして始まったのである。

4　予測しなかった展開

　政策評価はこのように，まったく異なる背景とねらいを持つ意図が，それぞれ起源を別にしていることをあまり自覚しないまま，ほぼ同じ時期に日本の行政の中に登場し，整理されないまま驚くべき速さで普及し，同じ「評価」という名前の法律や条例になってきた。もちろん普及にあたっては，現場における実行可能性から理想的すぎる部分を断念し，あるいは問題を先延ばししたこともあった。とくに導入する時の期待や思惑がバラバラであったこと，政策評価理論の成熟度・実務適用可能性が高くなかったこと，評価担当者の能力が十分でなかったこと，さらに各府省の政策の特性が大きく異なったことなどが理由になって，政策評価のバリエーションはコントロールが難しいほど拡大した。

　また，政策評価を求める側に誤解があって，現場では無理だと思われる要請が出された。たとえば，政策評価は行政の害悪（無駄，過剰人員，過大投資，目的を喪失した政策）に対する有効な治療手段だという誤解は，政策評価それ自体を間違った方向に導く恐れがある。また，事後評価よりも事前評価を重視したいという思惑，政策評価を行政の宿痾である非能率を改善するマネジメントのツールとして使いたいという意向，評価の客観性確保という要請，予算編成と政策評価とを連動させたいという強い要望などは，まだ制度が誕生したばかりの政策評価に過大な使命を担わせてしまった。

　もっとも，似たような勘違いは，NPM信仰にも見られる。わが国とは行政の制度も公務員文化も違い，わが国よりも政治的リーダーシップが強いアングロ・サクソン流のNPMに，なぜ過大な期待を持ったのか不明であるが，公務員経験があるごく一部の専門家の冷静な議論を除いては，あまり説得力がない

まま政策評価に反映させようとするブーム（熱）が続いた。その結果として効率，支出に見合う価値（Value for Money），競争原理，市場化，業績重視を標榜する NPM の強いインパクトは，他の様々な思惑や誤解と相まって，思わぬ方向にわが国の政策評価を展開させた。

以下ではそのうち，政策評価制度が発足してすぐに出てきた予測しなかった課題を取り上げ，その課題の背景について説明を加えたい。

(1) 業績測定と数量化

予想外の展開として最初に取り上げるべきであるのは，政策評価を業績測定（performance measurement）と同一視する理解が広がったことである。導入後の政策評価は，実績評価と呼ばれる業績測定と事業評価を結合したような存在になっているので，あながちこの種の理解は間違っているとも言えない。もちろん「政策」や「施策」の目標を数値化し，その達成度を測定することによって行政の外部にいる市民（行政の素人）の政策に対する理解，政策効果の把握が進むという思惑があり，そうした考えを基に業績測定は進められてきた。素人と玄人との「情報の非対称性」を克服しようとする意図である。同時に行政の現実を見ると，評価に関わる専門的な知識，たとえば計量経済学や「応用社会学」的な社会調査法，あるいは統計学の素養がない公務員が評価を担当するのであれば，こうした業績測定の有用性は高いと言わざるをえない。そこでは簡易評価方式の評価シートを使い，業績測定，「疑似」定量評価が多用されるのである。

しかし，業績目標が政策目標とイコールであることは難しく，単なるアウトプット指標や活動指標であることが少なくない。行政サービスの提供実績にすぎないことも多い。業績測定を政策評価として活かすためには，まず政策と施策の概念定義をした上で社会科学や工学的な発想，あるいは統計の素養を活用するが必要があると言われるが，そうした素養のない業績測定は1960年代の「目標による管理」の焼き直しになりかねない[8]。早い時期に導入した自治体ではそうした事態は十分に予測できていたが，担当者が人事異動で交替するたびに，政策評価の本来の姿から遠ざかっていった。

また，できる限り数量化したいという要請は評価の客観性を確保する上で重要であるが，しかし，数量化アプローチによる定量的評価だけですべて可能だというわけではない。実のところ，政策活動のかなりの部分を占める対人サービスの福祉，医療，教育において数値化は難しく，数量的アプローチよりも「臨床的アプローチ」と呼ぶ質的な（記述的）方法が有効な場合もある[9]。質・量の評価を併用するのが望ましいが，評価のコストが嵩むことと質的調査のノウハウがないという制約上，数量的アプローチだけが多用される。こうして，政策評価について十分な理解がないまま急速に広がったこと，そして政策評価のノウハウが少なく，また必要なコスト（ヒト・モノ・時間・カネ）の手当が十分でなかったため，結局は業績測定的な評価の利用頻度が一番高くなったと考えられる。

(2) 事前評価偏重の傾向

　国の府省，地方自治体で指摘されてきた「プラン偏重主義」からの脱却という大きな課題があるにもかかわらず[10]，業績測定の現場では計画に指標を入れ込む作業から始まる。ここから目標数値を達成できなかった（あるいはできそうもない）事務事業には予算を付けないという意図が出てくる。もちろん業績測定のみならず，公共事業評価や事務事業評価においても目標を事前に設定する，これから始める事業に予算を付けるという作業が予算削減を目指すプレッシャーと相まって，事前評価に集中する傾向を勢いづかせた。また，企画立案段階の事前評価，すなわち施策の必要性の吟味，問題解決方法・代替案の選択，施策を実施した結果発生する影響の予測を行うべきだという声が強く，それもまた事前評価の導入の圧力になった。

　ただし事前評価には問題がある。予測に使用することができる情報・データ収集と分析の能力と時間的余裕があるかどうか，その信頼性と客観性を確保できるか，確実な将来予測の問題，役所内のスケジュールに合わせたタイムリーな評価結果を出せるかどうかという問題である[11]。また，予算の単位と評価の単位を一致させる必要があるが，それは可能なのであろうか。あるいは費用便益分析において信頼できる評価を行うためには，可能な限り手続を厳密に定める

必要があり，それもまた難しい。事前評価のためのロジカルフレームワークのような「枠組み」を構築できているかどうかも評価の成否を左右するが，あらかじめそうしたものを作って準備していることはまれである。

もし，こうした様ざまな問題について配慮もなく，準備もないまま単に評価シートで業績測定を行い，それを予算編成作業や予算査定に使うというのであれば，それはおそらく制度と精度においてこれまで行われてきた予算関係の作業と大差なく，わざわざ政策評価と銘打つ必要はない。また，技術的に問題がある事前評価の導入は，技術的合理性の衣をまとった政治的コントロールの押しつけに他ならない。しかし，経済財政諮問会議の「骨太の方針」その他，中央府省のトップレベルからその種の圧力は見られたし，地方自治体でも選挙で選ばれたトップが進めた事例が多かった。

(3) 内部評価と客観性

評価の客観性が，国の政策評価でも地方自治体の政策評価でも重要な課題になったが，その一方で実際の導入された評価方式は内部評価であった。導入を検討していた時から外部評価としてではなく（たとえば地方議会や国会の評価機関，専門スタッフを持つ第三者評価機関の設置はない），行政の内部主導で取り込まれてきたのである。それが内部の「お手盛り」評価に堕落するのではないかという危惧を招き，客観性を強く求めるようになっていった。

もっとも，お手盛り評価を回避し，客観性を確保する手段はいくつかある。情報公開制度の活用，ディスクロージャー制度と併用するという方式がそれであり，こうした手段は国の府省でも地方自治体でも採用されている。またいくつかの地方自治体，たとえば北海道庁や秋田県庁，宮城県庁に代表されるように評価制度を条例化して法制度による客観化をねらったり（これらは国の「行政機関が行う政策の評価に関する法律」と同じ2002年4月1日施行），「外部評価委員会」を設置したり，パブリック・コメント制度や外部モニター制度を置くことで外部の声を反映させようとする試みがなされている。あるいは外部の専門家を有識者として政策評価委員会メンバーに加え，その高度の専門性によって客観性・外部性に置き換えるという試みも見られた。

ただ，一般人からなる外部評価委員会は委員を公募で集めなければ外部性自体が疑われ，委員を行政機関が選定すれば外部性は失われる。この点に配慮してかつて秋田県庁は公募制も導入したが，仮に公募で集めると「その委員は政策評価を理解できるのか」という別の本質的な問題に直面するという弱点がある。条例や法律の制定は，国会や地方議会という国民の代表のフィルターを通すことによって政治的な正統性を政策評価に付与することをねらっているが，本来政策評価は議員が議会審議，政策立案に活用し，事後的にそれを評価しなければあまり意味がない。

こうした状況の中で国の場合，総務省の政策評価・独立行政法人評価委員会が2001年から2002年にかけて客観性担保評価をどう構築するのかという議論を行ったのであるが，結果として評価の手続を厳密に行うという政策評価法第12条第2項の規定，および「政策評価に関する基本方針」（2001年12月28日閣議決定）が踏襲され，評価の枠組み（評価計画・評価システムの設計）と手順の妥当性，データの信頼性・妥当性，評価結果とその根拠（説明）の整合性・妥当性を検証できるようにすることで客観性が可能になると考えている。ここでは厳密性と客観性がほぼ同義に使われ，評価のプロセスの厳密な執行によって客観性を制度的に保証しようと考えるのである。もちろんこうした方向は，手続のチェックに大きな資源（ヒト・時間・労力・カネ）を投入するプロセス志向であって，政策成果の中身に立ち入った評価にならないという批判が必ず出てくる。

そもそも内部評価で何が悪いのかという問いや，客観的であるのか中立的であるのかという問いは，その前提として政策評価が何を目的としているのかという議論をしていなければ意味がない。目的を離れた内部・外部，客観性・中立性の議論は無意味であるが，それに備えた制度設計は十分ではなかったように思われる。

表1-1は理論的に考えた時の「政策評価」の目的である。最初のアカウンタビリティの追及という目的を持つ政策評価とは，政策担当部局のアカウンタビリティを追及しようとする目的で行われる，監査に近い政策評価である。政策の成果（アウトカム）やインパクトを調査・測定して，期待した成果を出し，

表 1-1 評価の目的に対応した特徴

評価目的	アカウンタビリティの追及	マネジメントへの貢献	関連分野への知的貢献
評価の場	外部評価	内部評価	内部・外部の統合
評価時期	終了時評価（output evaluation）終了後数年経過後の成果評価（outcome evaluation），5～10年後に出る正／負の影響の評価（impact evaluation）。	実績評価，業績測定（performance measurement）。事業活動実施中の業績に対するモニター，プロセス評価，中間評価。事後に行っても意味がない。	いずれにも限定しない。事前，中間，終了時，事後のすべてで評価。
評価対象	事業活動で産出されるアウトプット，アウトカム，インパクト（波及効果や副次効果）。	事業の要素（目標，アウトカム，プログラム対象）。事業，施策の管理活動。	事業要素，事業対象，事業のインパクト。
実用的な主たる評価の方法	会計検査，監査，諸社会科学で開発された手法（費用対効果分析，対照実験法，事前事後比較，時系列分析など）。	プロジェクト・マネジメント，経営工学や統計学において発達した手法。実績評価（モニター），進捗管理。	実験調査法，定性調査（フィールド・ワーク，サンプリング，インタビュー）。
評価基準・判断のものさし	合法性，合規性，有効性，目標達成度，ニーズ充足，事業対象者の満足，不正や浪費の予防。責任。	節約，能率，目標達成度，成果，適切な手段の使用，首尾一貫性，技術的合理性，社会環境への柔軟かつ迅速な対応。	ディスクロージャーと透明性，課題への適応性，知的好奇心の満足。専門家の質の向上。
評価担当	検査官，監査官，外部の評価チーム，資金提供者，上級機関。	現場管理者とスタッフ，マネジメント・コンサルタント，内部の専門家。	信頼できる外部専門家，ピアレビューに耐えうる研究者。
評価自体の成功の基準	タイミング（時を逸すると不要）。評価報告の分かりやすさ（難解だと利用できない）。	プログラム活動の改善につながる活動中の管理情報を提供できるか。	多少時間をかけても詳細であることが重要。学問的妥当性，信頼性。
客観性	必要。	手法が妥当であることで客観性に代える。	学問的厳密さを持って客観性に代える。

行政機関が責任を全うしているかどうかを判断するためのデータを求めるのである。調査や資料要求などで強力な権限が評価者には必要である。

　第2のマネジメントへの貢献とは，行政内部のマネジメント活動に貢献する

データを収集するために行う評価で，政策評価結果を現場のマネジメントにフィードバックするのである。行政管理の改善だけでなく政策管理の改善も意識している（政策のコスト改善，政策の質的改善）。会計学で言う管理会計的な要素があり，マネジメントの役に立つかどうかが重要で，外部評価は必ずしも必要でない。最後の関連分野への知的貢献とは，教育政策の評価あれば教育学，福祉政策であれば福祉学，あるいは公共事業であれば土木工学のような，各種それぞれの専門に新しい情報を提供するために行われる。評価の前提として調査したデータ，評価結果は各種の専門分野にとっては宝の山である。これもまた，外部評価の必要はないが，データの収集・分析が専門に照らしてきちんとしたものであるのかどうか，杜撰な恣意的操作に流れていないかどうかのチェックは必要である。

　これら3つのうち，中央府省の各ガイドラインや多くの地方自治体の文書から帰納的に推論できる政策評価の目的は，政策へのフィードバックや予算への反映が強調されているところから見て明らかにマネジメントの改善であり，**表1-1**に見られる他の2つの目的，すなわち行政のアカウンタビリティを追及する目的，関連する専門分野への知的貢献や情報提供という目的は強くない。要するに，アカウンタビリティの確保という文言が入っているけれども，実際には政策のマネジメントに使うことが重視され，評価が客観的であらねばならない積極的な意義を見出せないまま普及したのである。評価目的に合わせた評価システムを構築できるかどうかは今後の課題になりそうである。この点に関しては，実践の中でさらに議論を深めるべきであろう。

(4) 予算との連動

　政策評価の結果を予算編成に使えないかという要請は，政策評価導入検討時は弱かったが，導入後は国においても地方自治体においても強く存在する。多くの煩雑な作業を政策担当者や事業担当者に強制する政策評価を定着させるためには，それなりのインセンティブが必要だという理由，優良事例には予算面で優遇したいという思惑である。そうした実例や取り組みは，法律で「予算作成に評価結果を活用する」（政策評価法第4条）ことになっている国の行政機

関よりも，実は地方自治体の方が強かった。財政危機がその大きな背景である。しかし，この予算との連動については政策評価研究の歴史から見ると重要な問題があった。そもそも，予算編成と政策評価とを容易に連動させることは可能かどうかという議論である。そして，筆者の個人的な見解としては，難しい。

その論拠としてよく知られている事柄としては，「PPBSの失敗」の教訓がある。予算編成過程と政策決定（事前評価）を「合理的選択」「合理的意思決定」の名の下に結合しようとした壮大な試みであるPPBS（Planning Programming Budgeting System）が登場し，多くのエネルギーを費やしながら実施され，消えていった歴史に関しては，様ざまな研究がある。[12] その中で日本も含めた実際の挫折の背景として①統治構造の理解不足，②行政学的に見た場合の問題の所在が分かっていなかった，③行政・財政の制度運営の知識欠如の3つが指摘されている。[13] さらに具体的な理由は3点指摘される。[14]

第1は，現場で作業を管理する時の対象であるパフォーマンスの上にプロジェクト，プログラム，サブプログラム，カテゴリーを積み上げればPPBSはうまくいく，そのためには膨大なペーパーワークが必要だが，その作業が難しいという理由である。それができれば中間管理職はプロジェクトをPPBSに基づき取捨選択したりランキングしたりできるのであるが，その作業をしなかったのである。第2に，パフォーマンス（とくに業績と言った時）というのはミクロの問題，とりわけ節約と能率を現場主義でどうやるのかという行政管理の問題である。そうしたミクロの改革は政策評価とは次元の違う話であるが，政策評価と予算編成をドッキングしようとする時にはこの次元の違いを理解せず，結果として誤解が生じてしまった。政策は業務レベルの業績・実績の話ではない。

第3にミクロ経済学者，計量経済学者，プログラム分析者が官房，地方自治体では総務や企画におり，現場から上がってきた細かいサブプログラムやプロジェクトについて，いちいち細かい分析を要求する。経済分析のインデックスの取り方について尋ね，複雑な数式の関係式，統計を求める。文書は複雑で膨大な量になるし，それをあえて求める時現場の反発を買う。多くの労力を強制される現場は，操り人形のようにもてあそばれたような気分になるからである。

表1-2　各省庁のモデル事業

有価証券報告書等に関する電子開示システムの更なる基盤整備	金融庁	3億2300万円
総合的なワンストップサービスの整備	総務省	3億9100万円
在外選挙人登録推進	外務省	1億8200万円
国税電子申告・納税システムの全国拡大	財務省	90億2600万円
一般・産業廃棄物・バイオマスの複合処理・再資源化実証プロジェクト	文科省	4億7500万円
感染症発生動向調査	厚労省	1億3500万円
バイオマス生活創造構想事業	農水省	11億6400万円
電子経済産業省構築	経産省	51億6400万円
特許事務の機械化	経産省	529億3300万円
海事保安強化のための基盤システムの構築	国交省	8000万円

（出典）　内閣府経済財政諮問会議ホームページ（2006年3月18日），金額は概算。

また経済分析や統計，数式を理解できる学者やスタッフがいないことも問題を深刻にした。

　このようにかつてのPPBSの失敗経験を回顧してみたが，実際のところ政策評価を導入した今日でもこうした問題状況は変わっていない。しかし，それでも「数値で表す事前の事業評価を予算編成に使いたい」ということに固執するのであれば，どのような方法が考えられるのであろうか。

　可能な方法としてここで考えられる第1案は，2003年8月の「文部科学省事業評価書――平成16年度新規・拡充事業，継続事業，及び平成14年度達成年度到来事業――」にあるスクールカウンセラー活用事業補助の事例である。配置校では暴力行為や不登校の発生が抑制されて，量的データを見ても，平成12年度からスクールカウンセラー配置後の14年度にかけての発生状況は，①暴力行為は全国平均15.5％減に対して配置校は19.8％減，②不登校は全国平均2.4％減に対して配置校は4.0％減，という事業評価は，この数字の信憑性が評価によって検証できれば予算の作業に活用できると思われる。

　政策評価と予算編成をつなぐ方法の第2の案は現実化している。すなわち，「経済財政運営と構造改革に関する基本方針2003」により2004年度予算から導

入された「モデル事業」である。いわゆる「骨太の方針第3弾」と呼ばれるものであり，2003年6月閣議決定された（その具体例は**表1-2**）。定量的な政策目標の設定，効率的な予算執行，厳格な事後評価の3つの特徴を持って，事前の目標設定と事後の厳格な評価の実施により税金がどのような成果を上げたかについて，国民に対して説明責任を果たす予算編成プロセスを構築していく方法として導入された。モデル事業として掲げた事業の成果を評価して，次年度以降の予算編成に採用，それを拡大するという戦略の予算編成改革が目的である。

　政策評価と予算編成とをつなぐ可能性がある第3の方法は，制度的なフレームワークの中に予算編成と政策評価を同居させる方式である。たとえば政策評価を予算編成時の「重点化」に使用することも考えられる。閣議了解では「『構造改革特別要求』に係る要求及び『公共投資重点化措置』における『重点7分野』に係る要望にあたっては，費用対効果分析に加え，民間需要創出効果及び雇用創出効果について明らかにする」（2001年8月10日）という条件が付けられたことがあるが，それが予算編成と政策評価との結び付きにつながることもある。また，岩手県庁では政策評価課（そして外部の有識者からなる政策評価委員会）が評価調書をチェックし，その結果を知事・県幹部で構成される「政策評価・推進会議」に送り，この会議での議論を経た後，予算査定にまわすというプロセスを踏んでいたこともある（2002年当時）。予算編成のスケジュールと，政策評価のスケジュールとを一致させ，両者を共通の時間枠の中で関連付けるこの方法は，評価の中身の話はさておき，制度的に結合した典型的な事例である。

　以上の事例から明らかなように，政策評価を予算編成に使うとしても，かつてのPPBSタイプの野心的使い方は無理で，評価結果を資源配分の意思決定の資料として使うという方法が現実的であろう。ただ，その場合政策評価というよりは「政治」的判断を補強するための数字合わせに矮小化されているのではないかという批判が出てくることは覚悟しておかねばならない。そして，この問題は別の問題を生む。すなわちこうした利用が政策評価そのものだというように誤解され，定着してしまうという問題である。

5 さらなる課題

　以上のような政策評価の予期しなかった展開は，さらなる課題や問題の序曲であった。

　たとえば第1に数量評価，定量評価が重視されるため「定性的評価は手抜きだ」という誤解が流布された。定性的評価はいい加減で，現実問題を曖昧にする手抜きに使われるという間違ったイメージが流通しており，しかしその一方で定量的評価ができないこともある。やがて本来の正しい定性的評価の可能性を探る必要性が出てくるはずである。もちろん，そのためには定性的評価においても費用対効果分析における政策費用の算定，効果の判定測定といったツールと同レベルの議論が必要である。既存のツールの洗練はどこまで可能かという議論が，定量的分析だけでなく定性的分析にも求められるのである。それはこれまで半ば常識化した「政策評価の専門家＝経済学者」という考え方を改めなければならないということである。学際的なアプローチが必要になってくるはずであるが，わが国の学問においては社会科学を学際的に応用していく「応用社会科学」の訓練を経験した研究者は，経済学以外ではまだまだ少なく，それがネックになるであろう。

　第2の想定される課題は，評価対象についてである。事業とは何か，施策とは何か，あるいは政策とは何か。対象が違えば評価の方法も変わる。もちろん評価の時期も重要で，現在か，10年後か，それとも50年後か，あるいは過去の政策を評価対象にするのか。それによって採用できる評価手法も変わるであろうが，これらはかねてより政策評価導入において立ちはだかる大きな問題であった。

　そこに評価手法と関連した問題が浮上した。「ビッグ建設プロジェクトの評価に使うことができるのか」という問いである。整備新幹線，本州四国連絡橋に象徴されるビッグ・プロジェクトの問題は，都道府県や市町村においても現在建設中，あるいは完成して供与されている施設の有効性をめぐる議論として注目されている。造る意味があるのか無いのか，採算が取れるのか，建設コス

トが回収できないだけでなく莫大なランニングコストが必要になって，それをどうするかという問題である。ただし，政治力学が作用したものについてはうまく評価できない。なぜなら「造る」という前提でデータを収集作成（時には捏造）し，それを基に効果を過大に見積もった評価をしても，歪曲した結果しか出ないからである。「造らない」という前提でも同じことが言える。アドバイスできるポイントは，事前にどれだけ客観的なデータを集めた（集める）かということなのである。ただし，このデータを集め，厳密に分析し計算しようとすれば，かなりのコストとエネルギーを要することになるであろう。要はその余裕があるかないか，ということになりそうである。

　また，第3の課題として公平性の問題が浮上する[16]。これまでの政策評価においては評価基準として効率性と有効性が強調されてきたが，公平性という観点も注目されつつあるし，すでに政治課題になっているところもある。受益者は満足しているが，納税者や実際のコスト負担者は不満を持つといった問題である。地域間の公平，男女間の公平，世代間の公平をめぐる問題，あるいはそもそも公平というのはどのような状態なのかという疑問は，十分議論され尽くされていない。しかし，男女共同参画社会の実現を目指す施策（あるいは逆に阻む施策），市町村合併の推進，地方交付税の見直し，税負担の問題など，公平性の議論に関わるような見直し作業は進んでいる。ここでは顧客満足，顧客サービス，納税者の視点という一面的な議論は危険である。

　何よりも大きな課題として存在し，しかし人びとの議論に出てこないのは，政策評価は統一された方向に収斂するのか，それとも多様化するのかという問いである。政策評価（行政評価）は業績評価，事務事業評価，公共事業評価，あるいは行政のコスト計算という「分かりやすい」部分で普及し，認知されて，ひょっとするとここに安易な収斂が図られる恐れがある。しかし，政策評価にはその方法においてまだ多くの「未開のフロンティア」がある。このフロンティアを無視して，これまでに導入済みの評価だけでやっていくのか，それともさらなる労力とコストを投入して切り拓いていくのか，この点に関しては方向性が見えない。政策担当者の自由なイニシアチブとモラール（志気）ではなく，むしろ政策評価に消極的な担当者を念頭に設計された感があるプロセスによる

「強制された自己評価」[17]として導入され，展開したわが国の政策評価制度の有効性が問われているのである。

▶注
1) 行政改革会議事務局 OB 会編『21世紀の日本の行政――行政改革会議活動記録――』行政管理研究センター，1998年を参照。
2) 「政策評価の手法等に関する研究会」は1999年 8 月27日から2000年 6 月27日まで15回開催された。研究協力者は（座長）村松岐夫・京都大学大学院法学研究科教授，奥野正寛・東京大学大学院経済学研究科教授，金本良嗣・東京大学大学院経済学研究科教授，久保惠一・監査法人トーマツ代表社員（公認会計士），田辺国昭・東京大学大学院法学政治学研究科教授，星野芳昭日本能率協会コンサルティング技術部長・シニアコンサルタント，山谷清志・岩手県立大学総合政策学部教授であった（肩書きは当時のまま）。この研究会の報告は政策評価制度の導入と政策評価手法等研究会・財団法人行政管理研究センター編『政策評価ガイドブック』ぎょうせい，2001年に見られる。
3) 三重県地方分権行政改革総括推進室「さわやかニュース」創刊号，1995年 9 月 1 日。
4) これを窪田好男氏は「日本型政策評価としての三重県事務事業評価システム」と名付けた。詳しくは窪田好男『日本型政策評価としての事務事業評価』日本評論社，2005年を参照。
5) 行政改革会議事務局 OB 会編，前掲書，を参照。なお，政策評価は行政監察機能を改変して導入されたという側面もあり，この意見は否定できない。なぜなら，かつての行政監察は様ざまなバリエーションに展開しており，一部プログラム（施策）評価のような機能も持っていたからである。ただ，現在の総務省行政評価局において行政監察は行政評価・監視機能の中に取り込まれ，政策評価とは一線を画す機能になっている。したがって本章は，行政監察機能が新しい政策評価という機能を導入する中で再区分・再構成され，多くは行政評価・監視機能になったと考えている。この点に関しては，第 2 章を参照。
6) この松井氏の発言をめぐる記述は，政策研究大学院における「政策評価プロジェクト」（伊藤大一座長）で行われた第22回研究会（2002年 3 月13日）の松井氏の報告，および筆者本人が松井氏から直接いただいたメール（1999年 9 月 6 日付）によるものである。
7) 通産省の「政策評価研究会」は大臣官房政策評価広報課に事務局が置かれ，第

1期は1998年3月から7月まで，第2期は98年12月から1999年6月まで開催された。メンバーは金本良嗣・東京大学大学院経済学研究科教授（座長），上山信一・マッキンゼー・アンド・カンパニー・インク・ジャパン・パートナー，佐々誠一・センチュリー監査法人理事（公認会計士），田辺国昭・東京大学大学院法学政治学研究科助教授，宮部潤一郎・野村総合研究所主任研究員，森田朗・東京大学大学院法学政治学研究科教授，山本清・岡山大学経済学部助教授，山谷清志・岩手県立大学総合政策学部教授であった（肩書きは当時のまま）。この研究会の報告は『政策評価の現状と課題――新たな行政システムを目指して――』木鐸社，1999年として刊行されている。

8）　古川俊一「政策評価の概念・類型・課題(下)」『自治研究』第76巻第4号，2000年，55ページを参照。

9）　白樫三四郎「数量的アプローチと臨床的アプローチ」『組織科学』第35巻第4号，2002年，97ページを参照。

10）　増島俊之「プラン偏重の行政」『行政管理の視点』良書普及会，1981年。

11）　政策評価の手法等に関する研究会「政策評価制度の在り方に関する最終報告」総務庁行政監察局，2000年12月，12ページ。

12）　その代表的な文献で今に残るものは，西尾勝「効率と能率」『行政学の基礎概念』東京大学出版会，1990年である。

13）　加藤芳太郎『予算論研究の歩み――加藤芳太郎氏に聞く』（聞き手は納富一郎）〈自治総研ブックレット〉65，地方自治総合研究所，1999年，132-177ページを参照。なお，加藤教授によれば日本のPPBS学者・促進者は，PPBSを導入した国ぐにの統治構造が分からない，行政学的な問題の所在が分からない（132ページ）。したがってPPBS研究があまりに抽象的で，行政・財政の制度や運用の実際についての知識について欠けていることに気付いた財政制度審議会は，PPBSの導入にピリオドを打ったという（138ページ）。

14）　同上，参照。

15）　「モデル事業」という方法で政策評価と予算編成との連携を図る試みについては，詳しくは次の内閣府のホームページを参照（http://www.keizai-shimon.go.jp/explain/progress/model/）。なお，このモデル事業に関しては総務省行政評価局の客観性担保評価が行われ，審査結果が「モデル事業に係る政策評価の審査結果」として2005年11月16日，関係各府省に通知されている。この報告書では今後の課題として，①目標の内容および設定の考え方，②手段と目標の因果関係，③目標の達成度合の判定方法・基準，④予算執行の効率化・弾力化効果，⑤目標達成が芳しくない場合の原因分析およびその結果策定した方策，について評価書におい

て明らかにする必要があると結論付けている。
16) 評価基準として見た「公平性」をどのように考えるべきかという議論は重要であるが，その論考自体は少ない。ここでは山重慎二「公平性の観点からの政策評価」『会計検査研究』第22号，2000年9月を参照にした。
17) 行政内部による自己評価を全政府的に強制して行われることを指し「強制された自己評価」であると田辺教授は指摘している。田辺国昭「政策評価制度の構築とその課題」『日本労働研究雑誌』2001年12月号（第497号）。

第2章 政策評価制度の構造

1 政策評価の仕組みと考え方

(1) 政策評価の仕組みを導くもの

　政策評価について中央政府は，全政府的な取り組みの指針を「政策評価に関する標準的ガイドライン」（2001年1月，政策評価各府省連絡会議了承，以下「ガイドライン」と言う）に基づき定め，また2001年6月には「行政機関が行う政策の評価に関する法律」（以下「政策評価法」）を制定して法的な位置付けを明確に設定した。さらに，2001年12月にはこの法律の規定に基づいて「政策評価に関する基本方針」が，そして2002年3月には「行政機関が行う政策の評価に関する法律施行令」が閣議決定された。こうしておおよその法体制と，それに基づく政策評価制度の構造が整備されたのである。政策評価法とその施行令は2002年4月1日から施行されているが，取り組みが早い省ではそれ以前にすでに政策評価を独自に実施しており，たとえば通商産業省は経済産業省に移行する前に事前評価を予算編成に使用するため1年前倒しして実施していた。しかし逆に，まだ取り組んでいなかった省庁（以下「後発省庁」）では2002年の初冬あたりから取りかかっていた。言うまでもなく，法令に基づき2002年度から行うことになっていたということは，「2002年度の終わりまでに取りかかればよい」と解釈したためである。

　ところで，後発省庁の政策評価担当者も，政策評価の仕組みに関する基本的な考え方が，3本立ての構造によって具体化されていたことは総務省のPRで承知していた。この3本立ての構造とは①各省自らの努力による，②成果重視に行政官の考えを切り替える，③その結果を公表することで行政の透明性を高

め，国民的議論を喚起する，という考え方である[1]。しかし，この抽象的な文言だけでは，後発省庁の政策評価担当者はどのように体制づくりに取り組めばよいのかよく分からなかった。もちろん後発省庁の担当者が政策評価体制を構築するにあたり参考にしたのは政策評価法であったが，政策評価法はコンメンタールがないため（あるいは公表されていないため），条文の解釈，すなわち法律の文言をどのように読めばよいのかよく分からなかった。以下では，後発省庁の担当者が政策評価法をどのように読み，総務省行政評価局に相談して評価体制を構築したのかという観点から，政策評価法に基づく政策評価制度の構造を解説したい。

(2) 政策の定義

「行政機関が行う政策の評価に関する法律」は22条からなる技術的な法律である。そして政策評価の目的，定義，政策評価のあり方，政策評価結果の取り扱いについて記している第1章は，実務を担当しない人が読むときわめて当然のように受け止めるであろうが，実務担当者，とくに各原課に政策評価を依頼する者にとっては悩み多い条文がいくつかあった。たとえば「政策」の定義である。第2条第2項には「この法律において『政策』とは，行政機関が，その任務又は所掌事務の範囲内において，一定の行政目的を実現するために企画及び立案をする行政上の一連の行為についての方針，方策その他これらに類するものをいう」と書いてあるが，これだけでは何のことかよく分からない。あるいは行政機関が行っている行為は何でも政策になってしまう。たとえば，政策評価導入説明会・研修等で実務家に説明する時には，政策系学部の入試担当者が高校生相手にその学部のPRで政策を定義する抽象的・講壇的なレベルでは，失笑を買う（学者の抽象的説明は実務家にとって「お経」のように高尚すぎて難解であった）。色いろな議論をして理解されたのは，方針，方策，対策，要綱，要領，指針，プログラムが評価対象の政策であるということであった。それは実は上記「ガイドライン」で言う「政策」「施策」「事務事業」のことであったが，政策，施策，事務事業という体系的理解は実務の現場で一般的に使用されておらず，逆に政策より上位概念として施策が用いられ，あるいは事業を

政策と理解するように混乱して用いられていた。また政策は立法府（国会）が関与するのではないかという意見もあって，「ガイドライン」の政策，施策，事務事業の説明はいささか混乱を招く説明になったので，政策評価法導入時はあまり使えなかった（ただし導入後3年を経て，政策，施策，事務事業という体系的理解はかなり一般化した）。

　また，「行政機関が行う政策」であるため，独立行政法人や特殊法人，認可法人などは政策評価法においては政策を持っていないことになる。そして，行政改革会議の「最終報告」（1997年12月3日）における政策の企画立案機能（本省）と実施機能（外局・独立行政法人）の分離の趣旨を徹底していない省庁においては，本省が何を評価し，外局や独立行政法人はどのような活動をしているのか明確になっていないため若干の混乱が見られた。さらにこの趣旨で言えば，中央省庁等改革基本法（1998年）によって導入された政策の実施機能を担う「実施庁」，すなわち防衛施設庁，郵政事業庁，公安調査庁，国税庁，社会保険庁，特許庁，気象庁，海上保安庁，海難審判庁に関しては政策の企画立案を行っていないため，政策評価の対象ではなく業務の効率化を測定する実績評価が中心になる（なお，郵政事業庁は日本郵政公社になった2003年4月以降実施庁からはずれた）。

　政策の意味するところはその後も広がり，研究開発課題の選定，〇〇戦略，〇〇構想，事業の採択，〇〇基準なども政策の範疇に含められているが，人事，会計，文書管理，庶務などの内部管理事務は政策には該当しないと言われている。なお，前述の独立行政法人の活動は「業務」であるため政策評価の対象にはならないが，主務大臣が独立行政法人に対して設定する中期目標は，府省（庁）における政策評価の対象に含まれると解釈されている。ただし，本省と独立行政法人の関係を政策体系として明示し，役割分担（政策の企画立案とその実施）を明確にして，それをめぐる評価活動の分業体制を明確にしている事例は外務省のODA政策や独立行政法人・国立特殊教育総合研究所などごく少数で，そもそも独立行政法人が何の実施を委ねられているのかが曖昧不明な省庁すらある。

(3) 評価結果の活用

政策評価の結果は当該政策に反映させなければならない（第3条第1項），あるいは予算の作成に活用するように努めなければならない（第4条）ことになっている。

総務省によると，2003年度，2004年度の政策評価ではいずれも事後評価結果は「すべて」政策に反映されていることになっており，政策へのフィードバックは当然のこととして問題はなかったが，予算の作成，つまり予算編成に関する一連の手続においてどのように活用するのかということは難問であった。

色いろなレベルでの予算編成への活用が考えられた。たとえば政策評価の結果として税制改正，機構の新設改廃，定員の増減があるとすれば当然のことながら予算の変更もありうるというレベル，査定する側が参考にするというレベルは想定されていた。また現実に，2003年6月に外務省で行っていた「平成16年度重点外交施策ヒアリング」，すなわち総合外交政策局総務課長が主催，会計課長と考査・政策評価官が同席して話を聞くというレベルでの活用も考えられた[2]。

なお，予算編成への活用は旧総務庁「政策評価の手法等に関する研究会」においても議論があったが，政策評価の結果を一律・機械的に予算の配分に結び付けるのは難しい，そうした使い方のためには政策評価の手法が未成熟な分野も多い，といった理由で判断材料にするといった努力義務として理解されていた。しかし，2003年夏頃から経済財政諮問会議や与党からの要請で，政策評価結果を予算編成に反映させる方向性が強まり，「政策群」や「モデル事業」の試みなどが進められてきた[3]。ただし，予算への反映はかなり難しい問題である（この問題については第9章で詳しく述べる）。

(4) 具体的な作業

政策評価制度を導入して，実施するための具体的作業は政策評価法の「第三章　行政機関が行う政策評価」に詳しく規定されている。

まず各府省がしなければならないのは基本計画づくりである。政策評価のマスター・プランとしての位置付けにあるこの基本計画に従って各府省は取り組

み方，具体的には計画期間，実施方針，評価の観点，政策効果の把握，事前評価，事後評価の対象政策，学識経験者の知見の活用方法，評価結果の政策への反映，評価の情報の公表，評価の実施体制などを公表することになっているが，これらの事項は各府省において大体は共通しており，それほどの差異はない。そしてまた共通して悩むところがあった。

　たとえば，学識経験を有する者の知見の活用に関する事項（第6条第2項第7号）である。学識経験者というのは各府省の政策の内容に関して知識や経験を持つ者であるのか，それとも評価についての専門家であるのかが不明である。そこで，様ざまな解釈で各府省は外部委員を任命していた。大きく分けると外部有識者と外部専門家という括りになるが，一般に外部有識者には専門性は要求していない。「素人の健全な常識からの意見を求める」というレベルになる。外部専門家は各府省の政策領域の専門家と目される人びとと，行政学や政策学・政策評価，公認会計士や弁護士などの行政・法律・会計の専門家が任命される場合がある。前者で問題になるのは，各府省の事業に関わりがある人が委員になった場合で，助成や補助を受けている場合利害関係者として委員の発言に問題が出てくる危険が指摘されている。

　なお，外務省の場合，外交政策評価パネルが2002年8月に設置され，2003年9月に報告書を出している。当初は政策評価について意見を聞くパネルを想定していたが，委員に外交史や国際法，政治史，ジャーナリストという人びとを任命し，意見を聞く側の外務省（所管は総合外交政策局総務課）も，政策評価法に基づく聞き方ではなく，外交一般，たとえば対中国外交，ということを諮問していたため，政策評価に関する意見は出てこなかった。ここから別の疑問が出た。第1に専門知識の活用を期待するのかチェック機能を期待するのか，第2に政策そのものについてコメントを求めるのか評価についてコメントを求めるのか，ということである。結論としては「すべてあり」という結論になり，これらすべてに応えるのは「外交政策評価パネル」では難しいため，結局，外務省は政策評価に本格的に取り組み始めた後に「外務省政策評価アドバイザリー・グループ」を設置し，総務省に「パネル」から「アドバイザリー・グループ」への変更を届け出ている。

評価書に何を記載するべきかという事柄についても悩みはあった（記載漏れがあると後で総務省に指摘される）。基本的には第10条第1項に規定されている事項を記載するのである。すなわち評価対象の政策，担当部局・機関，評価の時期，評価の観点（必要性・効率性・有効性・公平性など），効果を把握する手法（分析・測定）とその結果，学識経験者の意見，評価に使用した資料や情報源，政策評価の結果（判定や結論的コメント）である。一般に見られる問題は，政策とは言うものの事業を評価している，成果が出るには5年10年かかるものを単年度で切る，どんな事業でも「必要だ」と言っている，成果が出ていると言うがその論拠がない，効果を測る手法がない，学識経験者の意見として新聞や雑誌に載った当該府省のPR的言説を載せる，あらゆる事業が「成果があるから継続」になっているというもので，これらの問題は，後に総務省に指摘され説明を求められることになる（第12条第2項の客観性担保評価）。

　また，政策評価結果を予算に使用する場合，事前評価を行ってその評価結果を使用する方法が効率的である。ただし，政策分野によっては事前評価の手法が開発されていない場合もあるので，対象になる分野を事前評価の取り組みがすでになされている研究開発，公共事業，政府開発援助の3つに特定していた（第9条第1項，第2項）。たとえば1997年12月の内閣総理大臣指示により公共事業関係6省庁（北海道開発庁，沖縄開発庁，国土庁，農林水産省，運輸省，建設省）は公共事業に関して事前評価を行っていたし，研究開発に関しては「国の研究開発全般に共通する評価の実施方法の在り方についての大綱的方針」（1997年8月7日，内閣総理大臣決定）があり，事前評価と事後評価を行うことになっていた。問題は政府開発援助（ODA）である。

　政府開発援助の有償資金協力や無償資金協力に関しては，以下の理由で事前評価が物理的に不可能ではないかという疑問があった。すなわち，事前評価は要請が相手国から出てから行われ，評価対象プロジェクトの予算は基本的に交換公文（Exchange of Notes：EN）が締結される年度の予算が使われる。しかしその予算要求は前年度である。したがって，政策評価法や他の国内公共事業官庁のような形で事前評価を行い，それに基づいて予算要求するのは不可能ではないかという疑問である。また，政府開発援助プロジェクトの事前調査，事

後評価は実施機関である国際協力機構や国際協力銀行が行っているのであり，外務省はその結果を使って政策判断しているのである。そのため外務省自体が事前評価する体制を持たないという意見も見られた。さらに現実問題として，プロジェクトごとに予算を取っているのではなく「枠」で取っていることもある（水産無償資金協力・緊急無償資金協力）。そもそも要請が出てから予算要求を行うことにすれば，外交手段である政府開発援助の柔軟性や機動性を損なうという批判もあった。そこで政府開発援助に関しては1年間の猶予の上調査研究することになり，外務省と総務省の共同省令（平成14年総務省・外務省令第1号）により，個々の政府開発援助に関する事前評価について，政策評価法の適用を除外した。1年後の2003年，共同省令（平成15年総務省・外務省令第2号）により総務省令・外務省令第1号を廃止，個々の政府開発援助について政策評価法に基づく事前評価を実施することにしている。ただしそれは，公共事業や研究開発とはかなり違ったスキームで行われている。

(5) 総務省の役割──独立性・客観性

　総務省の役割は第12条以降に規定されている。すなわち，複数の行政機関に共通する政策を府省横断的に政府全体の統一的視点で見る統一性確保評価，および複数の府省にまたがる政策を総合性の観点から見る総合性確保評価（第12条第1項，**表2-1**参照），府省の評価状況を踏まえ厳格な客観性を担保するために行う客観性担保評価（第12条第2項）である。その際各府省に資料の提出，説明を求めることができる（第15条第1項）。また，独立行政法人，特殊法人，認可法人，国の委任・補助に関する業務にも書面または実地調査することができる（第15条第2項）。

　これらの規定の評価関連業務は，政府全体の視点から，そして理論的に見れば必要なものであると理解されるが，実務上，とくに相手側府省から見れば本来業務に関係ない不要な負担感が多い余分な仕事，コンプライアンス・コストとして受け止められることが多い。とりわけ客観性担保評価に関しては，必要な評価が行われていない場合には総務省が評価を行うことがありうるという規定もあるため（第12条第2項），各府省の抵抗感は強い（第12条第2項「総務

表2-1 統一性・総合性確保評価の例

○留学生の受け入れ推進施策に関する政策評価書（2005.1.11）
○湖沼の水環境の保全に関する政策評価書（2004.8.3）
○少子化対策に関する政策評価書——新エンゼルプランを対象として——（2004.7.20）
○検査検定制度に関する政策評価書（2004.4.2）
○経済協力（政府開発援助）に関する政策評価書（2004.4.2）
○特別会計制度の活用状況に関する政策評価書——歳入歳出決算における表示内容を中心として——（2003.10.24）
○政府金融機関等による公的資金の供給に関する政策評価書（2003.6.6）
○障害者の就業等に関する政策評価書（2003.4.15）
○リゾート地域の開発・整備に関する政策評価書（2003.4.15）
○容器包装のリサイクルの促進に関する政策評価書（2003.1.28）
○地域輸入促進に関する政策評価書（2003.1.28）

（注） 括弧内の年月日は報告書が出された時期。

表2-2 総務省による外務省の評価等：平成14～16年度

	評価の名称	評価対象	外務省側の対応組織
政策評価	総合性確保評価	経済協力（H14～16）	考査・政策評価官室，官房総務課，経済協力局政策課・関係課
	総合性確保評価	自然災害国際緊急援助（H16）	官房総務課，経済協力局政策課・国際緊急援助室
	総合性確保評価	留学生の受け入れ推進（H15）	考査・政策評価官室，官房総務課，領事，文化交流部，国際交流基金
	客観性担保評価	毎年の外務省政策評価	考査・政策評価官室，官房総務課
行政評価・監視	国際文化交流事業		官房総務課，文化交流部
	外交・在外業務実施体制運営（外務省改革，H15～16）		官房総務課，省内各右翼課
	電子政府の推進（H15）		官房総務課
独立行政法人評価	国際協力機構（毎年）		官房総務課，考査・政策評価官室，経済協力局技術協力課
	国際交流基金（毎年）		官房総務課，考査・政策評価官室，文化交流部

（注） 政策効果を把握するため，政策評価と行政評価・監視は連携している（政策評価法第18条）。
「文化交流部」は表に関する業務が行われていた当時の名称。

省は，行政機関の政策評価の実施状況を踏まえ，当該行政機関により改めて政策評価が行われる必要がある場合若しくは社会経済情勢の変化等に的確に対応するために当該行政機関により政策評価が行われる必要がある場合において当該行政機関によりその実施が確保されないと認めるとき，(中略)政策評価の客観的かつ厳格な実施を担保するための評価を行う」)。

また，各府省から見れば，総務省の関与は区別が付きにくく，客観性担保評価，統一性・総合性確保評価，そして行政評価・監視（総務省設置法第18条，第19条），あるいは独立行政法人の評価に関する総務省の関与（独立行政法人通則法第32条第5項）などの業務要請が官房に同時に複数来た時，混乱することが多いことも問題である（**表2-2**を参照）。

2 政策評価と他の関連概念

政策評価導入にあたっては，評価に類似した諸制度・機能がこれまでも存在したことから，それらとの違いを明確化する作業が必要になった。とりわけ，総務省行政評価局の前身であった行政監察局が行っていた行政監察，そして会計検査，あるいは地方自治体の行政監査との違い，区別が問題になった。

(1) **行政監察**（administrative inspection）**と監査**（administrative audit）

政策評価は従来の行政監察の中にもすでに存在し，その中から取り出されたと行政監察局から名称変更した行政評価局（2001年1月）は説明する。たしかに1977年度から実施された「新規行政施策の定期調査」というプログラム評価の一種は，毎年20〜30施策について調査を行っていたと言われるが，その意味では長い歴史を持っていることになる[5]。ただし，英語で'administrative inspection'と呼ばれる行政監察と，'policy evaluation'という政策評価はその本質において異なる存在であり（**表2-3**を参照），機能としての行政監察が「政策評価」と行政監察の後継の「行政評価・監視」という2つに発展的解消・区別されたと説明する。しかし，各管区行政評価局や各行政評価事務所の担当者に「果たして何がどのように変わったのか」と問いかけても，難しい説明が返っ

表2-3 行政監察と政策評価の対比

	行政監察	政策評価
目　的	行政の制度・運営の問題点を把握し、改善を図る。	政策の効果について、事前、事後に厳正かつ客観的な評価を行い、それを企画立案に反映させる。
視　点	合規性、適切性、効率性。	必要性、優先性、有効性。
実施主体	旧総務庁行政監察局。	政策所管府省、総務省行政評価局。
第三者機関	なし（行政監察懇話会が代行）。	政策評価・独立行政法人評価委員会が総務省の行う政策評価のテーマ、勧告等を審議する。
対　象	行政の制度・運営のすべて。	〔政策所管府省〕 すべての政策が対象。次の4つから実施するなど重点的に行う。 ①新規に開始しようとするもの（事前の評価）。 ②一定期間経過して事業等が未着手または未了のもの。 ③新規に開始した制度等で一定期間を経過したもの。 ④社会的状況の急激な変化等により見直しが必要とされるもの。 〔総務省〕 ①全府省的見地から府省横断的に評価を行う必要があるもの。 ②複数の府省にまたがる政策で総合的に推進する必要があるもの。 ③府省の評価状況を踏まえ、厳格な客観性を担保するために評価する必要があるもの。 ④その他、政策を所掌する府省からの要請に基づき、当該府省と連携して評価を行う必要があるもの。
結果の処理	勧告、公表。 報告を求める。 総理への意見具申。	〔政策所管府省〕　企画立案に反映。 〔総務省〕　勧告、公表、報告聴取、総理への意見具申。

（資料）　旧総務庁資料（2000年2月）を参考に作成。

て来るだけで、疑問が解決されない。

　そもそも、行政監察がその本質において何をするのかということは戦後50年にわたる行政監察の歴史を述べている『行政監察史』資料編に業務関係資料として掲載されている「監察業務運営要領」（1952年9月5日に訓令で定められ

1984年9月28日の訓令まで12回改正されている）に詳しい[6]。ここから評価との違いを明確にするところを拾い出すと「監察は……国の行政運営の改善を目的として実施されるもので，行政がその本来の意図のごとく運営されているか否かを具体的に把握し，改善すべきものを指摘し，その適正を図るにある」（要領第1条），「不正不当行為及び国損の防止を図り併せて公務員の規律の保持に資する」（同第3条）というものである。やはり評価とは本質的に違うと言わざるをえない。

　また，いわゆる「評価」と「監査」が一般論としてどのように違うのかという議論が，地方自治体の監査部局，および外部評価委員会に任命された委員の間から出てくることが多かった。基本的には**表2-4**にあるように，不正流用をはじめとする非違行為の摘発という監査の目的と，政策の成果・有効性の確認と改善案の提示という評価の目的は違い，したがってその違いをよく了解した上で制度設計，チェック体制の整備をしなければならない。もっとも三重県の2004年度行政監査のように，政策体系を対象にした評価法式を取り入れる例も見られ（**図2-1**を参照），混乱に拍車をかけることもある。三重県では事務事業について合規性，正確性といった伝統的な監査の観点に加え，経済性・有効性・効率性といった最近の行政評価に触発された観点，さらにイギリス起源の「支出に見合う価値（Value for Money）」や「ベスト・バリュー：サービスの質と改善可能性の評価」も加えてチェックしている[7]。しかし，三重県の事例は監査と評価の目的の取り違え，両者の役割の重複と混乱を招き，本来の監査業務が弱まり，有効性や効率を追求しているが非違を見過ごしてしまう恐れがある。また，評価の専門知識を持たない担当者が実施するため，手法が分からず現場で無用の混乱を招き，アカウンタビリティを確認すると称して膨大な手間暇（コンプライアンス・コスト）を求め，現場での本来業務を圧迫する。役割の分担と機能の集中化が必要であろう。

　なお，監査と評価においては当然，監査委員や公認会計士，評価の外部評価委員など外部者の関わり方も違ってくるのであるが，一般に地方自治体においては県レベルや政令指定都市レベルでも監査と評価の区別が認識されないまま評価委員に選任される例が見られる。結果として，政策評価・行政評価である

表2-4 監査と評価との違い

	監査（audit）	評価（evaluation）
基本的な役割	正確で適正な行政の実現。	政策改善，政策のマネジメント。
ねらい・目的	不正，過誤，非違のチェック。	成果，目標達成度の把握，職員の意識改革。
見る対象	組織構造，業務執行手続，会計手続き，行政活動プロセス。	施策や事業の成果の把握・測定，政策内容の変化のモニター。
担当機関の独立性，客観性	常に必要。	必ずしも必要ではない。自己評価もある。
担当者に求められる能力	綿密にチェックする熟練技。	応用社会学の素養，調査・データ収集能力，時に学位。
客観性・第三者性	必要。制度や資格で担保。	重視しない。むしろ政策内容に関する専門性，評価の専門技能が重要。
基　準	合法性，合規性，準拠性，手続順守，効率性，合目的性。	有効性，目的達成度，効率性，公平性，必要性，意図した成果の発現。
関係専門分野	会計学，法律学，監査論。	社会科学全般，とくに行政学，経済学，政治学，社会学。政策内容に関わる専門分野（土木，建築，保健，医療，教育学，心理学など）。
実施の期間	法令で一定（比較的短期）。	不定（長期，短期両方ありうる）。
国会・議会の関与	予算・決算の審議で使う，自治体監査に地方議会は監査委員を出す。	日本では低い。
住民関与方法	自治体は監査請求で可能。	政策の対象・顧客として関与。
方法の安定志向	安定志向（決められた方法を繰り返す）。	常にイノベーションを試み，新しい手法を試行。
方法の特徴	サイエンス（科学）と言うよりはアート（技）。職人芸的。	アカデミックな調査，科学的手法（サイエンス），学会も活躍。
会計学にたとえると	外部の利害関係者に対する「財務会計」的性格。	内部の管理に使う「管理会計」的性格。

にもかかわらず，監査の意識で施策を悉皆的に綿密に見る（重箱の隅を突っつく），コスト削減・事業カットのみを重視するという，本来の政策評価とは別な方向で結論が出てしまうのである。政策評価，行政監査，そして会計検査の区別が付かないため，機能が一部重複し，あるいは機能していないといった問題になっているのである。

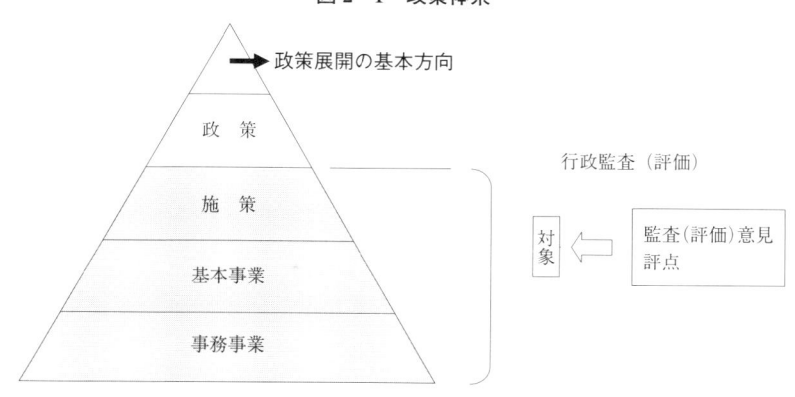

図 2-1　政策体系

（出典）　三重県監査委員「平成14年度行政監査（評価）結果報告書」1ページより修正して引用。

(2)　会計検査（audit）

　それでは会計検査の観点とは何であろうか。一般に会計検査とは正確性，合規性のチェックであると言われる。ただし経済性（economy），効率性（efficiency），そして有効性（effectiveness），頭文字を取った「3E 検査」が国際的に1970年代に重視されるようになってきたため，政策評価と会計検査の関連について問題が起きていた。また，この流れで，わが国でも1980年代に 3E 検査が意識され，会計検査院の検査方法において色いろな議論になった。[8] 議論は決着していない中，3 E 検査の意味を明確な方向で打ち出したのが行政改革会議の「最終報告」（1997年12月）における文言，すなわち会計検査院の機能は「施策や事務・事業の効果，効率性，合理性といった観点からの評価も重視」する必要がある，という文言である。[9] これを受けた形で同じ1997年12月に会計検査院法が改正され，この改正によって国会から会計検査院に特別の調査を要求することが可能になり，また経済性・効率性・有効性の 3E の観点からの検査が明文化された。

　さらにこの背景には国会法の改正，つまり衆議院では決算委員会を決算・行政監視委員会に改組，参議院では行政監視委員会を新設し，国会による行政監視機能の強化，国会からの会計検査院に対する3E 検査要請制度が創設された

ことがある[10]。3E 検査の中心になる有効性検査の場合，そこには10のタイプがあると言われる[11]。すなわち，

 (ⅰ) 事業遂行状況評価型
 (ⅱ) 施設利用状況評価型
 (ⅲ) 阻害要因指摘型
 (ⅳ) 事業の廃止・縮小提言型
 (ⅴ) 直接成果評価型
 (ⅵ) 目的達成後の新たな利用提言型
 (ⅶ) 情報提供機能重視型
 (ⅷ) 評価基準設定・評価状況フォロー型（各府省の政策評価のための評価基準の設定状況や評価の状況，さらにはその妥当性について言及する）
 (ⅸ) 施策目的と手段の不斉合指摘型（施策の目的とそれを遂行するために採用された施策の手段との斉合性が取られていないことを，その根拠となる事実を示して指摘するタイプ）
 (ⅹ) 直接評価・間接評価格子型

である。

そのうち政策評価と関連があるのは，「評価基準設定・評価状況フォロー型」「直接成果評価型」「直接評価・間接評価格子型」「事業の廃止・縮小提言型」「施策目的と手段の不斉合指摘型」「情報提供機能重視型」であると言われる。他方，「事業遂行状況評価型」「施設利用状況評価型」「阻害要因指摘型」の3つは，総務省の行政評価（元の行政監察）と関わり，したがって総務省の行政評価と連携を図る必要があり，また「目的達成後の新たな利用提言型」は会計検査独自の視点であると考える研究もある[12]。

先の行政監察，自治体監査とはレベルも質も違う役割分担の問題が会計検査と政策評価との間には存在している。

(3) 他の評価との区別——外務省の例

各府省では政策評価以外にも様ざまな評価を行っていることが知られている。有名なところから言えば公共事業の事前評価，事後評価，再評価があり，代

表的なところでは「公共事業官庁」として知られる農林水産省や国土交通省，あるいは経済産業省（工業用水道），内閣府（沖縄振興開発事業），環境省（環境衛生施設整備・廃棄物処理施設整備・自然公園等事業）であるが，その他各府省における個々の事業に関する評価が存在する。国庫補助事業，たとえば厚生労働省の水道施設整備や総務省の情報通信格差是正（地域イントラネット基盤施設整備・民放テレビラジオ放送難視聴等解消施設整備）などがある。[13]

また，中央省庁等改革基本法で導入された，政策の実施機能を担う「実施庁」，すなわち防衛施設庁，公安調査庁，国税庁，社会保険庁，特許庁，気象庁，海上保安庁，海難審判庁においては，政策評価とは別の枠組みの実績評価が行われている。[14] さらに環境アセスメントや研究開発評価など，評価に類するものを各府省は様ざまな形で行っている。

そのすべてをここに記述する余裕はないが，一例として，外務省で2004年頃に行われていた評価を紹介したい。評価とは政策評価だけがすべてではないことが明らかになり，また，それぞれがどのような目的で，いかなる方法を用いて評価を行っているのかが明らかになるはずであり，それによって広義の評価がいかに多様性を持つ活動であるのか理解されるはずである。

筆者の観察では2004年3月頃，外務省は**表2-5**にあるように大きく分けて6種類の評価を行っていた。すなわち①政策評価，②ODA（政府開発援助）の評価，③外務省が所管する国際協力機構と国際交流基金の2つの独立行政法人に対する評価，④内閣府から求められる構造改革がらみの大きな見直し（広義の行政評価）と日常業務の効率化・コスト削減策（狭義の行政評価），⑤各課が所管する個々の事業の評価，そして⑥「外交政策評価パネル」が行った外交の総合的レビュー，の6種類である。

①政策評価

政策評価に関しては外務省の言う「総合評価」方式を主としており，毎年実施計画で取り上げた対象に総合評価を行っていた（したがってガイドラインに従った他府省の「総合評価」方式とは違う）。実績評価については，外交においては目標を掲げることは相手国の事情もあり難しく，また毎年その達成度をモニターすることも物理的に難しいということで実施していなかった。事業評

表 2-5 外務省内で2003

種類	評価の方式，名称	評価の内容，特徴	評価の対象とそれに関わる具体的な方法
政策評価(1)	総合評価（外務省は他省庁の総合評価方式とは違い，施策評価スタイルで実施）。	政策課題別に評価。	課題（特定テーマ）への対応策（プログラム）。
		政策体系の評価。	政策体系（政策目的とそれを達成する政策手段の組み合わせ）。
	実績評価（外務省は実施していない）。	目標を数値化，その達成度を測定する。	プログラム，プロジェクトに戦略目標（モニター），事後評価。目標達成度（実績 performance）を測る。
	事業評価（外務省は実施していないが，実施する可能性はある）。	プロジェクト評価，費用便益分析，費用対効果分析。	事業（プロジェクト）について費用と便益，効果をそれぞれ見積もり，計算し，分析する。
ODA評価(2)	外務省	上記「総合評価」に近い（政策体系評価と課題別のプログラム評価）。	政策レベル評価とプログラム・レベル評価。	ODAの政策レベルとプログラム・レベルについて外務省外部の有識者，シンクタンク，大学教員が専門的に調査，評価する。事業評価については政策評価法の規定によって事前評価，未着手未了案件だけで実施。
	国際協力機構 JICA	個別事業の評価（技術協力，無償資金協力）。	プログラム・レベル評価とプロジェクト・レベル評価。	個別事業に対する事前評価，中間管理（モニター），事後評価。国別事業評価・特定テーマ評価（プログラム・レベル評価）。
	国際協力銀行 JBIC	有償資金協力の評価。	プログラム・レベル評価とプロジェクト・レベル評価。	金融を用いた援助（贈与 grant ではない）。政府が供与方針（金利，償還期間，調達条件）を決定，JBICが貸し付け，回収，管理。
独立行政法人評価(3)	業務の実績の評価。	項目別評定と総合評価。	①事業年度ごとの業務実績の評定と総合評価。②中期目標期間における業務実績の評定と総合評価。
	監事および会計監査人の監査。	事業年度ごとに作成される財務諸表（貸借対照表，損益計算書，利益の処分または損失の処理に関する書類等）の事業報告書および予算の区分に従い作成した決算報告書のチェック。
行政評価(4)	広義の行政評価。	事前の目標設定と事後の厳格な評価の導入。	構造改革，行政活動「体制」の改善・改革。予算編成時に活用。
	狭義の行政評価。	行政サービス，行政活動の質と量のチェック。	行政の日常業務・事務事業の評価。いわゆる「業務評価」。
個別評価	各課が担当する事業を評価。	調査と分析，記述。	報告の形で外務省内関係各課が作成。
	外交政策評価パネル 2002年8月〜2003年9月	「外交」政策の調査。	政治史，外交史，国際関係，国際法などの研究者と有識者による調査。

（注）（1)行政機関が行う政策の評価に関する法律。(2)DAC 5原則——効率，有効性，インパクト，
（資料） 2004年3月段階で作成。

年度末に行っていた評価

評価の主たるねらい	具 体 例
課題解決の有効性。	「機能局」が分野別評価として重点施策について行う。
政策目的に照らしてみた政策手段の適切性、有効性。	「地域局」が国・地域別評価として中期施策に対して行う(地域局とは北米局に代表される地域担当、機能局は総合外交政策や条約等の機能担当局)。
戦略計画の達成、業績達成、実績の測定。評価結果の実績値を予算編成時に参考。	現在は未実施。仮に総合外交政策局の「外交戦略目標」と「重点外交施策」が具体的な数値指標を付けた場合、それは業績測定が理論上の前提とする「戦略計画」となる。国連 Millennium Development Goals (MDGs)。
費用対効果の改善、効率化、無駄や重複のカット。	現在は未実施。イベント事業、招聘事業、講演会・シンポジウム、「○○周年事業」は可能。
ODA の戦略性、機動性、透明性、効率性を高めるとともに、幅広い国民参加を促進し、わが国の ODA に対する内外の理解を深めるため。	政策レベルは国別援助計画と重点課題別援助計画、プログラム・レベルはセクター別援助計画。事業評価は①政策評価法で定められている ODA の事前評価(無償資金協力で10億円以上、有償資金協力で150億円以上)。②有償資金協力の未着手・未了案件(未着手案件14年度20件、未了案件14年度21件)。
プロジェクトの妥当性や価値を科学的かつ客観的に判断、評価結果は、新しい計画の策定や実施中の事業の改善にフィードバックされる。	事前評価調査は技術協力プロジェクトと開発調査事業。中間評価調査は技術協力プロジェクト。終了時評価調査は技術協力プロジェクト。事後評価調査は国別事業評価(スリランカとセネガル)、テーマ別評価(アフリカの貧困と水・感染症・市場経済化・法整備など)。
効果的かつ効率的に円借款事業を実施するとともに十分な説明責任を果たし、透明性の確保に努める。	プロジェクト準備(相手国と feasibility study)→要請→検討/審査/事業事前評価→プロジェクト実施→完成/事後評価/フォローアップ。複数事業が特定地域やセクターに及ぼすインパクトはプログラム・レベル評価。
準拠性、目標達成度、業務実績。	左①の業務実績評価。②「中期目標」実績の「達成度」を評価。
サービスの改善、財務、資産その他を対象とする準拠性、効率化、節約、浪費のチェック。可能であれば収益性。	独立行政法人通則法に従う。
歳出の重点化、目標達成のための弾力的執行による予算の効率的活用。	内閣府は「経済財政と構造改革に関する基本方針2003」について各省協議。
経費削減、コスト見直し、事務の効率化。サービス受益者の満足。予算要求、定員要求時の合理的根拠の作成。	例:①IT による効率化、業務改善。②内閣官房副長官補室、総務省行政管理局、財務省主計局担当の「行政コスト削減に関する取り組み方針」(1999年4月27日閣議決定)。
現状把握、予算要求時に参考。	おおよその事業担当課は行っているが、内部管理資料。
外交の総合的レビュー、総括と提言。	外交の評価ではあっても、法律で言う政策評価ではない。中国・国連・東南アジア・日米安保・ロシア・ヨーロッパを対象。

妥当性、自立発展性。(3)独立行政法人通則法。(4)地方自治体、総務省の行政評価とは違う。

価は，外交において個別の事業の結果（シンポジウムの動員・招聘者の数など）は意味がないとして，これまた実施しなかった。例外として政策評価法第9条によって求められていた事前評価としてODA事業（無償資金協力は10億円以上，有償資金協力では150億円以上）について評価を行っていた。もちろん，これらの評価は，政策評価法に基づき総務省の客観性担保評価の対象になる。

② ODA 評価

ODA 評価については，外務省がすべて行うのではない。外務省は政策レベルの評価，プログラム・レベルの評価は直接行うものの，プロジェクト・レベルの評価については国際協力機構と国際協力銀行の事業評価を用いていた。

③独立行政法人評価

独立行政法人評価は中期目標期間終了時の評価（国際協力機構と国際協力基金は3年ごと）と，毎年の年度評価の2種類に分かれる。まず各事業年度の業務の実績に関しては，独立行政法人通則法（以下「通則法」）第32条の規定に基づき，所管府省の独立行政法人評価委員会の評価を受けなければならない。その評価の対象は，各独立行政法人が中期計画の実施状況を調査し，分析し，総合的な評定をしたものである。また，中期計画期間が終了する際にも，各事業年度の評価と同じく，所管府省独立行政法人評価委員会の評価を受けなければならない（通則法第34条）。またこの独立行政法人評価委員会の評価は，通則法第32条第3項の規定に基づき，総務省の政策評価・独立行政法人評価委員会に通知しなければならず，総務省のこの委員会は通則法第32条第5項の規定によって意見を述べることができる。

ところで，中期目標期間終了時，所管府省の大臣は独立行政法人の業務の継続，組織のあり方の全般について検討を行うことになっている（通則法第35条）。これは組織の改廃，統合，業務の見直し・廃止なども含む[15]。ODA評価と独立行政法人評価は，国際協力機構が独立行政法人だということで，評価の部分で一部重なる部分がある。

④行政評価（行政効率化のための見直し）

「行政評価」に関しては総務省行政評価局の「行政評価」や地方自治体の行

政評価（すなわち政策評価，事務事業評価，経営評価など）もあり，明確な定義が難しい。ただし，ここで言う行政評価とは経費削減，マンパワーの適正化を主眼とした，予算管理，人事管理，組織管理の視点での見直しである。そしてこの点で言えば行政の見直しも2つに分けられ，1つは広義の行政評価，たとえば内閣府の経済財政諮問会議から求められる構造改革がらみの大きな見直しである。もう1つは日常業務の効率化・コスト削減策である（ここではとくに「狭義の行政評価」と呼ぶ）。狭義の行政評価のためには各府省の官房長クラスがメンバーの「行政効率化関係省庁連絡会議」（議長は内閣官房副長官補）と，その「幹事会」（議長は内閣官房内閣審議官（内閣官房副長官補付））があり，この幹事会は官房の総務課・文書課・秘書課・企画課，政策評価広報課（経済産業省）の課長がメンバーになっている。

　この会議自体は「行政効率化関係省庁連絡会議の設置について」（2004年2月5日関係省庁申合せ）によって置かれているが，それまでの「行政コスト削減に関する取り組み方針1999～2008年」（1999年4月27日閣議決定），「電子政府構築計画について」（2003年7月17日各府省情報化統括責任者（CIO）連絡会議決定），「公共事業コスト構造改革プログラム」（2003年9月18日関係省庁連絡会議決定）という流れの中で活動が行われている。なお，外務省ではその後2004年6月に「外務省行政効率化推進計画」を策定し，公用車の効率化，公共調達の効率化，公共事業のコスト縮減，電子政府関係効率化，アウトソーシング，出張旅費や公債費の効率化などのテーマで2005年5月に「外務省行政効率化推進会議」が省外の学識経験者を迎えて開催されている。

⑤各課が所管する個々の事業の評価

　ODA以外の招聘事業や〇〇〇周年事業に関しては，現状把握のため事業担当課はおおよその評価を行っていたが，内部管理資料として予算要求時に使っている程度で，積極的に公表していなかった。しかし，政策評価が法制度化されて毎年公式に行われるようになってからは各課の評価シートの中に出てきている。

⑥「外交政策評価パネル」が行った外交の総合的レビュー

　外交政策評価パネルは2002年2月12日，川口順子外務大臣が「開かれた外務

省のための10の改革」を打ち出し，その中で政策立案過程の透明化を唱い，手段の1つとして外交政策評価パネルの創設を提唱したことが背景になって設置された。2002年8月19日に第1回会合が開催され，7回の会合と総括の会合を2回開き，1年ほどの活動の後に2003年9月に報告書を提出した。

　もっとも，このパネルの活動は「外務省改革に関する『変える会』──最終報告書──アクション・プログラム」（2002年7月22日）にあった設置目的，すなわち「政策分野ごとの政策目標及び評価基準を策定し，設置された『外交政策評価パネル』でこれを審査し決定する。（中略）総合外交政策局内に政策評価を担当するセクションを設置し，一定期間毎に，評価基準に照らして政策評価を行う（内部評価）。『外交政策評価パネル』は，一定期間毎に，評価基準に照らして政策評価を行い，結果を公表する（外部評価）」という目的からかなり離れていた。いわゆる政策評価のための会合，つまり政策評価法で定めた外部の学識経験者の知見活用にはならなかったし，報告書にもあるように，中国政策，国連政策，東南アジア政策，日米安保，ロシア・ヨーロッパに関する「外交の総合的レビュー」であった。政策評価の外部評価機関として使えなかったため，別に大臣官房総務課に「外務省政策評価アドバイザリー・グループ」を設置し，2003年12月24日に第1回会議を開催，政策評価法の要請に応えている。なお外交政策評価パネルの座長の北岡伸一氏（当時東京大学大学院法学政治学研究科教授）は2004年4月に国連大使に就任したため，その後パネルは事実上活動していない。

ま　と　め

　本章で明らかになった問題は2点ある。第1に，政策評価法における内部評価と総務省の客観性担保評価，統一性・総合性確保評価，行政評価・監視，あるいは独立行政法人評価が，評価を行う府省側から見れば非常に識別困難であったということである。また，識別困難なため「なぜ似たような評価を重畳的に実施しなければならないか」という不満があった。この不満は各府省から総務省に向けられた消極的抵抗となり，作業が大きく停滞したり，必要な情報を

得られなかったりして，総務省行政評価局は法律で決められた任務の遂行に支障を来していた。制度設計に無理があったこと，評価の文化が根づいていない，評価のための人員を割けないなどの理由が挙げられていた。

　第2の問題は，評価に対する認識の混乱である。地方自治体の場合の行政評価と政策評価，事務事業評価，あるいは経営評価の区別が難しいということもよく指摘されるが，たとえば外務省の内部で行われていた外交政策評価パネルの「外交のレビュー」と政策評価法で言う政策評価との違いを政策担当者（外交官）が識別困難な状況であったという事実は相当難しい問題である。この混乱を回避するため，政策評価法では評価の観点（必要性，効率，有効性など），効果の把握手法など，各種手続規定を細かく定めたが，それが煩瑣で意味がない，そもそも外交政策にはその種の細かな事項は無意味だという批判が少なからず出た。

　「外交政策の評価をするのは外交の専門家である」，「医療政策は医師やメディカル・ドクターの資格がないと分からない」と信ずる人に，行政学や政策学の専門家が評価をする理由・必要性を説明するのは難しいし，政策評価法の規定を持ち出しても納得しない。そしてそれはある意味，政策評価の本質に関わることかもしれない。政策評価法が予定する「政策評価の構造」は次第に行政管理型の評価（つまり予算編成や定員管理に使う）に傾斜しているが，各政策担当府省側にすれば政策の中身（外交・教育・交通整備など）に反映できるかどうかがまず関心事だからである。

　手続の煩雑化を避け，政策評価法の趣旨が活きるようにしつつ，なおかつこの2つの問題を解決するのは，実はかなり難しい。

▶ 注
1）　塚本壽雄「政策評価の現状と課題」『季刊行政管理研究』第97号，行政管理研究センター，2002年3月。
2）　外務省の「重点外交施策ヒアリング」とは，外務省「行動計画」において，年度ごとに「外交戦略目標」を設定し，その「外交戦略目標」に基づき，各局ごとに設定されている「重点外交施策」に関する総合外交政策局総務課長主催のヒアリングのことである。予算の概算要求にも反映されるため，会計課長が同席する。

説明側は局・部の右翼課（筆頭課）が行い，説明要旨には施策の概要，意図，目的，効果，施策に関する予算措置などが記入される。重点外交施策の成果に関しては翌年度の4月以降に達成度評価を行うこと，その評価は将来的には政策評価プロセスに移行する予定であった。このため考査・政策評価官も同席することになったと思われる。なお，こうした経緯もあって，外務省では政策評価の担当課を大臣官房ではなく総合外交政策局に置くという案も2003年初めまで見られた。

3）「政策群」「モデル事業」は「経済財政運営と構造改革に関する基本方針2003」（2003年6月27日閣議決定）で盛り込まれ，2004年度予算から試行された方針である。

4）評価の観点とは，政策を評価する際の視点または着眼点を言い，これらについては「政策評価に関する標準的ガイドライン」（2001年1月15日政策評価各府省連絡会議了承）に基づき，「必要性」：目的の妥当性や行政が担う必然性があるか，「効率性」：投入された資源量に見合った結果が得られるか，「有効性」：期待される結果が得られるか，「公平性」：政策の効果の受益や費用の負担が公平に配分されるか，「優先性」：上記観点からの評価を踏まえ，他の政策よりも優先的に実施すべきか，という観点が用いられている。なお必要性に関しては「行政関与の在り方に関する基準」（1996年12月16日行政改革委員会，25日閣議決定）が参考にされている。さらに，行政を監督・監視（inspection）する際の観点「合規性」「適正性」「能率（効率）性」とは違うことに注意されたい。

5）新規行政施策の定期調査は1977年度から開始され，毎年20から30ほどの施策が見直され，その結果が財政当局や各省庁に提供されていた。東田親司「行政監察」高辻正己・辻清明編『行政管理』〈現代行政全集〉3，ぎょうせい，1984年，405-406ページを参照。

6）総務庁行政監察局行政監察史編集委員会『行政監察史』行政監察局，2000年，466-467ページを参照。

7）三重県監査委員「平成14年度行政監査（評価）結果報告書――行政評価方式による行政監査結果と意見――」（その1・その2），2002年12月。

8）その代表としてたとえば，1986年4月に会計検査院事務総長の委嘱を受けて設置され，1990年に「業績検査に関する研究報告書」を提出した「会計問題研究会」（座長・加藤芳太郎）があり，ここでは経済性，効率性，有効性の検査手法が研究されていた。なお，会計検査院自身の説明によると，有効性の検査は昭和40（1965）年頃から取り組まれていると言われる。会計検査院「会計検査で分かったこと（平成15年度の決算検査報告と会計検査院の活動状況）」17ページ。

9）行政改革会議「最終報告」61ページ。

10） 西川伸一『この国の政治を変える――会計検査院の潜在力――』五月書房，2004年，44-45ページ．
11） 有川博『有効性の検査の展開――政策評価との交錯――』全国会計職員協会，2003年，113-124ページ．
12） 同上．
13） 総務省行政評価局・国土交通担当評価官士官室「各府省における公共事業に係る評価システムの概要」2002年7月を参照．
14） 総務省行政評価局「実施庁に係る実績評価に関する調査結果報告書」2004年7月，を参照．なお，郵政事業庁は2003年4月に日本郵政公社になったため，実施庁ではなくなった．
15） 総務省の政策評価・独立行政法人評価委員会は2005年11月14日に，内閣の「独立行政法人に関する有識者会議」の指摘事項（同10月28日）を踏まえ，主要な事務事業の改廃に関する「勧告の方向性」を取りまとめた．それによると，2004年度，2005年度末に中期目標期間が終了する56法人を42法人に整理統合（たとえば消防研究所と農業者大学校は廃止，21法人が統合），また44法人職員数1万2000人が非公務員化，という勧告を行っている．

第3章　政策評価の手法と方式

1　「評価」の概念整理

　「評価」とはきわめて単純に言えば，情報を集め，分析・比較して加工することを言う。ただし，どのような情報を集めるのか，数字のデータを集めるのか，ドキュメンタリー報告書か，また集めた情報・データ・資料をどのような手法を使って分析するのかということは，その評価の目的によって変わってくる。

　他方，国語辞典で評価という言葉は「物事の価値を決めること」（『角川国語辞典』新版），「善悪・美醜・優劣などの価値を判じ定めること。とくに，高く価値を定めること」（『広辞苑』第4版）と定義されている。これらの定義によれば，評価のプロセスは一定の価値判断を含んでいるのであり，また世間一般でも「私はあなたを評価する」というように，価値観を持って良し悪し（毀誉褒貶）を決めることになる。わが国の常識では，子供の学力評価からホテルや大学，レストランの評価まで，価値判断，価値による序列化が入り込んでいる。

　しかし，ここでは政府活動における評価，とくに政策評価を論ずる場合，こうしたわが国の世間一般での使い方よりも控えめに，「何らかの判断や決断をくだす場（人）に，情報を提供する活動」であると定義する。なぜなら，政治学や行政学の理論，そして行政管理の実践の場では，立法の機能と行政の機能，政策の企画立案とその執行は別々の活動であり（行政改革会議「最終報告」），もっとくだけた言い方では「政治家と役人」というように一定の役割分担を前提として仕事をしており，それぞれの機能を純化・洗練させ，あるいは強化するべきであるという要請が強いからである。決定する人，判断する組織と，そ

こに情報を上げる人や組織とは別であるべきだということが，憲法の予定する統治機構の大原則であり，または行政の現場の行動規範である。

したがって，評価それ自体は決定でもなく価値判断でもない。そのため，政策評価によって提供される情報とは，本来バイアスがない，客観的で中立的な情報のはずであり，評価自体が良し悪しを判断したり，価値を決めたりするのではなく，まして優劣を語るものでもない。評価の機能は，決定権者に淡々と事実を伝えるだけのものである。もちろん，その情報は統計や社会調査，フィールドワークなど，外部の専門家の批判に耐えうる，科学と実務の「技（art）」に裏付けのある手法を使って集められ，経済学，経営工学などの領域で開発されてきた分析手法を使っているはずである[1]。そのため，評価は一種「応用社会科学」としての性格を持つと言われるのである。

それをたとえて言えば，定期健康診断とその後の医師の診察，問診の関係が分かりやすい。定期健康診断では血圧，尿酸値，血糖値などの数値を測定するが，基準範囲を超えた数字があれば受診者は医師に診察を求め，医師は色いろ受診者に問いかけ，定期健康診断のデータと照らし合わせながら状態を判断する。

政策評価もこうした情報を作り出す仕事と同じである。医師の判断そのものではない。定期的に行われる政策の健康診断である。また，医師と検査する組織とが別であるように，政策評価においてもデータを作る組織と判断する者との間には分業がある。医師に相当するのは国で言えば大臣・副大臣・政務官，事務次官・局長・審議官であり，地方自治体レベルでは公選首長，副知事・助役，部長，局長レベルであり，彼らが閣議，省議，局議などの幹部レベルの会議で「診断」を下し，「処方箋」（政策の見直し・拡大・中止・廃止など）が決められる。政策を所管する課長は政策評価シートを書く立場にあるが，この人は政策決定・判断を行っているように見えるが，実は稟議書での決裁で審議官や局長の了承，重要案件であれば事務次官や大臣・副大臣・政務官の了承を得ている。いわゆる政策判断はしないということである。したがって，課長が政策評価について行っているのは，政策手段が政策目標を達成しているかどうかの「データ出し」である。

もちろん，病気ごとに知りたいデータが違うように，政策について知りたい情報も異なってくるはずである。経済効率を知りたい時もあれば，日常生活の質に関わる問題の時もある。外交や国家の文化的資質のアピールに関わる場合もある。そうした目的に応じた評価を使い分け，データを正確に取る能力が必要なのである。

したがって，ここでいう評価とはしばしば日常的に使われる言葉，価値判断を背景にする「私は彼を評価する」，「社会的に評価されている」，「一定の評価を得た」，「まったく評価できない」（無価値である）といった使い方はしない。しないだけでなく，こうした日常的な使用方法は危険であるため，できるだけ避けたい。なぜなら，一定の価値観を前提とした（時にバイアスのある）評価は誰しも嫌がるからであり，評価を回避するムードが広がるからである。よく評価されても居心地が悪いし，悪く評価されると腹が立つ。よく評価されるために「工作」する悪心を起こす者も出る。つまり，良い悪いだけで語られる評価に対しては感情的な反発が付きまとい，理性的な議論はできないので，公開の議論を前提とする民主的社会にはなじまなくなる。

ところで，何のために，どのような判断・決定をするために評価が使われるのであろうか。政府機関においてはおおよそ次の3種類が挙げられる。すなわち政策決定に使う政策評価，決定された政策の執行を任された組織の活動実績を評価する評価（行政経営評価・独立行政法人評価），そして政策や組織活動の内容の専門に関わる評価を担当する専門評価（代表的な例は政府開発援助）である。これらの評価はそれぞれ目的が違い，用途が異なり，したがって集めるデータの種類も違い，またデータの分析方法も異なる。外部評価委員会，外部有識者会議を設置する時はこの区別を明確にして委員の人選を考えなければ失敗する。さらに，「行政機関が行う政策の評価に関する法律」と「独立行政法人通則法」が違うように，法制度上も違うように設計されている。

実は，わが国の行政の実務においては，こうした違いや区別があまりうまく理解されていないのではないかという懸念があった。そして，理解していないまま実務がどんどん進む，しかし理解が乏しいので評価は形式的に実施するが当然の結果としてあまり政策判断に役に立たない評価結果・データが出てくる，

そうした病理が行政の現場で起きつつある。

しかし，20世紀末から21世紀初めにかけて，わが国が積極的に評価を取り入れた理由を振り返ると，政策評価導入の意図は明確であり，またどのような評価をしなければならないかが理解できる。すなわち，合法性・合規性という手続の「近代」行政の合理性だけでなく（これを追及するのが監査・会計検査である），目的達成の有効性や効率性，公平性といった「現代」行政に求められる合理性をいかにして政府内部で確保するのか，その課題に応える手段として行政活動の評価に着目したのであり，そのための政策評価を導入しなければならないはずである。さらに日常的な例で言えば，公務員の数が減らされているにもかかわらず仕事は減らない，似たような目的の政策が重畳的に重複している，アナクロニズムに陥っている政策がそのまま続けられているといった，誰もが納得する行政の病理状況に合理的な処方箋を書くために，政策や事業の再評価，そして組織の見直しが検討されていたのである。こうした意味で言うと，評価を使うということは違法行為を防ぐとか，予算の目的外使用を追及糾弾するといった種類の活動ではないことが分かるであろう。政策評価は，時代と社会状況に対応するために行政組織とその実施する政策活動を見直す有力な手段の1つであった。

2 政策評価の方式と方法

政策評価の基本的設計や主要な方法に関しては，旧総務庁行政監察局において政策評価の導入前に検討されていた。「政策評価の手法等に関する研究会」で2000年11月13日に配付された資料「政策評価の設計手順（案）」を参考にしながら，当時評価制度をどのように設計しようとしていたのかについて再度レビューしてみたい。導入前の検討と，導入後の実際との比較によって，評価の問題点が浮かび上がってくるからである。

(1) 評価対象の選定

政策や施策，事務事業それぞれの意味や相互の関連，位置付けを確認するこ

とが「何を評価するか」という最初の基本になる。そして理論的には，政策体系が存在し，それに基づき政策―施策―事業という3層構造が確認できれば，いくつかの政策評価の技術的な問題は解決すると考えていた。しかし，体系がない場合，あるいは体系づくりが困難である時，また地方自治体のように総合計画とそれに基づいた実施計画があってもオペレーショナルなものではない時，さらに個別の計画がたくさんあってそれらとの調整ができない場合，政策評価は難しい。実際には多くの地方自治体で事業，事務事業と考えられるものが評価対象になり，事務事業評価と呼ばれたのはそのためである。

そもそも，政策評価が何を対象として評価を行うのか，政策評価法を見ても明確ではない。しかし，実務上行われてきた政策評価制度においては，以下のような3つが評価対象であると考えられた。その1つめは「行政を実施するにあたって，一定の行政の価値観を持ち，その方向性の実現に向けてなされる裁量的判断」という行政法学的定義である。これは，逆に言えば裁量の余地がなければ政策評価の対象から除外されるということである。地方自治体においても同様のことが言えるが，より分かりやすい言葉で言えば，評価結果で問題が判明した結果中止廃止できるものは政策評価の対象になるが，止めることができないものは政策評価の対象にはならず，効率化・経費削減をねらう行政評価の対象にすべきであるということである。

2つめの対象と考えられるものは，行政立法，行政行為，行政計画策定，行政契約，行政指導と呼ばれるもの，あるいは民間に対する助成・誘導と呼ばれるものである。助成の具体事例は補助金等の交付，支給金等の給付が含まれる。ここには国の府省から地方自治体に対する助成・誘導も含まれる。さらに普及啓発活動もこの2つめの対象に含まれるであろう。

3つめの評価対象のカテゴリーは，一般的に方針，方策，対策，要項，要領，指針などと呼ばれているもので，具体的には「□□（ゴールド）プラン」，「○○改革プログラム」，「△△基本計画」，「5カ年計画」，「基本方針」，「対策要綱」という名前で打ち出されるものである。「政策」イコール「計画」であるという考え方は，この部分では間違っていない。

他方，政策評価の対象にならないと考えられているものもある。たとえば行

政機関内部の内部管理事務，すなわち人事，会計，文書管理，庶務など，組織体を維持するために必要になる経常的な内部事務は政策ではないため，政策評価の制度の対象外である。したがって，仮にたとえば，職員の国内と国外の配置の比率を，現在の2：1から1：2に改めるというような方針を打ち出したとしても，その方針は政策評価の対象ではない。あるいは予算を全体で10%圧縮する，各種手当を見直す，団塊の世代退職後の人員補充はしないといった方針も，政策評価の対象ではないということになる。

独立行政法人の業務実績評価に関しては，独立行政法人自体が政府から独立した法人格を持つ機関であること，また独立行政法人の運営実績を評価するのであって政府の政策を評価するのではないことから，政策評価のカテゴリーには含めず，独立行政法人通則法による別の評価体制が考えられている[2]。ただし，主務大臣が独立行政法人に対して設定する中期目標は，政策評価の対象に含まれると解釈される。

ところで政策や施策は抽象的理念の存在ではなく，実在の法体系の中に位置付けられることが多い。「〇〇基本法」の下に個別法が並んでいることが多い。こうした行政における法的制度的な環境条件をレビューした後に，目的確認の作業を進める必要がある。この作業の基本は目的と手段の分別であり，その後に目的の方向に向かって数量的表現をした指標を確認するのである。政策評価の理論では目標が成果すなわちアウトカム，手段を実施して出てくる結果をアウトプットと呼び，このアウトプットの積み重ねが成果につながるというロジックを大事にする。

(2) 評価方法

評価方法とは政策評価に必要な情報を集め，それを分析し，あるいは他と比較する「方法」のことを言う。ただし，これらの方法は恣意的に用いるのではなく，次の①から③までのプロセスの中でどのように評価で活用するかが決まってくる。

①設問の設定

評価をする前提の設問とは，評価対象（政策・施策・事業・制度），あるい

は後述する「総合評価」の時には評価テーマ（たとえば下水道設備・空港整備・職業能力開発・高齢者介護サービス・政府開発援助・海岸保全施設整備など）のそれぞれについて，どのような課題があるのかという問いであり，この課題を考える場合にいかなる評価観点（必要性・効率性・有効性・公平性・優先性）が有効であるのかを考慮して設定する。

この設定の際に必要な情報とは，それぞれの評価対象やテーマの課題を考えるために，誰が，どのような情報を，いつのタイミングで求めているのか，どの程度の精度でよいのかということを考えて作成され，提出される。

②評価項目，評価指標の設定

評価項目とは具体的には「事業継続を主張する根拠に使っている費用対効果の妥当性が説明できるか」，「必要性を主張しているが『行政関与の在り方に関する基準』に照らして必要性が証明できるか」という話である。前者の検証には費用対効果が用いられ，後者は閣議決定された必要性を証明する6つの基準への適合性を証明しなければならない[3]。

また評価指標については，たとえば費用便益比（総便益／総費用），費用対効果（物理的効果量／総費用）の関連で出されることもあり，また社会ニーズを示す指標の場合，施設整備率，整備水準の比較，水質汚染，コスト，時間，走行距離などが考えられる。

③情報データの収集方法，分析方法の決定

データを収集する時にはどのような単位，時間枠なのかをあらかじめ評価目的に照らして決めておく必要がある。また，既存のデータが使えるか，データが存在しなければ新たに作成する余裕（時間と金銭）があるか，データ収集に要する負担を誰が持つのかを考えなければならない。

具体的に考えられる収集・分析方法は，「政策評価の現状と課題」（旧通商産業省「政策評価研究会」1999年8月）および「政策評価の導入に向けた中間まとめ」（旧総務庁「政策評価の手法等に関する研究会」2000年6月）によれば，以下のような方法が想定されていた。

（ⅰ）政策実施のよって発生する効果や便益，費用を計測し，分析する手法。

費用便益分析，およびこれに関連した消費者余剰計測法，代替法，ヘドニ

ック法，CVM（仮想市場評価）法，トラベル・コスト法。費用対効果分析やコスト分析。

(ii) 政策を実施した場合と実施しない場合の比較により，政策の効果を把握する方法，あるいはデータの収集・統計的分析に関する方法。対照実験法（実験計画法），疑似実験法（準実験計画法），クロスセクション法，時系列分析，パネル分析，統計解析法。

(iii) その他の簡便な方法。ベンチマーキング，ベストプラクティスを設定して比較対照する方法，ピアレビュー（peer-review），ケーススタディ（観察やインタビュー・資料調査による事例研究），目標達成状況の指標化とその測定（例：アメリカの'Government Performance and Results Act: 1993'およびイギリスの'Comprehensive Spending Review' 'Public Service Agreements'）[4]，政府開発援助（ODA）評価の分野で活用されているロジカル・フレームワーク（PDM）などである。

④評価結果の報告

「行政機関が行う政策の評価に関する法律」第10条第1項に記述されている7項目が評価書に書かれているかどうかである。すなわち，政策評価の対象とした政策，政策評価を担当した部局または機関およびこれを実施した時期，政策評価の観点，政策効果の把握の手法およびその結果，学識経験を有する者の知見の活用に関する事項，政策評価を行う過程において使用した資料その他の情報に関する事項，政策評価の結果，の7つである。

(3) 評価可能性

以上の(1)と(2)にあるような手順を経て政策評価制度を設計すること，そして想定する政策がこれらの手順に合致するかどうかを事前に審査することが「評価可能性の事前審査（evaluatability assessment）」である。

3 検討案に対する各省庁の反応

この政策評価制度の検討案に対して，各省庁は様ざまな反応をした。2000年

5月「政策評価の手法等に関する研究会」（第12回）において，同年4月24日から28日にかけて行われた各省庁に対するヒアリングの結果が報告されたが，ここには各省庁が抱く様ざまな危惧，不安，あるいは問題意識が見られた。それらを類似の項目ごとに例示すると以下のようになる（以下の省庁名と評価方式名等は2000年5月当時のものである）。

　a．政策評価の基本的なあり方について
　　○公表について統一の基準を図る場合，様式に合わない評価を公表することが困難になり，結果として公表を妨げる（環境庁）。
　　○公表を前提とした政策評価はすべての所掌事務に及ばず例外もある（外務省）。
　　○わが方の手の内をつまびらかに明らかにすることは相手を利する（防衛庁）。
　　○評価手法，第三者の活用，公表面での画一的な手続を求めることは，かえって政策評価の実効性を損ねる（大蔵省）。
　　○中央省庁の政策の企画立案は一般的に政治的な意思決定と密接な関係にあり，こうした政策に関する評価や目標・指標設定は行政府のみでは対応できない側面がある（大蔵省）。
　b．政策評価の方式
　　○海外の金融監督当局でも政策評価を導入しているが，定量的な評価はなかなか進んでいない（金融庁）。
　　○イギリスの金融分野についても，規制インパクト分析で定量的な分析は実現が難しい（金融庁）。
　c．政策体系
　　○政策―施策―事務事業の3層体系は頭の整理としては理解できるが，実際に行政活動を当てはめるのが難しいため，3つそれぞれに評価方法を当てはめていくのも困難なのではないか（環境庁・農水省）。
　　○既存政策の見直しを行う観点なら有益だが，積極的活用の姿勢が必要（運輸省）。
　　○3層体系は相対的・連続的なもので，一義的には決まらないため，政策

の階層ごとに異なる評価法式を結び付けて3つを類型化する意義は薄い（通産省）。
- 全国的・総合的計画から個々の公共事業まで業務を所管しており3層に分類して業務を振り分けるのは混乱を伴う（建設省）。
- 地域振興券もそれだけなら評価できるかもしれないが，政治的な導入の経緯を考える必要があり，評価しやすいかどうかは，政策体系の整理方法によっても変わりうる（自治省）。

d．仮称・事業評価
- すべての事務事業を対象にして評価を行うことは効率性，必要性の点から疑問がある（警察庁）。
- ある程度一定の評価手法が確立しつつある分野を除いては，施策と事業との区別が不明確（警察庁）。
- どこまでを効果とすべきか，これをいかに測定するか現時点では不明（職業安定行政の労働省）。
- 民間の商行為に対して行政が数字を付けることを強制できない（労働省）。
- 外交関連の事業・施策は業績達成度の定量化・計数化は困難（外務省）。
- 研究開発分野の評価を事業評価に限定する必要はない（通産省）。
- 農林水産省の事業量は大量で，すべてに事業評価を行うのは分量・評価のコストが膨大になる（農水省）。

e．仮称・施策業績評価
- 成果（例：温暖ガスの排出量）と施策（地球温暖化対策の推進に関する法律に基づく施策）との間の因果関係の判定が難しいものが多い（環境庁）。
- 定量的指標の設定が困難なもの，定量的指標は設定できるがその指標と効果との因果関係が必ずしも明確ではないものがある（環境庁・警察庁・労働省）。
- 目標を設定して仮に達成できないとしても，その施策を止めるわけにいかない施策も多い（警察庁）。

○数値目標を掲げると数字が一人歩きし，無理に職業斡旋するといった行政の本旨を逸脱する恐れがある（労働省）。

○在外公館が置かれている国の多様性と，その国に対する日本の関わりが施策効果に影響を及ぼす（外務省）。

○どの時点を始期にして，どの時点を終期とするか判然としない（外務省）。

○危機管理的な性質を持つ海上保安庁，準司法的機能を有する海難審判庁や船員労働委員会のような行政分野は，目標設定が困難（運輸省）。

○金融検査は検査件数だけでなく，その質をどのように把握するかが難しい（金融庁）。

○特定の研究開発施策はほぼ1つの研究所・特殊法人が集中してやっているので，現行の「機関評価」で代行でき，重複排除から施策実績評価は不要（科学技術庁）。

○実績評価は企画立案部門にはなじみにくく，実施部門になじむため，施策レベルで固定的に捉えるのは適当ではない（大蔵省）。

f．仮称・政策体系評価

○官房と原局では政策評価に差があるため，仮に官房でレポートを作成しても，それをそのまま外に公表しないのではないか（環境庁）。

○複数の施策や事業等を対象にして総合的な評価を行うのであれば，政策のレベルにかかわらず評価の対象にするべき（警察庁）。

○事前の評価法式も重要（通産省）。

○政策として組織のミッションや戦略レベルのものをイメージしているのであれば，それは国民や国会が評価すべきで，各府省の内部評価の限界を超えている（建設省・大蔵省）。

g．規　制

○規制の評価方法は十分に確立されていないので，評価方法が確立するまで時間を要する（環境庁）。

○規制インパクト評価を事業評価に分類するのは疑問（通産省）。

○規制を変える際に費用と便益の分析を行うにも，政令や規則レベルの改

　　　　正はたびたびあり，そのたびに分析することは困難（金融庁）。
　　○規制の評価についてはわが国では十分確立されていない（大蔵省）。
　h．予算とのリンク
　　○施策について事前評価を重視した上で，事前評価と事後評価とを一体のものとして位置付け，予算要求と連動させた評価システムを導入する（通産省の疑問と言うよりは推進論）。
　　○予算編成は評価結果以外の多様な要素も踏まえ，総合的な判断に基づいてなされるため，政策評価と予算編成が機械的にリンクするような仕組みは不適切（大蔵省）。
　i．補助事業
　　○補助事業について評価手法が確立されていないのは非公共事業に関するものであるが，これについても何がしかの評価手法が検討されるべき（大蔵省）。
　j．その他
　　○企画立案が中央省庁，実施を都道府県が行う場合，都道府県のあり方が成果に影響を与えるが，このような場合成果の寄与度についてどのような分担関係を構築するのか問題（警察庁・文部省）。
　　○短期的成果を定量的に把握するのが困難（外務省・文部省）。
　　○相手国との対外関係・保秘の観点から目標を明示しそれに数値指標を付けるのが難しい（外務省）。
　　○政府開発援助（ODA）評価と政策評価との関係付けが課題（外務省）。
　　○検察事務はその性質上，政策評価の対象外とすべきであり，いかなる評価法式もなじまない（法務省）。
　　○評価コストの軽減，職員にやる気が出るような内容についての要望（建設省）。
　　○郵政事業は目的を設定して目標を立てて達成状況を見ていくという中には位置付けられるかもしれないが，一般の行政とは評価の仕方が違う（郵政省）。
以上のいずれの疑問や懸念も，単に官僚組織の「モラル・ハザード」，政策

評価に対する抵抗として片付けてしまえないほど重要なポイントを指摘しており，これらの問題指摘は政策評価制度が実際に運用され，見直し時期が始まるまで各府省の現場，あるいは政策評価研修，そして政策評価各府省担当者会議等で議論された。

4　公式のガイドライン

(1)　政策評価の3方式

　政策評価を実際にどのように進めるか，その方式に関しては，実務担当者で構成される政策評価各府省連絡会議において了承された「政策評価の方法に関する標準的ガイドライン」（2001年1月15日，以下「ガイドライン」）が詳細に定めている。各府省で一定の合意の下に標準化を図ろうとするものであるとともに，政策評価担当者が人事異動で交替した場合の「ガイド」にもなっている。「行政機関が行う政策の評価に関する法律」に沿った方向での実施要領をこのガイドラインは具体的に定めているが，その中で標準的な政策評価の方式として「事業評価」，「実績評価」，そして「総合評価」を示している[5]（**表3-1**を参照）。

　①「事業評価」

　事業評価とは，事業や事務事業を対象にして，基本的には事前の時点で評価を行い，あるいは途中（中間）や事後の時点で成果を検証する方法である。プロジェクト評価（project evaluation）に近い考え方である。

　②「実績評価」

　検討時の施策実績評価の「施策」を取ったもので，施策に限定されないと考えられる。すなわち行政の幅広い分野において，あらかじめ達成すべき目標を設定し，それに対する実績を測定しその達成度を評価する。業績測定（performance measurement）に近い評価，あるいは実績のモニター（monitor）に近い評価も考えられる。

　③「総合評価」

　政策体系評価であったものを改称して総合評価という名称にした。「政策体

表3-1 評価の3方式の考え方

	対象	時点	目的・ねらい	やり方
事業評価	個々の事務事業が中心，施策も。	事前。必要に応じ事後検証。	採否，選択等に資する見地。	あらかじめ期待する政策効果やそれらに要する費用等を推計，測定。
実績評価	各府省の主要な施策等。	事後。定期的継続的に実績測定，目標期間終了後に達成度を評価。	政策の不断の見直しや改善に資する見地。	あらかじめ政策効果に注目した達成すべき目標を設定。目標の達成度合について評価（測定）。
総合評価	特定のテーマ（狭義の政策・施策）。	事後。一定期間経過後が中心。	問題点を把握。その原因を分析し，総合的に評価。	政策効果の発現状況を様々な角度から掘り下げて分析し，総合的に評価。

（出典） 総務省東北管区行政評価局「政策評価に関する統一研修テキスト」（2005年12月16日），11ページより一部修正して引用。

系」の概念が行政の現場では難しい概念であったことがうかがえる。この方式の基本は，特定のテーマを設定し，様ざまな角度から掘り下げて総合的に評価するというやり方になっている。広い意味では国土交通省が名付けたような'policy review'であり，場合によっては'comprehensive evaluation'に相当す[6]る方法であるが，アメリカの評価分野で一般的なプログラム評価（program evaluation）がこの評価に相当すると考えられる。

(2) ガイドラインの性格と各府省の対応

ところで，このガイドラインは政策評価の具体的方法を例示したものではなく，手法について強制した文書でもない。考え方を示唆したものであるため，各府省の政策評価においては，この3方式を組み合わせた非常に多くのバリエーションが見られ，あるいはそれ以外の方法が取られていることもある（表3-2を参照）。

つまり，わが国の政策評価においては「評価」というものの，英語の'evaluation'に限定されず，'review'のような'evaluation'の上位概念にあたる方法，アカデミックな研究調査に近い'research'，集めた情報の分析手段である'analysis'，評価と言うよりは測定である'monitor'や'measurement'，事前評

表3-2 各府省における3方式の採用状況

	事業評価	実績評価	総合評価	その他，備考
内閣府	○	○	○	
宮内庁	○	—	—	
警察庁	○	○	○	国家公安委員会。
防衛庁	○	—	○	
金融庁	○	○	○	
総務省	○	○	○	
公正取引委員会	○	○	○	事業評価を実施しない年度もある。
公害等調整委員会	—	○	—	
法務省	○	○	○	
外務省	△	—	○	ODAの法定事業について事前評価を実施しているので△。
財務省	○	○	○	
文部科学省	○	○	○	研究開発評価も実施。
厚生労働省	○	○（施策体系に）	○	国会提出法案について総合評価を実施。
農林水産省	○	○	○	
経済産業省	施策を対象に研究開発評価，政府開発援助評価，公共事業評価，通商政策評価，基準認証評価。例外的に施策・制度の成果を総合的に見るべきものは「政策体系評価」。			
国土交通省	○（事前）	業績測定（政策チェックアップ）	政策レビュー（プログラム評価）	個別公共事業評価・個別研究課題評価。
環境省	○	○	全体評価	

（出典）　総務省行政評価局「平成13年1月の『政策評価に関する標準的ガイドライン』に基づく政策評価の実施状況等に関する報告書」（2002年12月）を参考に一部修正。

価を意味する 'assessment' と呼ぶべきもの，格付けの意味の 'rating' や 'ranking'，場合によっては地方自治体に見られるように目標による管理（Management by Objectives：M by O）にルーツを持つ手法が混在しているのである。

　結局言わんとするところは，対象・時点・目的やねらい・やり方を大枠で定めた3つの方式のいずれかを選ぶことが求められ，なぜその方式を選んだのか，

表3-3 事前評価と事後評価

	事前評価	事後評価
内閣府	個別公共事業評価(新規事業採択時)。	個別公共事業評価(再評価)。
警察庁		継続・改善等見直しのため事業評価。
防衛庁	新規事業。	中間の事業評価。
文科省	新規・拡充事業。	継続事業。
農水省	研究開発評価。	再評価,中間評価。
経産省	予算,政策金融,政策税制など財政資金を使う場合,全般について事前評価。	
国交省	政策アセスメント・新規事業採択時評価。	公共事業再評価。
外務省	ODA(無償10億円,有償150億円以上)。	
環境省	全体評価(次年度の重点施策の方向付け),新規規制。	有効性の観点から。

あるいはなぜ選ばなかったのかについては,それについての説明が求められるということである。また,選んだ方式を実施するための評価方法については各府省に任されており,これもまた,なぜその評価方法を選んだのか,評価方法に使用したデータは適正であったのかについてもアカウンタビリティが発生する。このような意味でガイドラインに見られる3つの評価方式とは,評価手法を選定するためのスキームであり,評価の実施とその態勢を計画化する仕組みであると考えるべきであろう。

(3) 評価時期

評価を実施する時期は事前,中間,事後の3段階に分けられるが,政策評価法は事後評価を全体の基本として義務付け(第8条),事前評価については第9条で例外的に義務付けを行っている。例外の対象とは,個々の研究開発,公共事業,政府開発援助であり,理由は国民生活もしくは社会経済に相当程度の影響を及ぼすからであり,また効果発現まで多額の費用を要するものは評価すべきであるという考えが背景にある。ただし効果の把握手法・事前評価手法が開発されていることが条件付けられており,外務省はODAの事前評価が未開

発であると主張，事前評価手法の再検討のため政策評価法施行後1年の猶予期間を総務省との共同省令によって確保した。

基本的に個々の研究開発・公共的な建設事業については自ら実施する事業，補助事業ともに，10億円以上の費用がかかる事業については事前評価の対象にしている。また，ODAについては無償資金協力が10億円以上，有償資金協力が150億円以上が対象になっている（行政機関が行う政策の評価に関する法律施行令，2001年政令第323号第3条）。個別の事前，事後の評価は**表3-3**を参照。

5　その他の「政策評価」
―――男女共同参画局の「影響調査」―――

各府省が自ら行う政策評価の他に，政策評価に相当すると考えてもよい評価活動が存在する。それには総務省の統一性，総合性確保評価，客観性担保評価のように政策評価法に基づくもの，あるいは政策評価法に基づかないものがある。たとえば各府省が所管する個別の計画に評価の方法，考え方を導入しているものとしては厚生労働省の「健康日本21」（2000年3月），外務省経済協力局の「国別援助計画」，文部科学省の「スポーツ振興基本計画」（2000年9月）など，次第に数や対象が増え始めており，政策評価の考え方が幅広く定着し始めている。

ところで内閣府男女共同参画局が言う「影響評価」は，政策評価とよく似た評価の考え方に基づいて行われている[7]。すなわち**表3-4**に見られるように，アウトカム，インパクト，外部要因の影響について，政策評価における総合評価方式に近い考え方で実施している。

さらに男女共同参画局は都道府県と政令指定都市における男女共同参画関連施策の評価手法についても調査しており，その調査結果によれば地方自治体においては政策評価に国よりさらに近い方法で評価している例がいくつか見られた（**表3-5**を参照）。その理由は，国の府省が評価においても縦割り行政が見られるのに対して地方自治体はそうした弊害がなく評価のノウハウや用語を自

表 3 - 4　影響評価と政策評価の比較

調査内容	影響調査	政策評価
成果（アウトカム）。	調査する。	調査する。
波及効果，副次的効果（インパクト）評価。	調査する（例：配偶者の税控除）。	総合評価方式において，必要に応じ調査する。
外部要因の影響。	調査する。	総合評価方式において調査。

表 3 - 5　地方自治体に見る男女共同参画関連施策の評価手法

内部評価	予算の執行状況により進捗状況を把握。
	何らかの評価基準を設け，事業の実施効果や，企画立案，実施における男女共同参画の視点の取り入れ度合等を評価（秋田県，埼玉県，千葉県）。
	個別事業評価を施策評価，総合評価へと体系的に積み上げる（静岡県，熊本県）。
	施策の実施効果を象徴するアウトカム指標に数値目標を設定，その達成度を評価（新潟県）。
	住民意識調査，住民からの苦情内容で施策の実施効果を測る（山口県，高知県，福井県武生市）。
	全庁的な政策評価に，男女共同参画に関する項目を入れる（福島県，群馬県）。
外部評価	内部評価の一部，または全部に関する外部評価を求める（静岡県，熊本県，群馬県）。
	特定事業に関する外部評価を求める（埼玉県，福井県武生市）。
	内部調査（評価）結果の解釈や調査手法のアドバイザーとして活用（山口県，大阪市）。

由に活用できること，また政策評価の担当者が人事異動で男女共同参画関係課に来て施策の評価に当たった例が挙げられる。

　なお，国の政策評価よりも地方自治体の政策評価の方が進んでいるという論者もいるが，男女共同参画関連施策に関して言えば，この指摘は正しいかもしれない。その証拠の一端は**表 3 - 5** の各自治体における内部評価と外部評価の使い分け方，評価の多様性ある試みに見られる。たとえば埼玉県・群馬県・静岡県・熊本県は男女共同参画計画の全事業を網羅的に評価しており，秋田県は男女共同参画計画に関係なく全事業を評価するという事業横断的な評価を試みている。総合評価のプロトタイプである。また埼玉県の外部評価・千葉県・大阪市は，特定の事業・施策を集中的に評価するという国の「政策評価の重点

化」の試行を先取りしている。新潟県・山口県・高知県では, その自治体が実施する事業施策以外（たとえば地域の慣行など）を調査しており, これは地域社会の状況や政策の課題を探る政策環境の事前調査につながる可能性がある。

　評価が難しい政策の性格, 社会的インパクトの調査の必要性など, 男女共同参画関係政策の評価は, 政策評価にとって新たなフロンティアになるかもしれない。

6　政策評価手法の理論的再検討

　政策評価にとって検討すべき評価手法はまだまだ多い。そして容易にその解答は見つからず, 多くの研究者や実務家が調査研究を重ねた。何をどのように評価するかその具体的な問題点は数多いが, ここでは実務家, 研究者双方が常に悩む問題, すなわち政策手段に関する問題点, 定量評価と定性評価に関する課題, 業績測定とプログラム評価の誤解の3点を取り上げたい。

(1)　政策手段の問題点

　政策には政策手段がある。大きく分けると規制, インセンティブの供与, 教育・情報提供・PR, の3種類である。そして, この視点で政策評価の議論が行われることは少ない。政策学的思考が行政の現場に徹底しないこと, 現場における「木を見て森を見ず」の執務スタイル（何のためにそれをしているのかあまり考えない）, そして評価する前提で政策形成してこなかった習慣が原因ではないかと思われる。

　①規　　制

　規制に関しては政策評価制度導入の当初から, 手法が確立されていない, コストがかかりすぎるという問題点が指摘されていた。しかし, その方法, 考え方が政策評価施行後, 数年をかけて整理された[8]。主たるポイントは規制の制定過程と規制制定後とは方法が違うという事前評価, 事後評価の考え方を踏襲し, また評価対象については事前は網羅的, 事後は選択的に実施する方式が考えられている。ただ, 諸外国でもいまだに研究, 試行段階であることが多く, わが

表3-6 規制に関する評価のフレームワーク

評価方式・タイミング・概要		実施主体	評価対象の選定	評価の視点
規制制定過程内	規制影響分析	規制所管府省	対象を定義して網羅的に実施	必要性 有効性 効率性など
	規制影響分析のレビュー	第三者的機関(評価制度所管府省)		必要性 有効性 効率性 手続の適切性など
規制制定後	規制影響分析の「メタ評価」	第三者的機関(会計検査院等)	選択的に実施	
	プログラム評価	規制所管府省 第三者的機関(会計検査院等)		規制の順守状況,有効性,経済性

(出典) 行政管理研究センター『規制評価のフロンティア』6ページを一部修正して引用。

国においてもなお，今後の研究課題になっている。

②経済的政策手段（インセンティブ）

政策手段の経済的手段に関しても，評価手法を検討する余地が多く残っている。

経済的手段とは実際には「予算措置」すなわち一般会計，「石油及びエネルギー需給構造高度化対策特別会計」，「電源開発促進対策特別会計」などの直接的手段であったり，「政策金融」と呼ばれる特殊法人等を通じて提供される融資，出資，保証の場合がある。構造改革の枠組みの中で大きく見直された日本政策投資銀行（構造改革・経済活力創造・地域再生支援・環境対策・生活基盤），国際協力銀行（有償資金協力），中小企業金融公庫（地域雇用促進資金の特別利率貸付）である。

さらに経済的政策手段については「税制措置」もある。具体的な事例としては，トラック販売の需要喚起を促すため，2002年4月1日から2004年3月31日まで車両総重量3.5トン以上のトラック取得に関し，所得税および法人税を初年度30％の特別償却または7％の税額控除（中小企業投資促進税制・経済産業省）をした例があり，このような場合どのような政策効果があったのか評価するのはかなり難しいと思われる。

また，所得税に子育て支援税額控除制度を導入した例，個人課税の基本「専

業主婦のいる夫婦と子供 2 人」を見直した場合の政策のインパクトを知りたい場合，どのような方法を使うのかという議論も試行段階にとどまっており，現場の実務家が簡単に活用しづらい状態にある。

これら経済的な政策手段について，適切な評価の裏付けがないまま制度変更した時，制度変更に反対する側から見れば政治的圧力と受け止められる恐れがある。

③情報提供，教育・研修，広報広聴

この政策手段は評価が一番難しい分野として，政策評価導入時から知られていた。PR の効果を新聞やマスコミででどれだけ取り上げられたか，広告料で換算するという話もあったが，より洗練された手法が見当たらないまま，言わば放置されてきた部分である。また，国内行政においては外交政策における「政策広報」（自国の政策的立場を国際社会でアピールして政策実施を有利に運ぶ），情報発信としての歴史がないため，若干軽視されてきたためという事情もあるかもしれない。しかし，この政策手段を断念する政府・地方自治体が現れない限り，この分野の評価は検討すべきであろう。

(2) 定性的評価と定量的評価の問題

様ざまな場で「定性評価は手抜き評価である」といった批判を耳にする。しかしそれは果たして正しい批判なのであろうか。答えは「否」である。当然のことであるが，手抜きであれば定量評価も，定性的評価も，同じように非難に値する。要するに手抜きでないかどうかなのである。

そもそも定性的評価は，時に 'naturalistic evaluation' とも呼ばれるように，インプット，プロセス，アウトカムについて，自然のままの「質」や「特徴」を知りたい時に使われる。研究対象のありのままの姿を知りたいので，分析するためにあらかじめ年齢で調査対象をカットしておくとか，経済指標のみを見るとか，年齢と年収で調査対象を限定するという方法は取らない。つまり，評価対象について手を加えたり加工することはないのである。また，定量的評価は数字があればいいので評価者・調査者が評価対象から離れていても可能であるのに対して，定性的評価は調査対象の近くの現場に行くことが多く，またそ

れが必要でもあるため，評価に物理的な困難が伴い，手抜きの可能性や誘惑が常に付きまとう。また，調査者自身に思い込みやバイアスがあると，その調査にも偏向が入るので評価に必要なデータの信頼性は失われる（たとえばアンケートの質問項目にバイアスがあれば，それは答えを期待する方向に誘導したことになってしまう）。定性的評価は「手抜き」なのではなく，「難しい」のである。「定性評価は難しいので，定量的評価で代替する」と言い換えた方がよいのかもしれない。

　それではなぜ，定性的評価が必要なのであろうか。それは定性的評価が政策対象の現状描写，手つかずの存在の分析に優れているからであり，また，それに対応した政策形成とプログラム・デザインに優れているからである。したがって「形成的評価」に向いていると言われるのである。政策立案・形成者やプログラムの管理者に情報を伝え，そのプログラムがよりよく機能するのを助けるという目的である。場合によっては，目的の再定義，政策そのものの再考を迫る可能性がある。予算の査定を行う職員に対して，知事が「現場を自分の目で見て来い」と言う場合，実はこの定性評価を求めているのである。また，定性評価を事後的に行う場合，こうした政策担当者が形成段階できちんとデータをそろえ，現場を見て政策を実施したかどうかが明確になってしまうので，忌避される可能性が高い。

　他方，定量的評価は目的がすでに所与である場合に使われる。政策の目標達成度，有効性，インパクトの適否を判断するものさしをあらかじめ作っておき，それに基づくデータを収集して，事後的に分析を加えるのである。したがって総括的評価に使われることが多い。イメージとしてこの評価は理解しやすく，実際にも，現場を見て来るという煩わしい作業負担はない。官房や総務課系統の職員が政策評価手段としてこの定量的評価を好むのは，その置かれている立場が影響しているからであり，また「現場を見なくてもよい」という気安さからかもしれない。しかも，コスト削減目的で施策事業をカットするという統制型にも向いているので，財政危機時代には多用される。

　別な視点で言えば「定性的評価は手抜きであり，杜撰な評価であるという」主張は，実は評価にコストとエネルギーをこれ以上かけたくない行政職員にと

表3-7 定性的評価と定量的評価の分析手法

	質的データ	量的データ
定性的分析	モノグラフ,フィールドワーク,エスノグラフィ。	質的比較分析法,その他。
定量的分析	新聞の「人生相談」を経年的に集める。政策とは何か,アンケートを取り,キーワードを拾い数える。	費用便益分析,費用対効果分析,産業連関分析,計量経済モデル。

っては好ましい状況である。あるいは現場主義の政策形成をしなくてもよいために,出先の意向を考えずに統制型の政策形成をする場合には適切かもしれないのである。

なお,定量的評価については費用便益分析をはじめとしてその手法はよく知られているが,定性的評価についてはあまりよく知られていないことも,定性的評価を避けたいという心理,そして定性評価を批判したくなる心理につながっているかもしれない。両者の違いについては,概略を**表3-7**に示している。

また,定量的評価は万能であらゆる政策に適用可能だというわけでもない。使い勝手がよい対象とそうでない対象があることは当然である。たとえば,事業評価については**表3-8**のように,可能である対象,可能でない対象について区別する研究も見られる。こうした政策評価手法に関する研究が,まだまだ少ないことが日本の政策評価の遅れでもあり,ひいては日本の社会科学とそれに関連する研究分野の遅れ,とくに「応用」の弱さとして指摘されるのである。

(3) 業績測定(実績評価)とプログラム評価(評価研究)

日本の政策評価にはアメリカの評価理論で言うプログラム評価(評価研究)と業績測定(実績評価)とが混在している。それに1950年代から入ってきたプロジェクト評価があるが,これは事業評価という形で誤解や困惑の対象になっていない。政策評価手法の混乱というのは,業績測定とプログラム評価の2つを理解していないところから生じている。

一方の業績測定は,業績マネジメントの手段として考えられており,行政サービスの提供者のサプライサイダー的視点が強く,ある種「管理会計」的な側

表3-8 事業評価における方法の比較

	データ入手可能性	計測作業期間	対象別の計測可能性						
			小規模工場建設	大規模工場建設	市街地再開発	交通基盤整備	観光開発	公園整備	環境保全
便益帰着構成表分析	困難	短い	○	○	○	○	○	○	×
旅行費用法	やや容易	短い	×	×	×	×	○	○	○
ヘドニック・アプローチ	容易	短い	×	△	○	○	○	○	○
仮想的市場評価法	やや容易	長い	×	○	○	○	○	○	○
産業連関分析	容易	短い	×	△	○	○	○	×	×
計量経済モデル分析	困難	長い	×	△	△	○	△	×	×
リンクモデル	困難	長い	×	△	△	○	△	×	×

(注) 北海道東北地域経済総合研究所調査企画部作成。ほくとう総研『NETT』2000年2月号，11ページを一部修正して引用。

面が強調される。外部に公表することが第1の目的ではない。そしてこれは，日本語で言う評価というよりは数値のモニターである。これを定量評価であると言う場合もあるが，先の議論で明らかになっているように，実は正確に言えばこの業績測定は，社会科学（とくに経済学）の背景が必要ではない「疑似的定量評価」で，簡便な手法である。そして，簡便さは杜撰さ，誤解，認識の浅さと隣り合わせになる。健康診断で数値を見てみる，程度の話である。

　他方のプログラム評価，評価研究は政策や施策（プログラム）の内容により深くコミットしようとする志向が強い。「実態を知りたい」のである。つまり定性的な評価が使われることが多く，健康診断後の医師との面談，あるいは精密検査に相当するかもしれない。実際の政策の現場では，法改正や制度改正の時に，新しい制度を作る時に使われることがある。また，内閣府男女共同参画局の影響調査のように，既存の制度，施策が別の意味でのインパクトを持っていて，それが誰かに不利益をもたらしているかもしれないことを調査する時に使われるかもしれない。要するに業績測定とプログラム評価とは，まったく使い方が違うのである（こうした両者の本質的な違いについては**表3-9**を参照されたい）。

表3-9　業績測定とプログラム評価

	業績測定	プログラム評価
性格	経営におけるプランニングとマネジメント（strategic planning），M by O に近い。	基礎的な社会科学研究（経済学，政治学，社会学，心理学など）。
目的	マネジメントのツールとして活用。 1．合意された業績目標 2．資源の配分・優先順位決定 3．目標達成にプログラムが向かっているかどうかのチェック（アウトカム） 4．目標を達成したかどうかを報告	調査研究のツールとして活用。 応用社会科学。
方法	Monitoring：3つの方法 1．performance measurement 2．performance target 3．benchmarks	Evaluation：3つの方法 1．process evaluation（implementation studies とも言う）：プログラムは意図したように実施されているかを調査（定性調査）。 2．impact evaluation：プログラムはどんな違いを作り出したか。Outcome や results の定量・定性評価。 3．cost/benefit analysis：全体効率。プラスの効果，妥当性の確認。
強調	マネジメントの改革。マネジメントの自立，柔軟性。プロセスではなく結果を重視。民間の経営。継続的にデータ収集，コストは大，フィードバックは急ぐ。	プロフェッショナルによる評価（とくにイギリスとフランス）。深い調査，念入りの長期に及ぶ調査。時間と手間と専門知識が必要なので，頻繁にはできない。
特徴	1980年代にアメリカで新しいプロフェッションとして，performance auditing 成立。	1960年代後半 social program, social policy を中心に発展。
課題	現行のシステムにどうやって組み込むか。	プログラムの現場への権限委譲。

（出典）　Ann Bonar Blalock and Burt S. Barnow, 'Is the New Obsession with "Performance Measurement" Masking the Truth about Social Programs ?' Stuart S. Nagel ed., *Policy Analysis Methods*, Nova Science Publishers, 1999 から一部修正して作成。

　ところで，アカウンタビリティの視点を反映させた評価という時，実はこれら業績測定とプログラム評価のそのものにアカウンタビリティを確保する仕組みが入っているわけではない。これら2つの方法から得られたデータを使って責任を追及する，責任を果たしたかどうか検証するということなのである。これらの手法を導入したから，自動的にアカウンタビリティが確保されるわけで

はない。要は，誰が，どのように使うかという次元の話であり，課題としては，その使い方をどうするかということが残っている。

ま と め

　評価方法に通暁した専門家が政策評価の現場で必要であるという時，専門家であるかどうかその資質を判断する基準は，形式的には学位（修士以上），大学で評価に関連する科目の講義を担当，シンクタンクや行政の現場で評価に一定年限携わった経験，学会（日本評価学会）に所属するといった基準が考えられる。しかし実質的には，政策評価の手法に関するこれまでの議論にプロフェッショナルとして一家言ある人，自前でデータ収集，分析ができることが専門家としての資格の前提であるという意見もあるかもしれない。もっとも，個人で評価制度全般に目配りができ，なおかつ評価方法のノウハウを持つ人は少ないのが現状であろう。

　そうした状況を前提に，行政組織が評価の専門家を活用できるかどうかという話を考えなければならない。日本の行政組織は人事異動が普通に行われており，せっかく政策評価を専門に担当する組織を置いても，そのスタッフが2～3年で異動し，まったく政策評価を理解しない新人スタッフがやって来る。この事情を考えると，各府省が政策評価の専門家を自己組織内に抱えておきたいという話は資質を考えた時に事実として無理であり，また公務員数が削減された現状ではそれだけの余裕がない。さらに，評価ばかりで公務員人生を送るという志望を持つ職員はありえない。それではどうするのか。

　考えられる方法の第1は，アウトソーシングである。外部の専門家組織にアウトソーシングすることはODA評価においても長年実施されてきた方法である。もっともこの方法の難点は，外部の組織，人材の資質や専門能力を，（あまり専門能力を持たない）委託する側が判断するところにある。

　第2の方法は，外部の人材を一時雇用的に活用することである。ただし，その外部の人材がどれだけ評価の専門に通暁しているかどうか判断するのは，第1の方法と同じぐらい難しい。また人事交流の制度が不完全であれば，それに

伴うリスクを冒してまで臨時雇用に応じる専門家は（優秀であればあるほど）いない。

第3の方法は一番現実的な対応である。政策評価の質（難易度）を落とし，量（評価対象）を減らすという対応である。言い換えると，悉皆評価と重点評価とを区別して，重要でないものは定期的に行う悉皆評価の対象として，組織や国民にとって重要なものは重点評価として適宜評価するという機能的な分業である。悉皆評価については簡便な方法，重点評価はこの章で論じてきた色いろな方法を組み合わせて行うのである。もちろん悉皆評価は行政内の一般職員が担当し，重点評価には外部の専門家も加えてチームで行うことが考えられる。

評価方法の洗練も重要な課題であるが，その分別ある使い分け，評価にかけるエネルギーの合理的な省エネを考えなければ評価制度は破綻する。

▶注
1) 情報を収集し，分析する方法として政策評価の議論で取り上げられるのは，おおよそ次の2つに大別される。すなわち①社会調査の関連（サンプリング調査，数量化による測定，統計的方法，事例研究法，モノグラフ調査，観察法，面接法，質問法など，②費用便益分析・費用対効果分析に代表される経済学で開発されてきた方法（これには費用や便益の計測方法であるヘドニック・アプローチ，仮想市場法（Contingent Valuation Method：CVM），代替法なども含まれる。わが国の高等教育の問題は，大学・大学院を卒業したということと，これらのリテラシーを持つということがイコールではないという実態である。
2) 独立行政法人制度とその評価に関しては，西山慶司「独立行政法人制度のおける評価の機能──中期目標期間終了後の見直しの意義とその課題──」『季刊行政管理研究』行政管理研究センター，第108号，2004年12月，を参照。
3) 「行政関与の在り方に関する基準」（1996年12月16日行政改革委員会決定，同25日閣議決定）によると，行政が関与すべきなのは次の6つの基準のいずれかに関わる時であるという。すなわち，①公共財的性格を持つ財・サービスを提供する場合，②外部性が存在する場合（市場取引が存在せず価格付けができない），③市場の不完全性（情報の偏在による市場の失敗），④市場参加者が大きな独占力を持つ場合，⑤自然（地域）独占が見られる場合，⑥公平の確保が求められる場合，の6つである。政策評価の評価基準，必要性はこの基準を援用している。
4) イギリスの 'Comprehensive Spending Review' 'Public Service Agreements' に

ついては，稲継裕昭「英国ブレア政権下での新たな政策評価制度——包括的歳出レビュー（CSR）・公共サービス合意（PSAs）——」『季刊行政管理研究』第93号，2001年3月を参照。
5） なお，「政策評価の手法等に関する研究会」の2000年6月19日の第14回会合までは「仮称」という但し書きが付いた政策体系評価，施策実績評価，事業評価であったが，様ざまな議論を経て名称については村松岐夫委員長一任ということで，次の第15回会合では，現在の「総合評価」，「実績評価」，「事業評価」に名称が変えられている。
6） 'Comprehensive evaluation' は 'input' 'conversion process' 'output'，そして 'outcome' を視野に入れて政策過程（実際はプログラムの計画，実施，その結果）を総合的に見る評価の考え方である。実際の評価活動がコスト面だけ，あるいは成果だけに気を取られるのに対し，より包括的であるところに特徴がある。Cf. Evert Vedung, *Public Policy and Program Evaluation*, Transaction, 1997, pp. 62-66.
7） 内閣府男女共同参画局，影響調査事例研究ワーキングチーム「影響調査事例研究ワーキングチーム　都道府県・政令指定都市等取り組み事例集」2005年3月。
8） 規制に関する評価に関しては以下の文献を参照。①規制の政策評価に関する研究会「規制の事前評価の在り方について——中間報告——」2005年11月。②規制に関する政策評価の手法に関する研究会「規制に関する政策評価の手法に関する調査研究」2004年7月。③行政管理研究センター『規制評価のフロンティア』行政管理研究センター，2004年。

第4章　ガバナンス理論と NPM の影響

はじめに

　およそあらゆる学問研究はその時々の「時代精神（Zeitgeist）」から自由ではないし，研究者の「認識」もその時代に特有の価値観から自由ではありえない。もちろん，実践活動の強い影響を受ける政策評価では，この傾向はさらに強い。

　政策評価の理論はもともと，「応用社会科学」を志向する政策研究（Policy Studies），政策科学（Policy Sciences）の分野に属しているため，特定の考え方，政府の立場などの影響を排除し，研究と実践を中立的にバイアスなく進めようとする意識が高い。それにもかかわらず，わが国で登場した時代状況と社会環境は，効率性と成果を重視する行政改革，「構造改革」を背景にしていたため，政策評価導入時にはすでに一定の「色」や「バイアス」が付いていた。もちろん純粋な理論研究と違い，実務との深いつながりを持つ政策評価が無色透明であるわけはない。したがって，研究者としてはむしろ，その色がどのようなものであるのかを知ることが重要である。

　そこで第4章では，わが国の政策評価対してどのような色やバイアスが影響を及ぼしたのかを検証するため，政策評価が登場し制度化された時期に実務で流行していた思想と運動を取り上げる。すなわち，ガバナンス（governance）の理論と NPM 運動である。

1　ガバナンス理論の起源

　ガバナンスという言葉の語源はギリシャ語にあると言われ，もともとは 'to pilot, to steer' の意味である。それが中世のラテン語では 'gubernare' になり，rule-making, steering の意味になったと言われる[1]。こうした語源を意識しながら1980年代に英米の政治学者達は 'government' と区別して，ガバナンスという言葉を市民社会における統治・支配の意味として使い始めた。ただし，その背景にあったのは，社会に発生する問題を解決する政府の能力に限界が生じていた現実であった。それが1990年代になると，冷戦後の国際関係システムのあり方，それに合わせた国家の存在の見直しを議論する柱として "Governance without Government"[2] という言葉が登場し，その中でアングロ・サクソン系諸国を中心に，国家あるいは政府の役割を限定的に捉える新しい統治スタイルを模索するモデル，すなわちNPM（New Public Management「新公共管理」）が登場し，ここにおいてさらにまたガバナンス概念が関心を集めたのである。

　そもそも欧米でガバナンス論が関心を集めるようになったきっかけは，統治する側（政府）の統治能力，あるいは社会に発生する問題を処理できる能力の低下があり，その低下が統治される側（社会・個人）の多様化，動態化によってますます進んだことによる[3]。この能力低下は，まず政府に対する国民の信頼性低下として現れた。それに加え，政府やパブリック・セクターで頻繁に発生した汚職や腐敗に対する不信感，無能に対する非難もまたガバナンスの議論を流行させたが，その論じ方には不信・非難・信頼低下それぞれの違いによってバラエティがあった。

　たとえば，政府が阻止できなかった企業の不祥事では，コンプライアンス経営を企業が取り入れざるをえないようにする仕組みや法制度の重要性を含むコーポレート・ガバナンスの議論になるし，先進国から経済支援を受ける開発途上国の腐敗や汚職では，統治体制の健全さを意味するグッド・ガバナンスの話になる。あるいは幹部の思わぬ無能さによって発生した第3セクターや政府系企業の非効率や赤字に際しては，厳しい市場のチェックがある民間企業のノウ

ハウを導入する方法，民営化・民間委託によって健全な経営を導入する話がガバナンスの文脈で語られる。もちろん，そうした病理的状況に陥った背景に秘密主義があれば経営の透明性（transparency）や情報公開が重視されるのである。また政府機能，統治能力（governability）の低下とその国際的な波紋について論じるガバナンス問題もある。ここでは途上国政府に対する信頼性の低下は統治能力の欠如から始まるが，原因は人材の国外流出，開発援助に浸りきった自立性の欠如，援助する側の「援助疲れ」，陳腐化した政府の仕組みと現状とのミスマッチなどの議論が出てくるのである。

　このようにガバナンス論は論じる際の着眼点によって多様性があるが，それはガバナンスを論じる者が当該社会において何を重視し，いかなる状況を目指したいのかという，ガバナンスを論じる者の価値観も反映されるからである。すなわち，何を見て「良いガバナンス」「悪いガバナンス」を判断するのか，具体的には組織体制を見るのか政策を見るのか，マネジメントの状況を対象にするのか，政策の成果を対象にするのか，また判断基準やものさしは合法性・合規性・コンプライアンス（法令を順守する姿勢の有無）なのか，節約や効率性なのか，あるいは有効性や公平性なのか，さらに判断する際の情報を集める手法として何を使うのか（監査・監察，会計検査，業績測定，政策評価）などの問いは，その問いを発した者がどのようなタイプのガバナンスを考えているのかによって答えが違ってくるのである。そしてこのガバナンスのタイプを知ることは，政府や地方自治体は自己のどんな状況に何を使うべきなのか，どのようなアカウンタビリティを見せればよいのかを判断する手助けになる。つまり政策評価を使うのか，業績測定を使うのか，監査の仕事なのかということの判断である。

2　ガバナンス理論の類型

(1)　7つの類型
　政策評価の議論がガバナンスの議論と重なるのは，政府の統治能力，舵取りの良し悪しを，何について，どのようなものさしを使って，いかに判断するの

かというところである。そして政策手段の多くは行政機関が持っているため，自然，ガバナンスの議論は行政と関連付けて見られるようになるし，その方が分かりやすい[4]。しかし，これは行政そのものの分析というわけではなく，政府が行政活動あるいは政策を通じて社会をどのようにコントロールするのか，その際行政がどのような役割を演じているか，その演じ方が健全かどうかについて考えるアプローチになる。いかなる政府であろうとも，行政のパフォーマンスの出来，不出来がその政府のガバナンスの良し悪しを左右するからである。そして，このアプローチはその着目するポイントによってさらに7つの類型に分けられる。

　第1は「コーポレート・ガバナンス」である。企業の社会的責任，コンプライアンス（あるいは法令順守の精神）と同じ文脈で政府のガバナンスを論じるもので，20世紀末にわが国でも注目された。伝統的な行政のエートスから離れ，民間企業におけるマネジメントの発想を積極的に取り入れたい時参考にされる。キーワードは公開性，情報のディスクロージャー，透明性（transparency），そして活動実績・パフォーマンスについてのアカウンタビリティである。

　2つめの類型は「NPM型ガバナンス」である。政府に現代的な機能を担わせ，新たな社会環境の変化，グローバルな経済変動に適応させようとしたポストモダン的な改革方針は，すでに欧米では1990年代半ば，経済協力開発機構（OECD）によって明確化されていた[5]。その根本には組織の管理，マネジメントの基本的発想をビジネス・モデルから再構築しようとする考え方がある。イギリスのNPM改革，アメリカの'reinventing government'改革は，両方ともこの考え方を前提にしており，具体的には次の(a)～(h)が目指すポイントである[6]。

(a) 財政資源と組織構造に関して，権限を委譲し柔軟性を高める。
(b) 業績を確保し，コントロールを確実に行ってアカウンタビリティを達成する（業績合意，業績測定，プログラム評価，アカウンタビリティ）。
(c) 競争と選択の拡大（市場の内部化，利用者負担，外部委託，民営化，アウトソーシング）。
(d) 応答的なサービス（アクセシビリティの拡大，サービスのものさし設定，行政が負担する作業負荷の削減）。

(e) 人的資源の有効活用（柔軟で，より費用対効果的で，業績重視の雇用形態と給与）。
(f) 情報テクノロジーの最適化（効率性から有効性に向けた政府のIT化推進）。
(g) 規制の質の改善。
(h) 中央の 'steering' 機能重視（一貫性のある戦略的視点）。

このいずれもが後述するNPM型改革としてグローバルな影響を持ち，わが国でもこの方向での改革が内閣府を中心に試みられてきた。

行政を見てガバナンスを論じる際の3つめの類型は，「グッド・ガバナンス（good governance）」型のガバナンスである。効率的で，オープンで，アカウンタブルな公共部門の健全さ，とくに合規性，コンプライアンス，透明性，効率性を重視する考えである。前近代的な社会慣行（贈収賄，情実任用，談合，不公平な許認可）は政府の健全な機能を損なうが，その病を治療する改革志向を持つ。有名な例では世界銀行や国際通貨基金（IMF）はこの改革を促すために，資金援助する際に途上国に対して融資「条件」（conditionality）を課すが，その条件とは次の(i)〜(v)の5点に集約できる。[7]

(i) 財政赤字削減，公務員の能力開発，国営企業の民営化の側面での行政改革。
(ii) 地方分権，地域開発やインフラ整備プロジェクトへの住民参画，サービス提供の競争などの手段によるアカウンタビリティの強化。
(iii) 透明化と情報公開による政府調達の改善，および腐敗や汚職，非効率を追及できるような報道機関の能力開発。
(iv) 経済活動における健全な競争を保護する法的枠組みの整備（行政手続法や独占禁止法，規制緩和）。
(v) 汚職と腐敗の追放。

ところで，これら近代的な政府が当然備えているべき「グッド・ガバナンス」の基礎条件整備が，わが国では行政手続や情報公開の諸制度の整備を手始めとして1993年から進められたように，ようやく90年代に行われたということも重要である。もちろん，これらは近代化の改革であって現代的な改革ではな

い。

　第4の類型は「国際的相互依存のガバナンス」である。国際関係論や国際政治経済学の研究分野における議論で，国家行政のドメスティックな機能が国際社会にその活動領域を拡大し，国際社会に設置された組織体にその権限が移行する状況を説明するため考えられた。たしかに生産活動（地下経済も含む）や経済活動の国際化，財政的な国際的取引の進展，国際組織・国際法の重要性の高まりに見られるように国家間の相互依存は進展・深化しており，グローバリゼーションは国民国家の自立性，自主性を制約し始め，結果として国家のガバナンス領域を狭める方向で動いている。ここで国家の「空洞化（hollowing-out）」と呼ばれる現象が見え始め，'multi-level' のガバナンスやグローバル・ガバナンスが議論され始める。グローバリゼーションに対応するために，どのようなガバナンス保証メカニズムを設定するのか，そして EU のような超国家政府・国際機関・リージョナル政府と国家の政府，あるいは国家と国家の間でどのような方法でルールを守らせるべきかといった相互依存における問題が生じている[8]。

　第5の類型は，「社会サイバネティック・システム（socio-cybernetic system）としてのガバナンス」である。ここでは中枢にある中央政府とその行政による統治（コントロール）の限界に注目する。ただし，「中心がない」のではなく，中心が複数存在するようになった国家（これを 'the polycentric' 国家と言う）がイメージされる。社会には政治的，経済的なアクターが多種多様にそれぞれ自立的に存在し始め，それらの相互依存に着目するところから発見されたガバナンスのあり方である。このガバナンス状況で政府に期待される役割は一種の触媒機能であり，社会と政治の相互活動を円滑にし，問題に対応できるように態勢を調整するという役割である。この調整機能はネットワークづくり，自律性の向上，パートナーシップの育成，協働型マネジメントによって，さらにうまくいくようになる。社会システムを情報によって制御するというサイバネティクス的な考えが，ここでのガバナンス論に近い。

　6番目に挙げるガバナンスの類型は，「新しいポリティカル・エコノミー（New Political Economy）」と呼ばれる欧米の社会動向を背景にしており，こ

こでは経済的なアクターの活動を調整するための政治的・経済的過程のガバナンスを考えている。多様なエージェンシー，制度，システムなどの複雑な動きを舵取り（steering）するための巧妙な「技（art）」がガバナンスの機能だと考えられている。たとえば高度経済成長が頓挫した後に現れたフランスの「レギュラシオン」理論は，社会の政治経済関係の安定を目指す経済政策のアイディアを，資本主義の矛盾を何らかの形で巧く解決する方向に誘導する仕組み・諸制度の調整，すなわち 'regulation' に求めたが，これもまた舵取りの一種であろう。

　最後の第 7 番目のガバナンスの類型は「ネットワークとしてのガバナンス」である。これは従来の資本主義社会に見られた市場と官僚制による社会の組織化を代替する案として考えられ，公共政策は中央・地方，パブリックセクターとプライベートセクターとの間での資源の交換，交互作用，相互依存によるネットワークによって作られると考える。この類型の「ガバナンスが健全な状態」とは，社会の様ざまなアクターの関係が安定して発展するパターンである。たとえば福祉やまちづくりの問題，安全な無農薬食品提供の問題に対する行政の活動に限界が来た場合，その代替策は企業（市場）に任せるという方法もあるかもしれないが，生活協同組合やNPOをはじめとする「中間集団」が主体的に関わる選択肢も考えられるということである[9]。

　この 7 つの類型のうち，政策評価の議論に関連するのはまず NPM 型ガバナンスであり，これは効率や節約（経済性）を基準にする評価，あるいは業績測定につながる。参加型評価，協働型評価，ステークホルダー評価などの議論をする時には当然，社会サイバネティック・ガバナンスとネットワークとしてのガバナンスの文脈で議論されるはずである。この場合，評価主体としては政府や地方自治体以外に NPO や NGO も注目される。

(2) その他のガバナンスの類型

　ところで，ガバナンスの類型化にはもう 1 つの方法が見られる。

　それは統治の構造・制度に注目したガバナンス・アプローチで[10]，これは政府（行政）の組織機構をどのような原理や考え方で組み立てるのかという考え方

につながってくる。そして，ここでも大きく4つのタイプが見られる。その1つめは'governance as market'であり，市場メカニズムを取り入れた政府運営を目指し，市民は消費者として政府に対して影響力を行使するが，その際に政府の良し悪しを判断する主たる基準は効率性になる。2つめのタイプは'governance as networks'で，公私の利害調整のため，あるいは政策を各アクターの選好に基づき規制したり調整したりする目的のために政府を組織化するのである。3つめのタイプが'governance as communities'，すなわち児童福祉や高齢者福祉のような社会共通課題に対する国家介入を最小に減らして，コミュニティが解決するべきだと考えるのである。

最後のタイプが'governance as hierarchies'というタイプであり，実は政策評価とガバナンスとの関連を考える上で重要なのが，この'governance as hierarchies'という考えである。ウェーバー型官僚制モデルと呼ばれる伝統的な行政のあり方との対比でガバナンスの是非を論じる。階統制型ガバナンスでは法によってガバナンスの健全性を確保する活動が中心になり（合法性と合規性），権限を明確に定めた階統制（hierarchies）と，高度に標準化された厳格な作業手順がその健全性を保証する。政策の成果や有効性を検証する評価が，健全性を保証するのではない。そしてわが国の行政システムの基本的考え方は，いまだにこの伝統的ガバナンスの考え方の影響下にあるため，どちらかと言えば手続を省略して成果についてのアカウンタビリティを見たい政策評価が目指す考えとは齟齬が生じる。しかし日本の現場ではこの齟齬について自覚しないで政策評価システムを運営した結果，伝統的な階統制型ガバナンスと，マネジメント・経営を重視する考え方とが矛盾を生じ，アカウンタビリティのジレンマが発生するのである。[11]

なお，ガバナンス一般の機能に注目した説明によれば，[12] その活動実態においてガバナンスは舵取りと調整（governance as steering and coordinating）という考え方を取るのであり，あまり法的権限（強制力）に依存しない柔軟なものである。現代社会におけるガバナンスの基本は舵取りであって，情報による「制御」，方向性の指示，誘導，リモート・コントロールの意味がある前述のサイバネティクス理論に近い考え方である。またそれは強権的な法的強制力を背

景とするものではないために，政府が主役である必要はない。そこで主役としては「ガバメント」に代わる3つのオプションが考えられるのである。[13]

第1のオプションは，民間企業が主要な役割を演じるマーケット・メカニズムを導入してガバナンスの健全さを保証させる考えである。第2は参加型ガバナンスという考え方の下に，市民（住民）が従来の政策立案・政策決定・計画への参加のみならず，政策実施・政策評価への参加という形でガバナンスの主体になることも可能だとする考えもある。もっともこれは，行政内部の透明性，参加を阻む制度的障害の除去，住民の能力と参加に要する時間やエネルギーの余力の有無が課題になる。最後に，NGOやNPOがガバナンスの主体になるという第3のオプションもある。民間組織であるNGO・NPOが代行するためには，その民間非営利組織の能力，活動実態についてのアカウンタビリティの能力が問題になってくる。

3 ガバナンス型改革の日本的展開

(1) 日本における特徴

わが国における政府改革の全体像は図4-1に示す通り，複数省庁にまたがり，また様々な分野をカバーする複雑なものであるが，その特徴はいくつか指摘することができる。まず第1に財政問題が深刻なために，「効率化」の要請がすべての部分で強いことが挙げられる。そのため，中央政府・地方自治体の改革議論は削減と縮小に集中する。

第2の特徴は，この効率化や削減のために数値化が求められる点である。その数値化も，たとえば特殊法人改革で言えば，改革対象とされた163法人を廃止，民営化，独立行政法人化，共済組合として整理というように，それぞれの方向を決め，その進捗状況を数字で表す手法，また特殊法人を改革した結果として2001年から2005年にかけて財政支出を約1兆5000億円削減できたという金銭面の数字で表す手法，あるいは役員報酬・役員数・経費の削減の数字における節約や効率化の目標設定方法が取られる。そうして出てきた数字を「成果」として公表するのである。同じ手法は独立行政法人の見直しでも取られ，廃

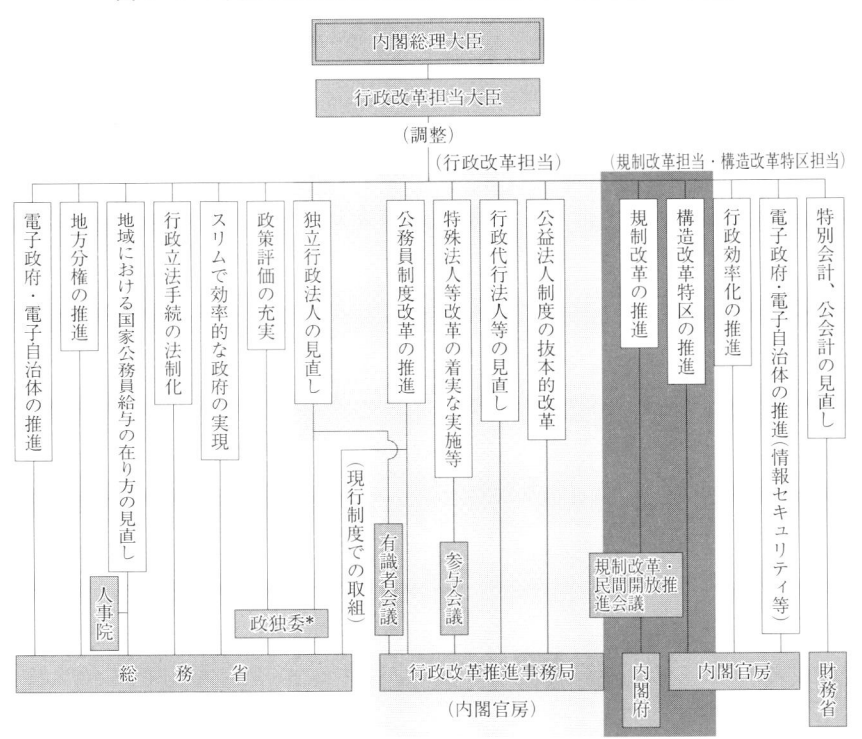

図4-1 「今後の行政改革の方針」の推進スキーム（イメージ図）

(注) ＊ 政策評価・独立行政法人評価委員会。
(出典) 内閣府ホームページ（http://www.gyoukaku.go.jp/jimukyoku/index_scheme.html）から2006年1月29日に引用。

止・再編・統合の数字をめぐる議論が総務省政策評価・独立行政法人評価委員会や内閣府の独立行政法人に関する有識者会議（行政改革推進本部決定で2004年6月17日に設置）で採用されている。また，地方分権改革でも市町村合併や「三位一体の改革」（国庫補助負担金の改革・国から地方への税源移譲・地方交付税の見直し）において目標と実績に関して同じ手法が見られ，さらに民間資金等の活用による公共施設等の整備等の促進に関する法律（略称「PFI（Private Finance Initiative）法」，1999年7月30日法律第117号），指定管理者制度（地方自治法の一部改正，2003年9月2日施行），規制改革・民間開放推

進会議,「市場化テスト(官民競争入札制度)」,行政効率化推進計画(2004年6月,行政効率化関係省庁連絡会議)などにも共通して用いられている。数値化は数値目標の達成度の検証という疑似的な業績測定に向かうのである。

そしてこれが第3の特徴になる。すなわち,改革や見直しの成果を表現する数字が目標達成度になり,その達成度がどれだけ伸びたかをもっていわゆる「評価」と呼ぶ傾向が出てくるのである。

(2) ガバナンス理論とNPMの融合

これら3つの特徴は,先に示したガバナンスを説明する7類型のうちのNPM型ガバナンスと親和性が高い。NPM型改革が数字の達成を重視するためであり,数値化,数値目標の設定,数値の達成度が評価の方法であるとして理解されているからである。その結果,他のガバナンス類型の議論にのせて政策評価を展開するオプションは閉ざされる。

たとえば,NPM以外のガバナンス,とくに参加型ガバナンス,NGO型ガバナンスと政策評価との連携がありえたはずであるが,改革の現場では無視された。具体的には,市民の目による評価とは「外部評価委員会」や「外部有識者懇談会」を立ち上げればよいという安易な考えに矮小化されてしまった[14]。ここでは政策の形成・実施・評価への市民参加という目的は弱まる。実効性と有用性があったのは,評価のあり方について外部専門家が論評するレベルだけで,参加型評価(participatory evaluation)や市民・住民の評価能力を高めるエンパワメント評価(empowerment evaluation)は見られない(第7章を参照)。

きわめて単純化して言えば,NPM型改革とは1990年代以降の日本における政府や自治体が抱える問題をいかに解決するか,その解決策群の総称になっている。そのため,NPM型改革の影響を受けて展開をしたわが国の政策評価も,これに条件付けられて特色ある展開を遂げた。すなわち,①評価基準が効率性偏重,②本来の「評価」ではない「測定」重視,③成果(アウトカム)志向とは言いつつも現実にはアウトプットに傾斜,④評価とは測定のことでその対象は組織のマネジメント,という4つの特色である。しかし,これらの特色は,わが国の行政学者たちによる政策評価の先行研究の流れとはかなり異なるもの

であった。[15]

なぜ違ったのか,その理由はいくつか挙げることができる。すなわち先行研究の存在を実務家が知らなかった,政策評価を導入する時に参考にした諸外国の流行ではNPM型の業績測定が多かった,政府改革には業績測定が適していた,先行研究の関係者・学者は中央政府の行政改革や地方分権改革の実際と研究に忙殺されていたなどである。

4　評価におけるNPMの影響

わが国の政策評価,行政評価に影響を及ぼしているNPM型改革運動は,実際には2つの改革志向が重なり合ったものである。その1つがイギリスのNPMであり,もう1つはアメリカの'reinventing government'型の改革である。そして2つの改革手法が混在した状況はわが国だけでなく,それぞれの誕生の地であるイギリスとアメリカでも共通して見られる現象である。[16] 以下では,このNPMと'reinventing government'に影響された業績測定が評価の世界に出て来るまでの歴史を簡単にたどり,政策評価が「科学(science)」志向のプログラム評価と「技(art)」の世界に属す業績測定の2本立てになった経緯を明らかにしたい。

(1)　「評価研究」の登場と展開

アメリカにおいて評価の歴史は実践と密着した応用社会科学(applied social sciences),そして政策研究(Policy Studies, Policy Research)の歴史と重なっている。たとえば1950年代には社会学や社会心理学,統計学など各種の社会科学を動員した大規模研究プロジェクトが始まり,1950年代末には今日言うところの「プログラム評価」,つまり政府の社会福祉関連プログラムに「評価研究(Evaluation Research)」を適用する試みが行われていた。もっとも応用社会科学から政策研究,評価研究への展開が意識的に行われたのは1960年代になってからであり,それは連邦政府の社会実験(social experimentation)の成果を検証する評価活動が急速に増えたからである。背景には1960年代,連

邦政府が「貧困との闘い」「偉大な社会」政策によって多くの社会プログラムを展開していたことがある。そしてこの「大きな政府」の時代には，社会プログラムの質的な見直しだけでなく量的拡大も進められ，これに評価が貢献した。評価のための予算も増えたので，評価は大きな産業になったのである。

また，いわゆるPPBS（Planning Programming Budgeting System）は，計画とその事前評価とを予算に入れ込んだ合理的なシステムとして1960年代に全政府レベルで実施されたが，行政の実務に管理科学やシステム工学，ミクロ経済学を応用する端緒になった。

さらに，アメリカ連邦議会補佐機関である合衆国会計検査院（GAO）が'evaluation research'を社会プログラムの評価に適用した「プログラム評価」をアカウンタビリティ追及の手段として採用したことから「プログラム・アカウンタビリティ」の議論が登場した。合法性（legality）・合規性（regularity）・準拠性（compliance）とは別の次元の，プログラム内容を政策目的から見て有効性を問うアカウンタビリティ概念である。この時期の評価研究，プログラム評価の流れは現在でも受け継がれており，評価関連の専門誌や学会誌において方法論や実践の研究を見ることができる[17]。

なお，1970年代は政策研究，政策科学（Policy Sciences）も新たな研究分野として盛んになった時期である。行政学，政治学，経済学，社会学，システム工学，経営工学，管理科学，行動科学など，様ざまな学問分野が「政策アプローチ」と称して一斉にこの分野に参入した。こうした動きの中で政策評価は，科学志向の政策研究の一環で，政策の形成や立案（plan），政策実施（do）の後に続く重要な'see'の段階として，理論研究の素材になった。それと同時に，研究論文や書籍の題名，教育機関の講座名において「政策評価（policy evaluation）」という呼び名も増えていったのである[18]。

(2) 評価の普及と政府改革の始まり

1980年代は評価理論がアメリカ国内から，政府開発援助（ODA）評価への取り組みを通じてOECD諸国のヨーロッパへ伝播・普及した時期でもあった。すなわち，1982年，OECDにDevelopment Assistance Committeeの専門家

グループが集められ，その研究成果として評価のガイドラインである *Methods and Process in Aid Evaluation*（OECD, 1986）が刊行されたように，評価理論とその実践が ODA において普及したのもこの1980年代である[19]。したがって ODA の領域では現在にいたるまで，そしてわが国においても，こうした経緯から'program'の'evaluation'という文脈での研究や教科書，マニュアルが少なくない[20]。政策評価はプログラム評価という形で，ヨーロッパに伝わり，また国際化したと考えられるのである。

しかし同時に1980年代は，この応用社会科学的な性格を持つ「科学」としての'evaluation'を目指した政策評価に2つの転機が訪れた時期でもある。

1つの転機はアメリカにおけるレーガン政権の誕生から始まった。プログラム評価は予算に必要な情報を収集・提供できると言われて予算編成にも活用しようという動きがあったが，レーガン政権の予算政策はこれを否定し，その前の政権が持っていた「プログラム評価が予算の意思決定過程の中心にあるべきだ」という考え方の見直しを迫ったのである。その後1988年までにこの見直しは広まり，プログラム評価の結果は教育や福祉，保健・医療など一部の例外を除き予算にほとんど活用されなくなった[21]。逆に，予算編成においては政策決定に情報を提供する客観的なツールと考えられたプログラム評価よりも，政治的なイデオロギーが優先された。そのイデオロギーとはサッチャー改革と同様，社会民主主義的な「福祉国家」観と「大きな政府」を否定する新自由主義的な（当時は新保守主義とも言われた）思考である。後に NPM や'reinventing government'に基づく実務で証明されるように，プログラム評価よりは業績測定の方が削減型の予算編成にはなじむという技術的な理由に加え，「大きな政府」時代の社会プログラムに関わるものを一掃したいというイデオロギー的な理由もあることに注意するべきであろう。

2つめの転機は，21世紀初めのガバナンス型改革にまでいたる政府改革運動であり，この改革運動が評価よりも業績測定を流行させる圧力になったのである。とくに1979年に政権に就き，1983年の政権2期目から本格化した M. サッチャーの政府改革は，「政府の失敗」や財政赤字の処方箋として「サッチャリズム」という彼女自身の哲学，つまり「『大きな政府』を招く福祉国家志向の

社会民主主義的政策運営を拒否し、『政府の失敗』を見直す新保守主義的・新自由主義的『小さな政府』を目指す政策運営へと変える哲学」をイギリス社会に迫った（その意味では政府改革というより公共哲学の改革であった）。

その新しい哲学の実践が NPM という名称を与えられたのであるが、NPM の中心になる考え方は、おおよそのところ次の6点である。すなわち①政策ではなくマネジメントに重点を置く、②業績の査定（appraisal）と効率を重視、③政府官僚制を利用者負担がベースの「エージェンシー」に分解する、④競争を促すために準市場や外注の仕組みを活用、⑤コスト削減、⑥アウトプット目標・期限付契約・金銭的インセンティブ・管理の自由を強調するマネジメント・スタイルなどである[22]。

具体的な動きとしては規制緩和、民営化、「エージェンシー」という形で現れ、その動きをマネジメントする時のコントロール手段として業績指標 'performance indicator' を使った業績測定 'performance measurement' が注目されたのである（これらを合わせて業績管理 'performance management' と言うこともある）。業績測定の特徴は効率や「支出に見合う価値（Value for Money）」を第1に考え、測定には客観的な数値指標をものさしに使い、結果を重視するため input 指標ではなく output 指標を使う（できれば成果を意味する outcome の指標までも考える）ところにある。こうして1970年代の「大きな政府」・社会民主主義に基盤を置いた社会プログラムの評価という政策評価に、1980年代半ばより新保守主義・新自由主義的な「小さな政府」を背景にして業績測定が加わり、1990年代になると業績測定が広く普及してくる[23]。

(3) NPM 型ガバナンス改革と業績測定の普及

このような経緯で政策評価はプログラム評価と業績測定の並立する状況になっているが、NPM 型改革がガバナンスの見直しにおいて主流になっていたため、1960年代から70年代にかけての評価研究とプログラム評価は、80年代から登場した業績測定に主役の位置を奪われた観がある。言うまでもなく、業績測定の背景にある価値観が90年代以降の政府改革思想を導く主流になったからである。ただし、アメリカとイギリスでは若干のずれがある。

サッチャーの政府改革ほどの改革手法の劇的な変革がなかったアメリカでは，政府活動の見直しにパフォーマンス測定，目標達成度の測定を入れるアイディアは，監査（audit）の実践的な改善策として登場した。1990年頃，業績測定あるいはパフォーマンス監査（performance audit）とも呼ばれたこの新しい手法がまず地方政府で注目され[24]，他方 The Chief Financial Officers Act が1990年に制定されたため，連邦政府機関でもコストや財務関連情報の他にパフォーマンスを体系的に測定した情報が求められたのである[25]。

ちなみに，パフォーマンスを評価するというアイディアは，当時のアメリカでは政策評価の文脈で議論すると言うよりも，経営学でよく知られる「目標による管理」（M by O）の手段[26]，あるいは昇進や昇給を決める人事管理の方法（業績評定 merit paying）や成果管理（results management）の手法として議論されることが少なくなかった。しかし，会計検査院（GAO）における政府のアカウンタビリティ追及手段と関連付けられたため，プログラムの目標達成度を評価するという文脈での議論にすり替わり，それが1993年の 'National Performance Review' と政府業績結果法（Government Performance and Results Act：GPRA）においてプログラム活動の実績評価，つまり program performance evaluation という考え方につながったため，わが国の実務レベルでは 'program evaluation' と混同される例が多かった。

他方，イギリスでも1990年代から業績指標を用いる業績測定が多用される傾向が増えたが，それにいたる経過はアメリカとは別のものである。1980年代の初めから，意図的にこの業績測定を使用する方向を歩んできたからである。

もともと，イギリスでもアメリカ同様1960年代から70年代は社会福祉政策の拡大期であり，当時の福祉分野における評価はプロフェッショナル主導のリベラルな性格の相互対話形式の評価が主流で，具体的な手法としてはプロフェッショナル同士のピアレビュー（peer-review）が曖昧な評価基準を使って試みられていた。その背景にはアメリカ政治学に影響された多元主義的政治理論があり，この理論のため1960年代の「合理主義的」政策決定理論はインクリメンタリズムやネゴシエーション，バーゲニングに代表される政治過程論的な思考にその座を譲り，したがって評価においても「客観的で価値自由的な評価」と

いう主張は消えた。評価には多元的な利害関係者が関係することを前提とし，それぞれの価値的な立場を容認することになったのである[27]。

　もちろんこうした評価に1979年に登場したサッチャー政権は満足したわけではない。そして，できる限り客観的な数値指標で政府が何をしているのか明らかにしたいという要求と，サッチャー政権の支出削減に対する強い関心とが結び付き，パフォーマンス指標による評価という「（かつて1960年代に人気のあった）古いアイディアに新しい生命を吹き込んだ[28]」のである。具体的には1982年に始まったFinancial Management Initiativeによって管理の目標を定めその目標に関連したアウトプットや業績を評価する方法を導入，同じ1982年のLocal Government Finance Actで創設されたAudit Commissionによる地方自治体における3E（経済性，効率性，有効性）監査の開始，1988年からのNext Steps Initiativeでは「エージェンシー」を創設し[29]，そのトップが所管大臣とパフォーマンスについて合意をする，そのパフォーマンスを測定することで業績を明らかにするという一連の流れの中で，後にわが国で業績測定，実績評価と呼ぶ方法の考え方が広まっていった。そしてこの方向はNPMという強い理論的バックボーンを得て労働党のブレア政権においても続けられ，1998年に始まった包括的歳出レビュー（Comprehensive Spending Review : CSR）に基づく大蔵省と各省庁との間での契約（Public Service Agreements : PSAs）に基づいた業績測定が「業績評価」「実績評価」という呼ばれて普及していった[30]。

ま　と　め
──わが国での導入とその影響──

　ここで，本章の冒頭の言葉を思い出していただきたい。「およそあらゆる学問研究はその時々の『時代精神（Zeitergeist）』から自由ではないし，研究者の『認識』もその時代に特有の価値観から自由ではありえない。もちろん，実践活動の強い影響を受ける政策評価では，この傾向はさらに強い」。

　地方自治体の評価運動の先鞭を付けた三重県が，自治体改革の実務において，そしてその後の政府改革において強い影響力を持ったことは今や伝説になって

いる。そして，この影響したものの中身は，三重県庁で広く読まれたオズボーンとゲーブラーの本の目次に明らかである。[31] すなわち，

序章　アメリカン・ペレストロイカ
1　触媒としての行政——船を漕ぐより舵取りを
2　地域社会が所有する行政——サービスよりもエンパワメント（権限付与）
3　競争する行政——競争が活性化を促進する
4　使命重視の行政——規則重視の組織から転換する
5　成果重視の行政——成果志向の予算システム
6　顧客重視の行政——官僚ではなく顧客のニーズを満たす
7　企業化する行政——支出するより稼ぎなさい
8　先を見通す行政——治療よりも予防する
9　分権化する行政——階層制から参画とチームワークへ
10　市場志向の行政——市場をテコに変革する
11　行政革命

　これら 'reinventing government' 型の改革思考と NPM の思考が，混在して浸透していたのが実務の現場である。もちろんプログラム評価のアプローチはほとんど存在しなかった。政策評価は業績測定とイコールであるかのような錯覚を持たれ始め，その錯覚が広く浸透し始める。この背景にはいくつかの事情がある。

　第 1 に，研究者たちがこの事態を冷静に振り返ってみる余裕がないほど，急速に業績測定が普及，拡大した。そのため「政策評価＝業績測定」は一種の既成事実化し，多くの研究者は研究本来のスタイル，つまりこの既成事実を冷静に観察して，状況を分析し，批評を加えつつ理論を洗練するという研究作業が難しくなった。評価外部委員への就任，様ざまなジャーナルへの寄稿依頼，フォーラムや講演会・評価担当者研修の依頼などに忙殺されたことが本来のスタイルを忘れさせたこともある。同時に，行政の良し悪しを決める判断基準として情報の公開，透明性が挙げられ，色いろな行政機関が競って政策評価関連の情報を PR し始めたことがそれに拍車をかけた。「紙爆弾」と称するほど大量

の評価関連文書が公表され，あるいはホームページに掲載され，研究者はそれらを見て，細かくチェックする時間の余裕がなかった。入手し，目を通し，理解するだけで精一杯という状況が，2001年から2004年の試行期間中に続いたのである。

　第2に，政策評価は政府改革，自治体改革のツールであるという位置付けがなされため，自ずから，改革に役立つ手法，改革しなければならない課題を解決できる方法に関心が集中した。この改革しなければならない課題とは財政赤字問題，無駄な事務事業のカット，公務員の削減，経費の濫用・目的外使用の摘発，財政規律のモラルハザードなどのメディアで喧伝された問題で，それらは政策の見直しを考える政策評価とは関係ない問題であった。しかし，それにもかかわらず，政策評価が注目された時期とこれらの問題になった時期が重なったため，いつの間にかその問題と政策評価がつながっていった。こうして「貸借対照表」「バランスシート」「公会計のあり方」「財務諸表と連結決算」がどんどん政策評価の議論に入ってきた。もちろんこれはNPMの議論とは親和性があり，「NPMを背景とした政策評価を導入したい」と言い切る場合には違和感を感じなかったかもしれない。ただし，それに違和感を感じる人びとは，政策評価ではなく「行政評価」「事務事業評価」という表現を用いた。これに関連して第3に，こうした状況ではその専門家である公認会計士やビジネス・コンサルタント関連の人びとが，政府改革，自治体改革，つまり民間の経営マネジメントの発想を行政にも取り入れる改革の主導権を握り，評価の導入を進めたが，ここでは明らかに業績測定が使いやすかった。

　この状況に，何らかの反省の時期が必要であったと思われるが，そうした余裕がなかったことが第4の理由になる。というのも，2004年頃から政策評価の議論の中心は「評価がどのようなものであるべきかどうか」にはなく，いかに予算へ反映させるか，定員管理に使えるかどうか，業務と組織の削減・統廃合の議論にどのように活用するか，などの難問に移っていった。振り返りレビューする間もないまま，次から次へと新しい課題が出てきのである。

　こうして，良くも悪くも政策評価はガバナンス論とNPM運動によって条件付けられ，それに応じた様ざまな用途が模索された。他方，現場の実務担当者

の間では「政策評価は役に立たない」「使えない」と不満が出たのが2005年である。もっとも，こうした悪評は，政策評価の使い方を間違ったためではないかと考えられる。それでは政策評価を導入する時，実務担当者たちはいったい何を見ていたのか，何を参考にしたのであろうか。

▶注

1） Anne Mette Kjar, *Governance*, Polity Press, 2004, p. 3.
2） James N. Rosenau and Ernst-Otto Czempiel eds., *Governance without Government : Order and Change in World Politics*, Cambridge University Press, 1992.
3） ガバナンス概念が注目されるにいたった経緯については中邨章「行政，行政学と『ガバナンス』の三形態」日本行政学会編『ガバナンス論と行政学』ぎょうせい，2004年，宮川公男「ガバナンスとは」宮川公男・山本清編著『パブリックガバナンス──改革と戦略──』日本経済評論社，2002年，第1章，および大山耕輔『エネルギーガバナンスの行政学』慶應義塾大学出版会，2002年第1章・第2章を参照。
4） R. A. W. Rhodes, "Governance and Public Administration," Jon Pierre ed., *Debating Governance : Authority, Steering, and Democracy*, Oxford University Press, 2000, pp. 54-90.
5） OECD, *Governance in Transition : Public Management Reforms in OECD Countries*, 1995 ; OECD, *Responsive Government : Service Quality Initiatives*, 1996.
6） 本文の(a)～(h)は，前掲書 OECD, *Governance in Transition* の目次にある，OECD が先進国で進めようとしているガバナンス型改革の要点であり，括弧内の言葉はサブタイトルで示したその要点を実現するための具体的方策である。
7） World Bank, *Governance and Development*, 1992 ; World Bank, *Governance : the World Bank Experiences*, 1994.
8） グローバルなレベルでのガバナンスの議論については福田耕治『国際行政学──国際公益と国際政策──』有斐閣，2003年を参照。またグローバル・ガバナンス理論の文脈で不可欠な国際機関の活動の分析とその評価については，田所昌幸・城山英明編『国際機関と日本──活動分析と評価』日本経済評論社，2004年を参照。
9） NPO に代表されるボランタリー・セクターが政府（行政）に代わり公共的な

仕事に関わる可能性を示唆するものとして，佐々木毅・金泰昌編『中間団体が開く公共性』〈公共哲学〉7，東京大学出版会，2002年を参照。
10) Jon Pierre and B. Guy Peters, *Governance, Politics and the State*, Macmillan, 2000, pp. 14-22.
11) この矛盾点・ジレンマについて古川俊一教授は，国家の基本的な原則の差異に注目して，コモンロー的な法体制原理を取るアングロ・サクソン国家が導入したNPMが目指す手続の柔軟性・結果重視と，フランスやドイツなどの大陸系「法規国家（Rechtsstaat）」が重視する手続の厳格な運用とが矛盾を起こし，政策評価機能の低下を招いたと指摘している。古川俊一「政策評価における本質的矛盾――アカウンタビリティと経営」，本書の序章，注1）を参照。
12) Cf. Jon Pierre and B. Guy Peters, *op. cit.*, p. 23 and pp. 75-93.
13) 中邨，前掲論文。
14) 外部評価，とくに外部評価委員会の問題点については山谷清志「外部評価の課題――外部評価委員会の人選，運用，目的――」『季刊・都市政策』（神戸都市問題研究所）第123号，2006年4月を参照されたい。
15) 政策評価に関するわが国の研究は，1990年代後半に突然出てきたものではない。実は，かなり多くの先行研究が存在した。その日本の行政学者たちによる政策評価の先行研究については，山谷清志「政策評価と行政学――わが国における研究と実践」『法学新報』第107巻第1・2号，2000年8月を参照されたい。ただし，わが国の行政学の分野では1990年代まで，「政策評価」という名称よりも「プログラム評価」という名称の方が行政の実態を表す用語として通りはよかった。それは評価に関する先駆的な研究が「プログラム評価」に注目していたからである。その代表はたとえば西尾勝「効率と能率」〈行政学講座〉第3巻，第5章，東京大学出版会，1976年，および水口憲人「行政事業の評価」村松岐夫編『行政学講義』青林書院新社，1977年，第7章である。
16) NPMの議論はわが国で当初紹介された時にはイギリス中心で，明らかにアメリカの'reinventing government'とは一線を画していた（大住莊四郎『ニュー・パブリック・マネジメント――理念・ビジョン・戦略』日本評論社，1999年）。それが自治体改革の実務や評価の実践活動，とくに評価を初めに導入した三重県がオズボーンとゲーブラーの著書を重視したこともあって，次第にアメリカの'reinventing government'型の改革と混じり合っていった。その理由は，NPMであろうが'reinventing government'であろうが，その具体的な方法と実践活動が同じであったためと考えられる。そしてこの傾向はイギリス，アメリカでも見られる。たとえば，欧米で2002年まで公表されたパブリック・マネジメント関係の重要学

術論文を網羅した5巻本シリーズには,NPM関係論文と'reinventing government'の論文が混在する。Cf. Stephen P. Osborne ed., *Public Management : Critical Perspectives*, vol. I ～ V, Routledge, 2002.

なお,同じ2002年,わが国でも行政マネジメントの理論と実務の双方に造詣が深く,国の政府改革や自治体改革を進めた人びと,すなわち大住莊四郎氏,東田親司氏,宮脇淳氏,石原俊彦氏,上山信一氏,岡村典氏,城山英明氏,玉村雅敏氏,永田潤子氏,星野芳昭氏,右田彰雄氏,森田祐司氏,増島俊之氏がメンバーの「新たな行政マネージメント研究会」(事務局・総務省行政管理局)が報告書「新たな行政マネージメントの実現に向けて」(2002年5月13日)を発表している。その内容は,わが国独自の新しい行政マネージメントの手法,考え方の開発と言うよりは,イギリスとアメリカを中心とした諸外国の事例を,NPMと'reinventing government'を区別せずにまとめた報告書になっている。理由は,わが国でも2002年当時すでに純粋理論の研究よりも実践論の段階に来ていたためと考えられる。

17) 評価研究の専門雑誌や学会紀要として有名なものには,(i) *The American Journal of Evaluation*, (ii) *New Directions for Evaluation*, (iii) *Evaluation Review : A Journal of Applied Social Research*, (iv) *Evaluation : The International Journal of Theory, Research, and Practice* の4誌がある。いずれも編集者や寄稿者は純粋な研究者と言うよりは,実践の場と実務の場を往き来する専門家が多い。また特集テーマや個々の論文では理論と実践の融合が試みられている。

18) 評価研究と政策評価,プログラム評価の歴史については,Peter H. Rossi, Howard E. Freeman, and Mark W. Lipsey, *Evaluation : A Systematic Approach*, sixth edition, Sage, 1999, pp. 9-27,およびOECD (PUMA/PAC), *Improving Evaluation Practices : Best Practice Guidelines for Evaluation and Background Paper*, 1999 (http://ww.oecd.org/puma/.) を参照。なおRossi等の本はその第7版に邦訳が出ている。ピーター・H. ロッシ&マーク・W. リプセイ&ハワード・E. フリーマン著,大島巌・平岡公一・森俊夫・元永拓郎監訳『プログラム評価の理論と方法』日本評論社,2005年。

19) アメリカの評価理論がODA評価を通じてOECDに普及した経緯については,山谷清志『政策評価の理論とその展開』129-130ページを参照。

20) ODA評価においてプログラム評価が一般化していることを示す文献は多い。たとえば以下のマニュアルと教科書を参照されたい。Joseph Valadez and Michael Bamberger eds., *Monitoring and Evaluating Social Programs in Developing Countries : A Handbook for Policymakers, Managers, and Resear-

chers, the World Bank, 1994 ; Vijay Padaki ed., *Development Intervention and Programme Evaluation : Concepts & Cases*, Sage (New Dehli), 1995 ; Reidar Dale, *Evaluation Frameworks for Development Programs and Projects*, Sage (New Delhi), 1998.

21) レーガン政権になってからプログラム評価が予算の領域から後退していった経緯については，以下の文献に詳しい。David Mathiasen, "The Separation of Powers and Political Choice : Budgeting, Auditing, and Evaluation in the United State," Andrew Gray, Bill Jenkins and Bob Segsworth, *Budgeting, Auditing & Evaluation : Functions & Integration in Seven Government*, Transaction, 2002 (first Hardcover edition 1993), p. 29-33.

22) Cf. Mark Bevir, R. A. W. Rhodes and Patrick Weller, "Traditions of Governance : Interpreting the Changing Role of the Public Sector," *Public Administration*, Vol. 81 No. 1, 2003, pp. 1-2.

23) ただし 'performance measurement' はプログラム評価よりも古い伝統と実戦経験を持っており，その歴史は20世紀初頭のニューヨーク市政調査会の研究，実践にまで遡ると言われる。この点に関しては，ハーバート・A. サイモン，クレランス・リドレー著，本田弘訳『行政評価の基準――自治体活動の測定――』北樹出版，1999年および Daniel W. Williams, "Evolution of Performance Measurement Until 1930," *Administration & Society*, Vol. 36, No. 2, May 2004, を参照。したがって，サッチャー革命が自由主義に回帰したと言われるのと同じように，評価においても計測や測定に回帰したと解釈するべきであり，またサッチャーの改革には新しいものはないという批判が1980年代にあったが，この批判は業績評価においても妥当性を持つ。なお，このようなサッチャーの改革の「新しくない」本質は NPM という名称が出る以前より明らかであった。それを「エージェンシー」と業績評価との視点で批評したものとしては，山谷清志「行政管理におけるサッチャーの『革命』――『エージェンシー』と業績評価」『國學院大學紀要』第28巻，1990年3月を参照されたい。

24) Edward M. Wheat, "The Activist Auditor : A New Player in State and Local Politics," *Public Administration Review*, September/October 1991, Vol. 51, No. 5.

25) Joseph S. Wholey and Harry P. Hatry, "The Case for Performance Monitoring," *Public Administration Review*, November/December 1992, Vol. 52, No. 6.

26) 「目標による管理」の核心部分である目標の確認作業は，たとえば1980年代に刊行されたアメリカの自治体向けの一般的なマニュアルではおおよそ次のように進

められる。①組織のミッションの定義，②そのミッションに基づく組織の主要な仕事の分析，③組織目標（オブジェクティブ）の定義，④組織内各ユニットの仕事の確認，⑤各ユニットとその構成メンバーが達成すべき目的（ゴール）の確認，⑥業績指標の確認である。Cf. Ian Mayo-Smith and Nancy L. Ruther, *Achieving Improved Performance in Public Organizations: A Guide for Managers*, Kumarian Press, 1986. なお，政策評価を日本の行政の現場に導入する際に色いろな説明がなされたが，その際に使われた「ミッション」「目標」という言葉の使い方の起源は，ここにもある。

27) Mary Henkel, "The New 'Evaluative State'," *Public Administration*, Spring 1991, Vol. 69, pp. 121-122.

28) Neil Carter, "Learning to Measure Performance: The Use of Indicators in Organizations," *Public Administration*, Spring 1991, Vol. 69, p. 85.

29) 「エージェンシー」については，君村昌『現代の行政改革とエージェンシー──英国におけるエージェンシーの現状と課題──』行政管理研究センター，1998年を参照。

30) ブレア政権になってから試みられてたCRSとPSAsについては，稲継裕昭「英国ブレア政権下での新たな政策評価制度──包括的歳出レビュー（CSR）・公共サービス合意（PSAs）──」『季刊行政管理研究』第93号，2001年3月を参照。

31) デビッド・オズボーン，テッド・ゲーブラー著，高地高司訳『行政革命』日本能率協会マネジメントセンター，1995年。

第5章 諸外国の政策評価と中央府省
―― 何を,どのように受容したか ――

はじめに

政策評価にはサイエンスを志向する応用社会科学的な傾向の強い「評価研究」「プログラム評価」と,行政の実務の「技（art）」の領域に属す業績測定（実績評価）があり,そしてグローバルな改革思想のガバナンス論,とくにNPM の影響がわが国では強いために,業績測定の方が現場では優勢であった。

ところで,こうした状況に立ちいたった理由は何であろうか。ここでは,政策評価を導入する時に参考にした諸外国の事例が影響していると考える。遣隋使,遣唐使の昔から,諸外国にモデルを求め,それを参考にしながら独自の仕組みを作るのがわが国の流儀であったし,同じことは政策評価についても見受けられるからである。ここでは総務省,財務省,経済産業省,国土交通省が公表している資料から,「中央府省は,何を,どのような形で受け入れたのか」という視点から議論をする。

この4つの省を選んだ理由は,総務省の場合は政策評価の法律（行政機関が行う政策の評価に関する法律,以下「政策評価法」）第20条に基づき制度として諸外国の事例を調査研究しているからである[1]。経済産業省については通商産業省時代から,また国土交通省についてもその前身の1つであった建設省時代から精力的に調査研究を行ってきたためである。さらに,財務省は財政・予算との関連に着目したところに特色があるために取り上げた[2]。

なお,以下で紹介するのはわが国の中央府省が政策評価制度を導入・試行し,あるいはその見直しをする際に参考にした諸外国の状況であるため,諸外国の

政策評価の「現状」分析ではない。またその時期は，主にわが国が政策評価制度を導入し定着を試みるにあたって諸外国の関連情報を収集した時期に限られる。具体的には1998年頃から2003年秋頃までである。さらに，政策評価を実施していた国のすべてを取り上げたわけではない。その理由は，調査する側に一定の意志や目的があり，その意志と目的に適った国の評価とは何であったかを知りたかったためである。

1　総務省（行政評価局）

総務省の場合は旧総務庁時代，行政監察局長の下に「政策評価の手法等に関する研究会」を組織することから調査・研究が始まったが，本格的な調査は2001年5月からであり，総務省行政評価局政策評価官室が文献調査と海外調査をともに行い，資料を公表している。以下ではその資料に基づいて，旧総務庁および総務省が諸外国の政策評価に関してどういった情報を収集し，諸外国の政策評価を理解していたかについて説明したい[4]（表現・記述については分かりやすくするため一部修正している）。

(1) アメリカ

総務省がアメリカについて調査したのは，GPRA（Government Performance and Results Acts of 1993）とプログラム評価，2つの考え方と実践状況であった。

GPRAはクリントン政権が推進する包括的な行政改革プログラム，「国家業績レビュー」（National Performance Review：NPR，後にNational Partnership for Reinventing Governmentと改称）の中心に位置付けられ，政策や行政サービスの合理化，効率化と透明性，アカウンタビリティの向上を基本目的としている。具体的内容はGPRA第2条(b)に明らかであり，ここでは①政府に対するアメリカ国民の信頼性向上，②プログラム（施策）の業績改善に向けた改革の促進，③プログラムの有効性と国民へのアカウンタビリティの向上，④行政サービス向上の支援，⑤議会の意思決定の改善，⑥政府の内部管理の改

善，を目的として規定している。

他方，歳出の合理化・効率化には言及していないアメリカ連邦政府のGPRAの使い方は，目標数値の設定対象が行政の責任においてコントロール可能なアウトプットであることが多いイギリス，オーストラリア，ニュージーランドの各政府と異なり，重視する施策目標（「総合目標・目的」）をアウトプット（例：警官のパトロール時間の増加）ではなく，政策の真の狙いにより近いアウトカム（例：犯罪率の減少）で設定するよう求めている点に特徴があると言われる。

GPRAは，過去のPPBSやゼロベース予算（優先順位の低いプログラムを削減する目的で1977年カーター政権が導入を指示した方法）などが性急すぎてうまくいかなかった経験も踏まえ，導入にあたっては慎重を期し以下のようなステップを考えていた。

1994～96年度にかけて一部の省庁（10機関以上）において戦略計画・年次業績計画を試行的に作成するパイロット・プロジェクトを実施。

1997年9月　全省庁の戦略計画を議会に提出。

1998年2月　全省庁の1999年次業績計画を議会に提出。

2000年3月末　最初の1999年次業績報告を議会に提出（調査当時は予定）。

2001年3月末まで大統領府の行政管理予算局（Office of Management and Budget：OMB）が業績予算に関わるパイロット・プロジェクトの実施状況およびその導入の是非について報告。

総務省の報告にはGPRA業績計画（2000年度）の具体例としてアメリカ運輸省の計画が示されている（**表5-1**を参照）。

アメリカ連邦政府が考えていたもう1つの「政策評価」であったプログラム評価については，総務省が調査した範囲では以下のような事例があった。

○公立学校の民間管理，1996年4月，GAOが実施。

○税政策（アルコール燃料税）による誘因効果，1997年3月，GAOが実施。

○鉛中毒（連邦政府のヘルスケアが不十分），1991年，GAOが実施。

○危険物質輸送プログラムに対する全省的プログラム評価，2000年3月，運輸省が実施。

表 5-1　GPRA 業績計画（2000年度）アメリカ運輸省の例

ビジョン	21世紀の卓越した交通運輸実現のため，明確なビジョンを持ち，常に警戒を怠らない運輸省。
任務（ミッション）	重要な国益に合致し，現在から将来にわたるアメリカ人の生活の質を高めるような，安全，迅速，効率的で利用しやすく，便のよい交通運輸システムを確立すること。
戦略目標：安全	交通運輸関連の死亡，傷害，および財産上の損害の根絶に取り組み，国民の健康および安全を増進すること。
戦略的成果 （6項目）	例：交通運輸に関連した死亡者の低減，交通運輸に関連した傷害者の人数および重傷度の低減，乗客1人1マイル移動あたり乗用車1台1マイルあたりの交通運輸関連死亡事故の低減，交通運輸に関連した大事故による金銭的損害の低減……（以下略）。
業績目標 （17目標）	例：高速道路関連施設における死亡率および傷害率，高速道路関連施設における飲酒運転関連死亡率，商業用航空機の重大事故率，レジャーボート関連死亡者率，天然ガス輸送パイプラインの故障件数，輸送中の有害物質にかかる事故件数……（以下略）。

（出典）　総務省資料から一部修正して引用。

○両親の公平負担プログラム，1998年12月，NPO が実施。

これと合わせて総務省では，わが国の政策評価担当者が強い関心を持つ評価事例に関連する評価手法を紹介している。たとえば 'evaluation analysis' という名称では実験法（対照実験法とも言う），準実験法，クロス・セクション分析，時系列分析，パネル分析などが挙げられていた。また 'evaluation study' では代表例としてケーススタディ，観察，インタビュー，専門家への意見聴取，関連資料の調査を行って定量的・定性的情報を収集し，状況の詳細を把握する方法が見られた。

(2) **イギリス**

総務省の調査ではブレア政権（1997年5月〜）以後の評価関連業務の概略は以下のようなものである。

　　1997年夏以降，包括的歳出レビュー（CRS）で全政府支出をゼロベースで見直し。

　　1998年12月　行政サービス協定（PSAs）を公表，各府省別に目標ターゲッ

トを設定。
1999年12月　各府省が達成すべき実績を示す「アウトプットおよび実績分析（Output and Performance Analysis：OPA）」を公表。
2000年7月　「2000年歳出レビュー」を公表，CSR見直し。
2000年12月　「サービス提供協約（Service Delivery Agreement：SDA）」を公表。OPAとPSAsの一部統合。目標達成の方法などを記述。

　行政サービス協定（PSAs）とは各省と大蔵省の間で行われる合意のことであり，内容は成果の重視，効率性の改善，行政サービスの測定，より良い政府の実現の4観点から，イギリス政府が初めて全政府的目的に対応する目標を定量的に提示した試みである。そのため各府省は，企図・目的（aim and objectives），投入資源（resources），実績目標（performance target），業務生産性の向上（increasing the productivity operation）の4項目を詳述し，これを4半期ごとに達成状況を大蔵省に報告，大蔵省はこれをモニターをすることになっていた。

　ところで実績目標600を掲げるPSAsは細かすぎて，逆に政府の戦略目標や運営上の曖昧さを生み，また政策実施の視点が矮小化されたという反省から，実績目標を160項目に絞った新たな「サービス提供協約（SDA）」が作成された。すなわちSDAはPSAsを補強し，3年間で各府省が有効性，効率性，実績を改善すべき方向を進めるというものである。このSDAのねらいは以下の(a)～(g)で構成される。

(a)　アカウンタビリティ——当該府省の高次の目標達成。
(b)　主要結果の導出——PSAsが設定した実績目標を，運営レベルに落とし込む（例：アウトカム指標→アウトプット指標）。
(c)　パフォーマンスの改善——内部マネジメント改革に関する目標と施策の説明。
(d)　行政サービス消費者の重視。
(e)　人事管理——政府方針に従った人事管理面の施策（給与体系，女性やマイノリティ採用，官民人事交流など）。

(f) 電子政府。
(g) 政策と戦略——政府が強調する優れた政策形成，調査，分析を実現する方法の説明。

これに合わせて，イギリス政府は2001年度から資源会計・予算（Resource Accounting and Budgeting：RAB）制度を導入した。RABとは，政府会計に発生主義を導入し，投資的支出を内容とする「資本予算（capital budgeting）」と，プログラム実施経費，すなわち人件費，賃料，減価償却費，資本コスト，引当金などを単年度予算編成に合わせて作成することを目的としている。政府会計に発生主義を導入することがその基本である。これを基に政府施策方針を各府省の戦略・予算に関連付け，行政サービスの有効性や効率性について議会へ報告し，次期の採択や見直しに反映させるということがねらいである。

(3) **カナダ**

カナダでは1978年から1986年までアメリカ式PPBSを手本とする'Policy Expenditure Management System'が導入されて実施されたが，PPBS同様，膨大な実施コスト問題から挫折した。その後は下の年表のように，結果重視のマネジメント改革への取り組みをベースにした，業績測定（performance measurement）を中心とする政策評価が進められている。

1989年　イギリスのエージェンシー制度を参考にした特別業務庁（Special Operation Agency）制度導入。業務枠組み文書の作成・マネジメントの柔軟性拡大・業績目標設定・成果に対する説明責任・業務報告書の提出が行われた。

1990年　マルニーニ政権，「行政サービス2000：カナダ行政サービスの刷新」導入。

1993年　クレティエン政権，本格的行政改革。

1994年　結果重視型行政マネジメントを本格的導入，連邦政府の全施策・事業を対象にしたプログラム・レビューによる有効性，効率性の観点から予算プログラムの評価開始（1994～96年）。

1997年　財務委員会（Treasury Board）をカナダ政府管理中核官庁に指定。

2000年 「カナダ国民のための成果 (Results for Canadians : A Management Framework for the Government of Canada)」政府発表。その内容は以下の(i)〜(iv)である。
- (i) 連邦政府はその政策の設計，実施，評価にあたっては「市民」に重点を置く。
- (ii) 行政サービスの管理は明確な価値によって導かれるべき。
- (iii) 管理にあたり，成果の達成に重点を置く。
- (iv) 政府は限られた資源の範囲内で責任ある歳出を行う。

ところで，カナダ連邦政府財務委員会ではプログラム・レビュー（1994〜96年）の後を受けてプログラム評価を実施しており，財務委員会事務局が各省庁の評価を管理，監督している。総務省はそのマニュアル（"Program Evaluation Methods : Measurement and Attribution of Program Results," third edition, March 1998）を入手し，また以下のような具体的な評価事例を紹介している。

- ○身体障害者交通のための国家戦略の下での設備補助金の費用対効果，運輸省実施，1996年3月。
- ○高齢者雇用調整プログラムの評価，人的資源開発省評価・データ開発課実施，1996年10月。
- ○雇用給付および支援方策の創造的評価（抄），人的資源開発省評価・データ開発課実施，1998年8月17日。
- ○雇用保険異議申し立てパイロット評価研究（抄），人的資源開発省評価・データ開発課実施，1998年12月。
- ○カナダ政府とブリティッシュ・コロンビア州との間の労働市場開発合意の条項の下での雇用給付および支援の創造的評価（抄），人的資源開発省評価・データ開発課実施，1999年9月。
- ○「科学の水平線プログラム」の評価（抄），農業食料省レビュー課実施，1999年3月。

業績測定 'performance measurement' は各省庁が実施し，カナダ会計検査院がチェックすることになっている。実務においては成果ではなく，活動内容や

アウトプットを書く傾向が問題視されている。

なお，総務省の調査にはカナダ会計検査院が行っている「VFM監査」のマニュアルも報告されている（カナダ会計検査院，1996年5月）。ここでは3E, すなわち 'economy' 'efficiency' 'effectiveness' に加え 'ecology' の観点から監査を行うことになっている。

(4) オーストラリア

オーストラリアでは1997年の政府決定により，業績測定を重視することになった。したがって，1999～2000年会計年度から発生主義会計に移行，これに伴い財務行政管理省（Department of Finance and Administration）が業績目標の特定方法のガイドラインを公表，アウトプットに対して予算を編成することになっている（予算とはアウトプットを購入する費用，という位置付けになる）。

財務行政管理省は1997年10月9日設立され，大蔵省（Department of Treasury）が国庫管理とマクロ経済政策を所管するのに対し，予算編成とマネジメント改善を所管することになっている。予算に関する政策助言，政府事業のレビューがその具体的任務であり，各省は財務行政管理省の指導に従いアウトカム・アウトプットの特定を行う。このようにして財務行政管理省は政府の財務上のアカウンタビリティ，ガバナンスのため，財務管理の枠組みを所管しているのである。

他方，オーストラリア独自の試みとしてオーストラリア生産性委員会が1998年4月，産業委員会，産業経済局，経済計画助言委員会の主要な機能を統合して法律で設立されている。各5年任期の委員長，4から11人の委員がおり，ミクロ経済改革のすべてに助言する他，連邦や州の政府サービスについての指標設定，データ収集を行い，相互比較を行っている。アカウンタビリティの向上・ベンチマーキングを通じた業績改善を図ることがその目的である。

なお，総務省の調査によればオーストラリア政府は1986年からプログラム評価も試行しており，さらに政策助言のために 'Policy Management Review' を1992年から1996年にかけて一部使用していた。

(5) ニュージーランド

　総務省が大蔵省（Treasury）で2000年3月に行ったヒアリングによると，ニュージーランドでは大蔵省が財政統制の面から業績測定を推進していた。その基本はユニークな大臣の立場である。すなわち，大臣は各省の所有者としての立場を持つ責任大臣（Responsible Minister）という立場と，予算によってアウトプットを購入する購入大臣（Vote Minister：1省に複数のこともある）という立場を持っているが，この2種類の大臣が業務運営のモニターをしていたのである。その根拠は1988年国家部門法と1989年の財政法であり，これに基づいて進められた1989年から1990年にかけてのアウトプット予算である。ここでは，アウトカムは効果発現に時間がかかる，不確定要素が混在するので実績が出ていない時の言い訳になるという理由で，あまり考慮されていない。

　実績評価・政策評価に関しては，政府レベルで戦略的目標（アウトカム）を設定，これにしたがって各省が実践していく目標（アウトプット）が設定されている。予算要求に関しては，大蔵省と行政人事管理委員会（State Service Commission：SSC）が妥当性に関してレビューの対象としている。とくに大蔵省は政策コスト，総予算額についてレビューすることになっている。政策提案には評価結果は入っていないが，それは大臣から指示がないため，また各省が消極的であり，さらに評価にはコストがかかるという理由である。

　なお，各省の業績を評価するのは行政人事管理委員会であり，大蔵省は政府機関の財政的意味を持つ政策を 'Value for Money' の視点で評価する，という役割分担になっている。

(6) 韓　　国

　韓国の政策評価の沿革は古く1961年まで遡り，それ以後の歴史は4つの時期に分けられる。すなわち，導入期（1961～81年）には国務総理が政策全般の分析および評価を実施していた。移行期（1981～94年）では個別の分析・評価は経済企画院に，全体評価は国務総理にというように役割分担を図っていた。再整備期（1994～98年）になると国務総理に再度一本化し，発展期（1998年～）には国務総理の権限強化が行われ，政策評価委員会を設置，機関評価方式が導

入され，政府業績評価等基本法の法制化（2001年1月）が行われたのである。

韓国の政策評価の根拠法である政府業績評価等基本法（2001年1月制定，同年5月施行）の対象は，中央行政機関，国庫補助事業を受ける地方自治体である。法に定められた評価類型は2つある。1つは主要政策課題に対する取り組み状況の評価・機関能力評価・総合評価を行う自己評価的な「機関評価」であり，もう1つは国務総理と中央行政機関が企画課題評価と懸案課題評価を行う「特定課題評価」である。

評価手順は，国務総理が年次実施方針を策定（毎年1月），各行政機関が年次実施計画を作成し国務総理に提出（3月10日），各行政機関の評価とその結果の国務総理への報告，政策評価委員会による主要評価結果のレビュー，評価結果の公表，そして国会報告という形になっている。

さて，評価結果の活用であるが，これについては4つ行われている。すなわち，①国務総理が評価結果に基づき各行政機関に是正要求，②国務総理は予算当局・当該行政機関に対する予算関連措置を要求，③各行政機関は自発的にできる限り予算概算要求に反映する，④政府実施業務の評価に関する協議会を開催する（国務総理の協議・調整機関で関係行政機関職員や民間専門家で構成され議長は政策調整担当大臣）である。かなり明確かつ確実に行っていた実態が述べられている。

(7) 総務省の調査傾向と教訓

以上のように，総務省（行政評価局）は政策評価の法律である「行政機関が行う政策の評価に関する法律」を所管するため，自然に調査内容は網羅的になった。また，調査目的の背景が評価制度の定着，改良，手法の研究，政策評価と予算との連動など多岐にわたったので年を追うごとに調査の網羅性がさらに進み，資料も膨大になってくる。その上制度が定着し始め，内閣や国会その他から政策評価に色いろな要請（予算との関連・定量化・数値化）が出始めたため，調査項目はさらに複雑になっていった。

そもそも，評価制度を知るためには各国の政治体制や行政制度を知らなければ理解が難しい。それに加え，各国の新しい動向や民間で行われている会計財

務制度も理解しなければならない。結果として，当初の研究会最終報告（政策評価の手法等に関する研究会「政策評価制度の在り方に関する最終報告」，2000年12月）のボリュームをはるかに超えた調査報告書が出されるようになり，読み手も理解困難な状況になった。

2 経済産業省

　経済産業省は政策評価に通商産業省時代の1997年頃から早くも組織的に対応し，1998年3月から学識経験者からなる研究体制を立ち上げていた[5]。この政策評価研究会の設置理由として通産省は「効率的な行政システムの確立，政策に関する説明責任重視の要請，新公的経営管理（NPM：New Public Management）に基づく世界的な行政改革の潮流，中央・地方の行政内部からの，政策評価を体系的に検討し，導入していこうとする機運」を掲げていた。その調査目的は明確である。

　旧通産省の報告書ではまず政策評価の分類・概念整理を行った上で，規制インパクト分析（RIA）についてはイギリス・アメリカ・カナダ・オーストラリアの枠組みを比較し，公共事業に関しては費用便益分析の各国事情（イギリス・アメリカ・ドイツ・フランスなど）を調査している。また技術評価については OECD 諸国の状況を調査（ピアレビュー，対象者フォローアップと利用者サーベイ，事例研究，技術的科学的文献的数量分析，計量経済的研究，費用便益分析），さらに政府開発援助に関しては OECD 諸国・UNDP（国連開発計画）・UNICEF（国連児童基金）等の国際機関の評価を調べている。もちろん，NPM に影響された公共サービス評価（業績指標を用いた評価・市場テスト）についても言及している。

　なお，この調査では行政活動一般の評価としてプログラム評価とアメリカの GPRA の他に，イギリス貿易産業省（DTI）の ROAME（Rationale Objectives Appraisal Monitoring Evaluation）制度について，システムとしての政策評価の例として言及しているところが特徴的である。

　通産省当時の政策評価に関する研究・調査は，評価機能に注目し，その機能

別に各国の調査を行っていたところに特色がある。すなわち，

- プロジェクトの検討段階で，社会的な便益と費用を対比して，無駄な事業を排除しようとする「費用便益分析」や「費用対効果分析」。
- 規制の導入に際して，その社会的便益と費用を比較する「規制インパクト分析」。
- 政策立案段階で，十分な合理性の検討や目標の設定等を求める機能。
- 事後的に，手法の限定なく施策等の評価を行う「プログラム評価」。
- 時代の変化に応じて公共事業などの再評価を行ういわゆる「時のアセスメント」タイプの機能。
- 事務や事業の具体的な目標を明示することで，行政の効率化と結果指向を高めようとする試み。
- アメリカの州政府や市などの地方自治体に見られる業績目標手法，他組織の類似業務との効率性の比較，自治体間での順位を測定した上での予算の重点配分方法。
- 行政サービスや事務について，外部供給者が行う場合のコストに注目する「市場テスト」等。

当時の通産省の調査は，これらの広い意味で「政策評価」と呼ばれるそれぞれの仕組み，手法について，主として適用される行政活動の分野，評価が行われる時点等を考慮しつつ「政策評価」をめぐる国内外の議論を整理していたのである。

3　財　務　省

　財務省の海外調査としては，財政制度審議会の財政構造改革特別部会が行った海外調査報告が詳しい[6]。そしてこの調査には，2002年以降わが国で議論が深まった政策評価像がすでに現れている。

　すなわち「『政策評価』とは，1980年代以降，英国等のアングロサクソン系諸国を中心に積極的に取り入れられ始めた，いわゆるNPMの考え方に基づく，包括的な評価制度，評価手法のこと」で，「具体的には，『目標の設定』とその

『実績のフォローアップ』という業績評価を骨格とする諸手続を制度化し，その実施を通じて，法令適合性重視，手続重視の行財政運営から，目的重視，効率性重視，顧客（国民）の満足度重視の結果主義的な行財政運営への転換を図る手法である」（同報告より）。

(1) 政策評価の「制度」の各国比較

この調査によると，アメリカの政策評価はクリントン政権が進める行政改革プログラムの中核として推進されたが，過去の PPBS の失敗や行政と連邦議会の関係等があって，政策評価の導入に伴う制度面の変更を最小限にとどめ，実現性を重視した仕組みを採っている。

これに対し，最も抜本的な制度改革を行ったニュージーランドの政策評価は，この国が置かれていた時代背景の特徴が強く反映されていた。すなわち，1980年代その市場が世界で最も閉鎖的で規制の強い国と言われ，低成長・高インフレと財政赤字に直面する中で，1984年から進められた（規制緩和や民営化等を内容とする）包括的な行財政改革の一環として政策評価が導入されていた，という特徴である。オーストラリアについても同様の背景がある。サッチャー政権下での民営化を中心とした厳しい行政改革の流れを受け継いだイギリスでは，メージャー政権以後，行財政改革の重点が行政の規模の縮小から行政サービスの質の向上へとシフトする中で政策評価の仕組みが形成されている。

その経緯に差はあるものの，これら 4 カ国では財政健全化と政策評価の導入が並行して進められていた。ただし，政策評価は財政健全化の直接的な手段としては位置付けられておらず，仕組み上も政策評価が直接的に予算配分額を決定するようなものとはなっていないが，予算配分の合理化・効率化を図る手段として政策評価が活用されるようにはなっている。また，政策評価の実際の適用にあたっては，（ニュージーランドを除き）査定当局が中心的役割を担っていると言われる。

(2) 政策評価の仕組み —— 4 カ国における概要

財務省の調査報告によれば，各国の制度はいずれも NPM の考え方に立って

いる。その NPM の考え方に基づく方法とは，各省庁ごとの中長期的組織目標を設定し，この目標に従ってそれぞれの施策の具体的な目標を設定，そして各施策目標の達成状況を測定し報告するという一連の過程を作り，この過程の実施・公表を制度化するというものである。この制度により，目的指向の施策立案と目標達成に向けた努力を促し，行政の合理化・効率化を図ることが各国の政策評価制度の基本であると報告書は言う。

　目標の設定とその達成を担保するための手段についての考え方，また具体的に政府の努力をどのように確保していくかについては，各国によって考え方や仕組みに相違がある。こうした制度設計の相違は，まず，目標の設定とその達成のための手段に対する考え方・仕組みに反映される。目標には概念的に大きく分けて「アウトプット」と「アウトカム」があり，アウトカム目標とは政策の目的に近い概念（犯罪率の減少，渋滞の緩和等）であるのに対し，アウトプット目標は行政が行うサービスや施策の内容（警官のパトロール時間の増加，道路の延長等）に近い。目標の設定とその担保手段は，ある意味でトレードオフの関係にある。すなわち，目標はアウトカムの方が施策の目的に近く，国民に分かりやすい反面，その結果は行政がコントロールできない外部要因（external factor）にも影響されることから，行政側にあまり強い管理責任を問うことができない。

　目標の設定とその達成のための手段について 4 カ国では，アメリカとニュージーランドを両極として，以下のように考え方・仕組みが異なる。まず，アメリカでは目標をアウトカムで設定することを原則とする一方，その未達成・遅延に関しては予算への反映を含め，行政に対する機械的な不利益措置は盛り込まず，一連の過程を情報公開し，議会・国民に対する説明責任を求めることにより事実上の強制力が働くものと考えている。イギリスも同様の考え方に立っているが，目標は必ずしもアウトカムであることを要求していない。これに対し，ニュージーランドやオーストラリアでは行政府の活動を大臣との間の契約・合意の履行と見なして，当該省庁が行う施策・業務について大臣が各省次官とアウトプット形式の目標を内容とする契約・合意を締結する。目標の未達成等については，アカウンタビリティを果たすこと（一義的には対大臣）を基

礎としている。ニュージーランドではさらに制度上，それが次官の人事・処遇面にも反映される仕組みとなっている。

(3) 財務省調査の特徴

この財務省の調査で明らかになっているのは，ひと口に NPM と言っても，実は各国それぞれにおいてかなり違いがあるということであった。その上で「諸外国の予算査定における政策評価手法等の諸施策について調査を行うため」，と冒頭に記しているように，初めから政策評価と予算編成との関係を強く意識したものになっている。その後のわが国の政策評価の展開を考えると，この調査のインパクトは大きかったかもしれない。ただし，それが政策評価と言うよりは業績測定ではないかという疑問は残る。

4 国土交通省

(1) 国土交通政策研究所

国土交通省で政策評価の研究について対外的に発信しているのは，国土交通政策研究所である。この研究所は省庁再編に伴い，国土の総合的体系的な利用・開発・保全，社会資本整備，交通政策等について幅広い視点から充実した調査研究活動を行うべく旧建設省建設政策研究センターおよび旧運輸省運輸研修所を母体として，人員，組織を拡充した上，国土交通省の施設等機関として2001年1月6日に発足した（したがって，2000年度以前の報告書は建設政策研究センターが発表したものである）。つまり，自ら言うように国土交通政策研究所は，国土交通省におけるシンクタンクとして，内部部局による企画・立案機能を支援するとともに，政策研究の場の提供や研究成果の発信を通じ，国土交通分野における政策形成に幅広く寄与することを使命としたシンクタンクなのである[7]。

この研究所による政策評価の定義・位置付けは，『建設政策における政策評価に関する研究[8]』に詳しい。ここでは政策評価を「NPM との関係が深い行政マネジメントにおける業績測定（performance measurement）及びプログラム

評価（program evaluation）」であると位置付けている。つまり「政策評価の概念の背後には政策評価をそのシステムの一部とする大きなマネジメントの理論，NPM が存在し，政策評価が担っている期待が実現されるためには，政策評価を単独の行政活動として捉えるのではなく，NPM 理論を土台として働くマネジメント・システムのためのツールの1つとして捉えることが重要である」という。「政策評価は，NPM 型の行政改革において国民と政府，政府と議会，政府機関相互，政府機関と民間企業その他関係者の間の共通言語を提供する役割を果たしている」と考えているからである。

ただし，他の省と若干違うのは公共事業関連の政策を所管する官庁のシンクタンクとしての特徴であり，必ずしもNPMだけの関連で政策評価を見ていたわけではないと思われる点である。すなわち，国土交通政策研究所はその前身の研究機関時代から含めて，以下のような政策評価関連研究成果を公表してきた。

「社会資本整備の便益評価等に関する研究」（1997年10月）。
「公共投資の経済効果に関する実証研究」（1998年3月）。
「費用便益分析に係る経済学的基本問題」（1999年11月）。
「バリアフリー化の社会経済的評価に関する研究」（2000年6月）。
「建設政策における規制インパクト分析のための基礎研究」（2000年7月）。
「NPM の展開及びアングロ・サクソン諸国における政策評価制度の最新状況に関する研究——最新 NPM 事情——」（2001年12月）。
「ドイツの政策評価」（2002年7月・原田久）。
「北欧型 NPM モデル：分権型から集権的システム改革へ」（2002年8月・大住莊四郎）。
「政策効果の分析システムに関する研究——国内航空分野における規制緩和及び航空ネットワーク拡充に関する分析——」（2002年12月）。
「わが国における NPM 型行政改革の取組みと組織内部のマネジメント」（2003年1月）。
「客員研究官論文・NPM による北欧型マネジメント・モデル」（2003年10月）。

「英米におけるNPM最新事情——seeからplanへのフィードバックの試み」(2003年12月)。

「政策効果の分析システムに関する研究II——港湾投資の効果計測に関する分析——」(2004年12月)。

(2) ドイツの政策評価に関する研究

ところで，国土交通省の調査には他省とは別に珍しくドイツの政策評価（原田久論文）についての調査がある。それによると，ドイツでは1970から80年代にはPPBSの影響があり，事前の段階で，定量分析を通じて複数の事業の優劣や事業の採択を決定する便益と費用の調査を連邦首相官房計画局と連邦大蔵省主計局が中心で進めたが，本家のアメリカ同様失敗した。財源の裏付けがない，職員が分からない，マニュアルが複雑すぎて非現実的，政治的判断が先行した時には無意味・不可能，経験や勘でもできるのでわざわざやる必要がない，などが失敗の理由である。

この失敗に対する反省，およびNPMの影響から，ドイツでは新しい改革が試みられた。すなわち，①政策評価に関する諸法令の改正，②評価手法の簡易化と多元化（「経済性の調査」，費用比較計算・現在価値法・効用分析のような簡単で費用のかからない評価手法），③評価対象の拡大で「財政的な影響を及ぼすすべての措置」（たとえば公共施設の建設・公共調達・研究開発・行政機構改革・財政的影響を伴う立法・補助金プログラムの実施）にまで政策評価の対象を広げる，④事後評価への傾斜，⑤自己評価（内部評価）の重視，⑥独自の評価システムを持つ省の登場（連邦経済協力省，連邦交通・建設・住宅省），⑦業績評価システムの導入などである。

(3) 国土交通省のまとめ

これら国土交通省の研究から明らかになることは，いわゆる官房系，総務系組織がNPM重視を強める中で，社会資本整備や公共投資，港湾整備などのフィールド重視型の評価も存在するという点である。国土交通省の特色でもあり，似たような構図は地方自治体の総務系と現場の課との間にも見られる。

表 5-2　MDGs の例

目標 1　極度の貧困と飢餓の撲滅	指　　標
ターゲット 1　2015年までに1日1ドル未満で暮らす人口比率を半減する。	1．1日1ドル未満で生活する人口の割合。 2．国内消費において最も貧しい下位5分の1の人々が占める割合。
ターゲット 2　2015年までに飢餓で苦しむ人の人口を半減する。	3．5歳未満の低体重児の割合。 4．栄養摂取量が必要最低限未満の人口の割合。
目標 2　ジェンダーの平等の推進と女性	5．15～24歳の男性識字率に対する女性識字率。 6．非農業部門における女性賃金労働者の割合。
目標 3　HIV，マラリア，その他の疾病蔓延防止	7．15～24歳の妊婦の HIV 感染率。 8．HIV によって孤児になった子供の数。

（出典）　国連開発計画『人間開発報告書』日本語版を修正。

5　その他の機関

(1)　外務省

　外務省ではアメリカの国務省の GPRA なども参考に，国連の「ミレニアム開発目標（Millennium Development Goals : MDGs）」を使えないかどうか検討したことがある。これは2000年9月ニューヨークで開催された国連ミレニアム・サミットで189カ国が採択した，一種の業績達成度の方法である（**表 5-2**を参照）。

　もっとも，MDGs は政治レベルの意思決定に関わり「行政機関が行う政策の評価」にはなじまない，すべての政策に数値目標を付ける訳にはいかないという問題がある。もちろん，外交上微妙な問題は数値化以前の問題である。GPRA を実施しているアメリカ国務省の事例も調査したが，やはり政治レベルの話や外交上微妙な問題は避けていたか，政治が明言するものに限って載せていた。また，数値目標がそもそも技術的に難しいという理由もあった。したがって，外務省ではこの MDGs タイプの数値目標，測定型評価は採らなかった。

(2) 会計検査院

　会計検査院では，1997年12月19日に会計検査院法の一部改正により，検査の観点の多角化のため，検査における経済性，効率性および有効性の観点が明記された。すなわち「会計検査院は，正確性，合規性，経済性，効率性及び有効性の観点その他会計検査上必要な観点から検査を行うものとする」（会計検査院法第20条第3号）。こうしたことから，会計検査院が定期的に刊行している『会計検査研究』や，会計検査・行政監査関係者が読者の『会計と監査』では，有効性監査，政策評価関連の研究論文と各国の評価制度に関する調査報告が多く掲載されるようになった。その一例が表5-3である。

　ところで，日本の会計検査院はこのような調査を踏まえてNPM型評価に向かうのかどうか，という疑問が出てくる。その答えはおそらくは「難しい」ということである。理由の第1はNPM型評価を導入するための前提（公会計・バランスシート・アウトプット指標やアウトカム指標など）の整備が進んでいないからである。第2の理由は，NPMの思想の基本は「任せる」ところにあるが，相変わらず不正・不当・非違が多く，そうした'mal-administration'をチェックすることが優先される（つまり「安心して任せられない」）からである。

　また，伝統的な会計検査以外に現場では評価関連の業務も出てきていると言われることもあるが，それもまたNPM型評価のカテゴリーに含めるのが難しい。たとえば「平成16年度決算報告」（2005年11月8日内閣送付）には，会計検査院が「評価型」の検査であると言う検査事例が数例載っていた。すなわち「地震災害時に防災拠点になる官庁施設の耐震化対策が重点的に実施されていない事態について」（508-524ページ）では，防災拠点官庁施設の耐震化対策が必ずしも計画的，効率的に実施されていない。したがって，施設の重要度，緊急度などを勘案しながら，重点的・効率的な予算執行を行うことが重要である。また国土交通省において具体的な中長期計画等を定めること，施設が所用の耐震機能を確保できるよう計画基準・改修基準に沿った耐震改修を実施すること，などの提案を所見で述べている。

　あるいは，「海岸事業における津波・高潮対策の実施状況について」（788-

表5-3 各国の評価の比較

国 名	導入	評 価 の 方 式
オーストラリア	1988 1997	施策評価。プログラムの管理を業績モニターと評価で行う。 業績指標，目標値（アウトプット）。
カナダ	1996	アウトプット／アウトカムベースの業績指標。1994年から検討。
		評価自体は1977年より各省がマネジメントに使う。日本の地方自治体の使い方に近い。
デンマーク	1983	エージェンシーと業績契約。アウトプット。
フィンランド	1995	エージェンシーと業績契約。アウトプット（87年から試行，一部導入）。
		政府改革に使う体系的で詳細な情報を求めるため，12の事例研究的プログラム評価を1995～97年に実施。
フランス	2001	業績指標と目標値の達成。
オランダ	1976 1994 1999	インプットの業績指標。 エージェンシーが所管庁と業績契約。 予算書にアウトプット／アウトカムの業績指標とその費用を明示。
		1990年頃からプログラム評価に関心。省レベルでの調整。
ニュージーランド	1989 1998	各大臣と各省庁との間で業績契約。 内閣の戦略的優先事項に基づいた目標値。
スウェーデン	1991	エージェンシーにアウトプットの業績指標（最近アウトカム），毎年大臣に送る。
		80年代から意思決定の改善，予算編成とリンクした評価の試み。1950年代に試行。
イギリス	1991 1998	業績協定（シチズンズ・チャーター）をエージェンシーにも適用。 Comprehensive Spending Review によるアウトプットの業績ターゲットを Public Service Agreements で締結。
アメリカ	1993	政府業績結果法（GPRA）。業績測定とプログラム評価。
EU		現在開発援助や技術政策において試行。EC時代の70年代からプログラム管理に業績指標を使う。

（出典） 東信男「政策評価制度における会計検査院の役割——その国際的動向——」『会計と監査』2001年4月号掲載の表を筆者が要約。

811ページ）では，必要な対策が効果的に実施されていない状況を踏まえ，長期間多額の費用を要することが見込まれることから，より計画的重点的な対策を着実に実施すること，ハザードマップや防災情報について関係機関と連携を取り緊密な連携を図って対策を講ずることなどの実効性を確保するための体制整備を所見で勧告している。

そしてこれらの例に見られるのは，NPM型評価やチェック・測定ではない。施策事業が効果的に実施されていない原因を探り，その原因を取り除くという伝統的な監査・検査スタイルであり，これらが必要な状況がまだまだ日本には多いということなのかもしれない。

ま と め

海外調査の結果を見る時には，あらかじめ承知しておくべきことがある。すなわち，誰が，いつ，どこで，誰に（どの機関の担当者）に，どのぐらいの時間（何回）会ったのかということである。

きわめて常識的な話であるが，調査する側の意図や理解のレベルによって調査結果は誘導される。相手国の制度が不変ではないため，調査する時期によっても結果は異なるかもしれない。制度に熱心な人，制度に批判的な人というように，調査する相手の気分によっても答えは違う場合もありうる。相手国の官庁の組織利害もあるかもしれない。つまり制度を導入する時，あるいは制度を改革する時の調査は，単なる学術調査と違った問題が存在しており，また調査結果は加工とまでは言わないけれども，強調点が変えられたり，理解の程度が違うために聞き漏らすということもありうる。

実は，ここで各省の調査を紹介したのは，その当時のわが国の各省が自ら導入したいと考える政策評価において志す方向性の特徴を知りたかったからである。目指したところと無視したところ，目指してできたものとできなかったものが明らかになることで，日本の政策評価の特徴もまた明らかになるはずである。

▶ 注
1） 総務省が諸外国の政策評価の資料を収集する根拠は「政策評価等の方法に関する調査研究の推進等」として総務省が所管する政策評価法で定められている。すなわち，「第20条　政府は，政策効果の把握の手法その他政策評価等の方法に関する調査，研究及び開発を推進するとともに，政策評価等に従事する職員の人材の確保及び資質の向上のために必要な研修その他の措置を講じなければならない」。

2） 地方自治体がどのような影響を受けたのか，あるいはいかなる国について調査を行ったのかということに関しては，第6章の「地方自治体改革と『評価』運動」にある東京都政策指標「TOKYO CHECKUP LIST 99」，「**表6-1** X県に対するコンサルタントの提案書」参考海外事例の欄に明らかである。すなわち連邦政府（GPRA），オレゴン州・テキサス州・フロリダ州・ミネソタ州・インディアナ州インディアナポリス・ニューヨーク市・バージニア州プリンスウィリアム郡・オハイオ州デイトン市・ノースカロライナ州シャルロット市・カリフォルニア州サニーベール市・オレゴン州ムルトマ郡ポートランド市などである。多くは業績測定やベンチマークの実践例の調査である。そして，自治体関係者や自治体の評価を請け負ったシンクタンク・コンサルタントが大挙，繰り返し「行政調査」を繰り返したため，これらの州政府や市政府では一種パニック状態に陥った。同じパニック事例は国の府省とその関係者が調査に訪れた各国政府にもあり，日本からの訪問者が同じ質問ばかり繰り返すのに業を煮やしたオーストラリア政府担当機関（Department of Finance and Administration, Canberra）は "Performance Evaluation and the Outcomes and Outputs Framework of the Australian Government : Presentation for visiting Japanese Delegation to Canberra" という説明文書を作成，日本側調査団に事前に読んでくることを求め，これを日本大使館経由で外務省考査・政策評価官政策評価官室にファックス送付してきた（2004年3月12日）。その内容はアウトカムや業績指標の意味，evaluation と monitoring の定義，およびそれらのフレームワークの話であり，かなり初歩的なレベルの説明文書である。逆に言えば，日本からオーストラリアに出かけて行った調査団の質問レベルが推測される。

3） 第1章注2）参照。

4） 省総務省行政評価局政策評価官室は，わが国の政策評価が実質的に試行段階にあった2001年から2002年にかけて，その調査研究内容を以下の資料で公表している。①「政策評価関係資料Ⅰ　諸外国の政策評価制度の概要」2001年5月。②「政策評価関係資料Ⅱ　諸外国の政策評価制度の概要」2001年5月。③「政策評価関係資料Ⅲ　諸外国の政策評価制度の概要」2002年3月。④「政策評価関係資料（第4巻）　諸外国の政策評価制度の制度と運営」2002年5月。なお，この資料集はその後も継続して公表されている。すなわち，⑤「政策評価関係資料（第5巻）　諸外国における政策評価の制度と運営」2003年4月。⑥「政策評価関係資料（第6巻）　諸外国における政策評価の制度と運営」2003年10月。⑦「政策評価関係資料（第7巻）　諸外国における政策評価の制度と運営」2004年3月などである。ところで③までと④からはタイトルが違うが，④以降は制度の運用方法の視点も入

っているためである。
5） 第1章注7）参照。
6） 財政制度審議会『財政構造改革特別部会海外調査報告』(2000年4月27日)。この調査は直接の訪問調査を数チームに分かれ以下のように行っている。(1)アメリカ：2000年3月6～8日，行政管理予算局（OMB）・運輸省（DOT）・会計検査院（GAO）・上院行政委員会事務局・下院行政改革委員会事務局・ブルッキングス研究所・ヘリテージ財団・ワシントンポスト紙，(2)イギリス：2000年3月29～31日，大蔵省（HM Treasury）・教育雇用省（DEE）・会計検査院（NAO）・ファイナンシャルタイムズ紙・ロンドン経済大学，(3)オーストラリア：2000年3月28～30日，保健高齢者福祉省（DHAC）・会計検査院（ANAO）・ファイナンシャルレビュー紙・大蔵省（Treasury）・財務行政省（DOFA）・首相内閣府（DPMC），(4)ニュージーランド：2000年3月21～25日，大蔵省（Treasury）・人事行政管理委員会（SSC）・首相内閣府（DPMC）・ヴィクトリア大学・運輸省（MOT）である。ドイツ連邦大蔵省とフランス財政産業省に関しては文書等による照会調査を行った。
7） ちなみに，筆者も2001年4月19日に「日本の政策評価と可能性」と題して国土交通政策研究所で講演を行った。講演後のディスカッションでは色いろな質問，意見が出されたが，その時の印象は，政策評価システムは全府省一律でできるものではなく，また1つの省でもすべて同じ評価システムは難しいかもしれないというものであった。全府省一律のレディ・メイドではなく，局や課単位のオーダー・メイドも必要かもしれない。ただし，各局各課が気ままに，恣意的に評価を濫用しない方法は必要である。
8） 国土交通政策研究所『建設政策における政策評価に関する研究——政策評価用語集』(『PRCNOTE』第24号）2002年6月。この研究報告書を出した趣旨は「2001年1月1日からの中央省庁等改革に伴い政策評価システムが導入される。本研究は，これに備え政策評価の理論，その学問的背景，各国の政策評価制度事例などを調査・分析し，国土交通省として導入すべき政策評価システムを検討するための基礎資料を得ることを目的としたものである」ということである。

第6章　地方自治体改革と「評価」運動
―― 政策評価，行政評価，経営評価 ――

はじめに

　20世紀末のわが国では，地方自治体を取り巻く経済情勢と社会環境はかなり厳しい状況になっていた。都道府県，市町村はその厳しい状況に対応するために，積極的に打って出て新しい取り組みを展開するところもあり，また消極的ではあるが行政改革や構造改革という抵抗できない勢力に従って改革を進めたところもある。その積極的な取り組みの典型が1990年代半ば突如脚光を浴びた「評価」運動であり，政策評価，行政評価，公共事業（再）評価，事務事業評価など様ざまな形を取って，自治体改革運動のメインストリームとして広がっていった。2006年の春段階では鳥取県を除くすべての都道府県で政策評価，あるいは行政評価が実施され，市町村でも色いろな形で試みられてきた。

　今や「評価」は地方自治体に普及，定着したと言ってもよいのであるが，しかしその広がった理由は何であったのか説明するのは難しい。それぞれの地域社会において必要があったからなのか，中央（旧自治省や，旧建設省，農水省）から指導ないし推奨されたからなのか，あるいは新しいタイプの知事たちが登場したからなのか，はたまた新しい選挙戦術だったのか，それとも改革志向の自治体をまねた「横並び主義」だったのか，色いろな説明や理由が考えられる。説明するのを煩わしく思う実務家は，「時代の流れ」で片付ける。

　ところで，評価の歴史が長くないためか，評価それ自体の「起承転結」について鳥瞰図的にも，虫瞰図的にもよく整理されていない。直接携わった人びとは流れに翻弄されつつ総括する間もなく人事異動で評価担当部局を去り，傍観

者は流れの規模が大きすぎて全体を見渡すことができないからである。ただし，その時どきの状況の解説だけは可能である。いくつかの大規模公共事業をめぐっては，住民から環境破壊とその無目的さを理由に反対運動が起きていたし，またそれらのあまりに多額の費用負担に財政は耐えられなくなっていた。ここに評価の必要性が広く認識され始めたのである。敏感な政治家はこれに警鐘を鳴らして選挙戦に備え，財政のプロは評価に新しい見直し手法を見た。自主的かどうかは別として，都道府県は1998年前後に「行政システム改革」の要綱や大綱を作成し，その中では説明責任の確保や透明性の実現というスローガンとは別に，整理縮小，定員削減，経費節減，「ハコ物」建設抑制，コスト削減等の文字と並んで事務事業の見直しが明記されていた。日本の地方自治体はこの時期，「開発主義」から「管理主義」へとイデオロギーを転換し始め，庁内におけるイニシアチブも建設・インフラ整備の企画担当職員から，総務関係職員，とくに財政や人事を担当する職員へと主導権が移っていったと思われる。その中心にあったのが，様ざまな「評価」である。

衆議院調査局の1998年の調査によれば，1996年度三重県，97年度北海道・岩手県・山形県・群馬県・福井県・静岡県・佐賀県・札幌市，98年度埼玉県・川崎市が政策評価，行政評価を導入していた[1]。その担当機関は多くが総務課・企画課，政策評価課，政策評価室などの「総務課」系統であり，この評価システムは要綱や要領といった柔軟な（言い換えると強制力が「弱い」）仕組みから，強い制度になっていた。たとえば，2001年11月に宮城県が全国で初めて行政評価条例を制定（「行政活動の評価に関する条例」），また2002年4月1日に秋田県「政策等の評価に関する条例」・北海道「政策評価条例」が施行，さらに2002年には市町村レベルでは埼玉県志木市が初めて条例化したように，職員が無視できない強制力ある制度として定着させる地方自治体が増えている。

他方，政策の中身の評価，各種専門的な業務を抱える原課での評価システムは，中央府省からの縦割り的指示もあり，たとえば一般廃棄物処理基本計画・環境基本計画・高齢者保健福祉計画などの所管政策に関する基本計画の中に含まれていて，それらを総務系の政策評価・行政評価の文脈では議論してこなかった。これが，総務中心の「評価」の1つの帰結である。

この第6章では，自治体改革の流れの中で都道府県が導入した様ざまな評価システムをレビューし，その流れを明確にしてみたい。きわめて単純化して言えば，地方自治体の評価運動は「政策評価」という大きな戦略的な話で始まり，それが普及するにつれて「行政評価」というマネジメントの話に関心が集中するようになっていった。したがって，その行き着く先の最終形態は行政経営型の「経営評価」であり，なぜなら多くの地方自治体が財政赤字からリストラを迫られていたからである。1996年から2005年頃までの社会経済情勢，たとえば高齢化・団塊の世代退職の予測・縮小型都市経営と農山漁村の過疎化などに対応した時代の要請と言ってもよいのである。しかし，いかに地方自治体といえども，政策評価がこうした経営の部分に矮小化してよいはずはない。もっとも，「政策がないために政策評価は不要だった」という言い訳も成り立つのではあるが。

1　地方自治体改革の時代

(1)　「事務事業評価システム」

　地方自治体改革に使われた評価は，三重県庁において1996年4月から始められた。そもそも三重県の改革は，1995年から3年間を目処に展開された行政改革推進運動（サービス・わかりやすさ・やる気・改革の頭文字からなる「さわやか」運動）において，当時の北川正恭知事が「生活者起点の行政運動」を目指し，その具体的方策の1つとして「事務事業評価」に注目してシステムを構築，導入したことに始まる。ただ，後に評価で有名になった三重県であっても，当時は理論と実践すべてを自前で進められるほどの体制とノウハウがなかったため，協力を社団法人日本能率協会に求めたことは有名である（なお，当初は政策評価への展開は検討課題にとどまっていた）。こうして，事務事業目的評価表を使って評価の結果を書き込むスタイルの評価が，三重県で始まった。

　さて，地方自治体改革運動と事務事業評価が結び付いたきっかけの1つは，都道府県知事，政令指定都市市長向けの自治事務次官通知「地方公共団体における行政改革推進のための指針について」（1994年）である。この指針には組

織・機構の再編・整備，定員管理および給与の適正化の推進という柱の他に，「事務事業の見直し」という柱があり，これを評価システムに昇華させたことに三重県の先見性があった。さらにこの事務事業評価システムを含む改革を進めるにあたって，三重県庁内ではオズボーンとゲーブラーの『行政革命』が参考文献として薦められ，行政改革が強く意識付けられていた[2]。日本能率協会関係者が翻訳したこの『行政革命』は，もともとクリントン政権の行政改革にもインパクトを与えた本であり，原著はわが国でいう「ビジネス書」であって，内容も色いろな経営や行政の理論を解説した啓蒙書であり，独創性はない。ただ，当時の自治体改革の現場にとっては有益で，インパクトが強かった。

ところで，三重県の取り組みはその後，都道府県・市町村における「評価システム」に強い影響を及ぼすことになった。すなわち，理念において影響力を持ったのは，生活者の視点に立ったサービス向上，組織本来のミッションの確認，成果主義であり，方法において影響したのは4つのねらい，すなわち①長期計画や総合計画の評価・策定につながる事務事業評価，②予算編成・執行管理システムとの連結，③広報・広聴との連携，④組織定員・人事管理への反映，である。そして実務面で影響したのは，政策―施策―事務事業の体系を設定し，そこに成果指標を採用，これを目標管理票に似た「基本事務事業目的評価表」を作成して記入させるといった方法であり，その後これをまねる自治体が増えたのである[3]。目標管理型事務事業評価と言えるかもしれない「日本型政策評価としての事務事業評価[4]」は，ここに誕生したのである。

しかし，三重県の評価システムはその初期のシステム設計時においては，政策評価という名称で行われていなかったことに注意する必要がある。「事務事業評価システムによる総合計画と予算編成との連動」，「総合計画の政策体系」という表現は，様ざまな文書の随所に見られるが，政策評価という表現は見られない。もちろん前述の自治省事務次官指示においても，また『行政革命』においても政策評価という文言は見られない。明らかに，顧客（住民）志向の強調，公務員の意識改革，組織リストラクチャリング（'reinventing government'）の一手法という位置付けなのであって，マスコミをはじめとして広く社会全体で自治体経営の新手法として注目されていたのである。しかし，なぜかその後，

事務事業評価であったのに,「政策評価」「行政評価」とも呼ばれるようになり,これが後のちの混乱の原因につながったことは否定できない。

(2) 「時のアセスメント」から「政策アセスメント」へ

北海道庁は1997年1月,「時のアセスメント」を9施策・事業を対象として実施することを宣言した（この命名は脚本家の倉本聰氏であると言われている）。それは1970年代後半にアメリカで注目された「サンセット方式」（施策には寿命があり一定の年限が過ぎた時,新たな立法行為をしなければ自動的に消滅する方式）にも似た「ターミネーション（termination）」型の見直しを志向しており,行政版TQC（total quality control）運動と言われた三重県の事務事業評価とは明らかに違った方向を目指していた。そのため独特なインパクトを地方自治体のみならず,国の府省にも与えたのである。すなわち各都府県で実施された「公共事業再評価」,「行政機関が行う政策の評価に関する法律」の第7条第2項第2号イおよびロに基づく未着手案件,未了案件に対する事後評価の義務付けも,「時のアセスメント」の影響を受けて出てきたと考えられるのである。

この「時のアセスメント」は,長期間停滞している施策や事業,社会状況や住民要望が変化し円滑な推進に課題を抱えている施策や事業を対象に,必要性,妥当性,優先性,効果,住民意識,代替性の視点で再評価をかけ,継続困難と判断する施策事業は止めると宣言していた。1997年7月時点での決定は,苫小牧東部地区第一工業用水道事業,松倉ダム,白老ダム,トマムダム,「道民の森」民間活力導入事業,道道士幌然別湖線整備事業などが対象になった。アセスメントの対象事業・施策の選定方法が,「万民に共通のものさしである時間」の経過であるということが客観性の担保条件になっている。もっとも,アセスメントの対象になった時点でその後のターミネーション前提の議論が予定されており,したがってアセスメントもターミネーションのバイアスがある。評価をした結果,継続か中止を判断するというのではなく,中止を決めるために評価をするということは,中止を正当化する情報を集めることである。理論上の評価,すなわち科学的に中立的客観的な手法で集めたバイアスのない情報を,

これもまた中立的な手法で分析した結果を見て何を報告するか判断する，こうした手続の方法とは明らかに異なる。

ところで，実はすでに北海道庁は1996年9月に策定した「道政改革の実施方針」において「政策評価手法について検討する」という目標を別に掲げており[5]，この意味では「時のアセスメント」は政策評価に向けたワンステップであったと言うこともできる。このプロジェクトの検討の結果，「政策アセスメント」は1998年7月から実施され，「時のアセスメント」を拡大，北海道のすべての事業（一般予算事業として2839件・公共事業としては92事業）について政策的な観点から点検し，評価する方向で動き始めたのである。この評価結果は総合計画の進捗管理や重点施策等の政策展開，翌年度の予算編成，組織機構の整備，事務事業の見直しなどの事務改善に反映させ，活用していくと考えられていた。

ちなみに，北海道総合企画部政策室政策評価課資料（1999年5月）によると，評価は「施策評価」，すなわち各事業の総合的な展開により達成すべき施策目標に対する評価と，「事務事業評価」，つまり施策を構成する各事務事業に対する評価の2種類で行われる。この施策とは第3次北海道長期総合計画施策体系から導き出されるものである。

なお，一般にアセスメントとは「環境アセスメント」のように事前評価の意味で使われるが，北海道では事後評価の意味で用いていた。

(3) 「業務棚卸法」

静岡県では1994年から知事以下の幹部がリーダーシップを発揮し，人事課が中心となって「目的指向型施策評価システム」とも呼ばれる「業務棚卸法」を試みていた。その本質は成果主義に基づくTQM（Total Quality Management）にあると言われ[6]，この考えに基づいたPDCA（'Plan-Do-Check-Action'）型の行政評価システム（＝科学的生産管理）を確立しようとしていた。ただし，他の地方自治体の行政評価が陥りがちであった「勘に頼るコスト削減改善努力」との差別化を図るため，静岡県の業務棚卸法は戦略や作戦を重視した目標志向の評価，つまり政策評価を意識していた。

ところで，この業務棚卸法を「業務の見直し」に矮小化して捉える誤った解

説もあるが，実はそうではなく，事務事業よりは政策・施策を対象としているところに特徴がある。一般に事務事業という場合，予算調書のタイトルに使われるような事業名を持つ事業単位，つまり事業費を伴う業務のまとまりを想定しているのであるが，業務棚卸法では予算決算で使われる事業名から分析を始めず，組織に与えられた任務（ミッション）を定義することから情報の整理を始めた。つまり，予算よりも職員や組織に注目し，ある一定期間，その職員や組織単位が業務を通じてどのようなことを実現しようとしているのかを把握する，これが静岡県の業務棚卸法の特徴であった。

そもそも，業務棚卸法の考えによれば，事務事業（事業費が予算化されている）を単位とする評価にはいくつかの不都合がある。まず，事業費を伴わない人件費だけの仕事が少なくない。また，特定の政策目的を達成する手段である事務事業がいくつかセットになって構成している場合もあるが，事務事業に注目すると政策手段まで見えてこない。あるいは，継続事業の予算増が認められないために，本来事業費を伴うべきところをささやかな新規事業を始めるといった便法を取ることもある。これが続くと，名前は違うが上位目的は同じ事業がいくつも存在するという不都合が現れる。こうした不都合を回避するため業務棚卸法は，成果（outcome）指標が設定可能なレベルを目指しているのである。ただしこの成果のレベルとは，総合計画における基本構想の「目指すべき方向」といった抽象的レベルでもなければ，事務事業活動の作業レベルのアウトプットでもなく，現場の業務活動（operational activity）レベルのアウトプットでもない。論理的で生産的な議論をしたいという意志がここにあり，そのためこの業務棚卸法を別名「TOPS（Target Oriented Policy-evaluation System）」と呼んでいた。その意味では，業務という言葉を前面に出しているにもかかわらず，この業務棚卸法は「政策志向」が強い評価システムを目指していたのである。

(4) 行政経営品質改善

「行政経営品質」向上という言葉が自治体改革の場で注目され始めたのは，岩手県が試み始めた頃からである（1998年5月，岩手県行政システム改革室が

担当)。その後,東京都三鷹市(「三鷹市行政経営品質評価基準」1999年6月),岩手県滝沢村(2000年4月)などの取り組みが広く知られ,新しい行政経営モデルとして知られるようになってきた。その改革に向けた論理は以下のようなものである[7]。

行政経営品質が重視されるのは,行政がそのサービスを提供するにあたって住民満足を把握しない,成果を把握しない,仕組みを改善しないという3つの課題が自治体に見られるからである。そのため,行政に①行政経営ビジョンとリーダーシップ,②住民ニーズの理解と対応,③戦略の策定と展開,④人材開発と学習環境,⑤プロセス・マネジメント,⑥情報の共有化と活用,⑦行政活動の成果,⑧住民満足,の8カテゴリーにそれぞれ評価基準を設定して,選び抜かれた住民要求と期待に対応する仕組みを作ることをこの行政経営品質改善は考えた。この方法によって,目的を達成するための仕組みが巧く動いているかどうかを評価し,社会的責任と倫理,人材開発と学習環境,業務プロセスの質的向上,財務的成果,住民満足などの成果を項目別にAAA,AA,A,B,C,Dで評点する。

行政経営品質向上システムを導入するねらいは,住民本位の行政体質を創る,首長や幹部の考えや思いがどれだけ伝わっているかを検証する,全庁レベルの改善領域を明確にする,現在の改善活動をさらに加速させる,自分が置かれている客観的なレベルを明確にする,自己評価で素早い改善の仕組みを作る,の6つであった。なお,岩手県ではその後1998年からこの行政経営品質とは別に政策評価に取り組み始めた。それはトップと行政経営品質改善・政策評価それぞれの担当者は理解していたが,実際に現場レベルで研修をしてみると多くの一般職員はほぼ同時期に重複して実施されたため,さらに行政評価という「通称」も出始めたため,両者の意図を混同していた。こうした重複,混同は岩手県だけでなく,行政経営品質改善と政策評価を両方取り入れた地方自治体では頻繁に見られ,結局は政策評価から遠ざかっていった。

(5) 「政策マーケティング[8]」

青森県では,県民の生活満足度の向上と効率的な県政の運営を目指して,

1999年度から県民の代表や専門家などで構成する第三者機関「政策マーケティング委員会」を設置し,「政策マーケティング・システム」の仕組みづくりを開始した。なお,その前提として1997年から98年まで,県庁内の若手職員グループが「住民満足の向上」に着目した行政システムに関する自主研究を行っており,ここでの研究成果が政策マーケティングにつながったと言われている（この出発点は政策評価の目的である「政策効果の把握」とは若干意味合いが違う）。このマーケティング・システムづくりの検討は,県庁外部の第三者機関である政策マーケティング委員会が行ったが,その具体的作業は青森県企画政策部企画課の行政評価グループが担当し,第1回会合は1999年の5月に開催された。

このシステムは,民間企業で行われているマーケティング（市場調査活動）を取り入れて,近い将来（5年後）に実現するべき県民の生活水準を「めざそう値」として示し,さらに「めざそう値」を達成するためには,誰がどの程度の役割を果たすべきかという「分担値」を表す青森県独自のものであった。その一連の成果は,「政策マーケティングブック」として取りまとめられ,2000年12月に委員会から知事に提言された。その具体的内容は,以下の通りである。

- 県民意識調査（県民5000人対象）
- グループインタビュー（集団面接調査,県内6地域で計11回）
- 個別の具体項目に関するアンケート（県民1223人対象）
- 中間報告書を通じて,県民・各種団体から意見聴取
- 現状値アンケート（県民2000人対象）
- めざそう値,分担値調査（県内各分野の実務家390人対象）

最大の特徴は県民のニーズを確認する「政策マーケティング」の作業と,現状から期待値を模索する「ベンチマーク方式」とを,県民の満足という接点で結合することにあった。したがって,その取り組みにおいてはインタビュー,アンケート,調査,指標の作成と検討という作業が繰り返されていた。他の多くの評価の試みが行政内部から始まり,行政がイニシアチブを取るのに対して,青森の政策マーケティングは行政の評価を住民の視点から再構成しようとした野心的な試みであった。ただし,住民が行政そのものを熟知していなければイ

ンタビューもアンケートも本来のねらい通りに機能せず，逆にこれらに付随する逆機能，すなわち「行政による住民の誘導」になる恐れは否定できない。

なお，青森県はこの政策マーケティングの他に，施策評価を2002年から，また事務事業評価を2000年から実施していたが，これらを再編成し2005年から「政策等の評価」として実施した。

(6) 東京都政策指標「TOKYO CHECKUP LIST 99」

「TOKYO CHECKUP LIST 99」とは，東京都が229指標をピックアップし，都政モニター250人のアンケート（回答232人）により99の指標に絞り込みを行ったリストのことで，いわゆる「ベンチマーク」と呼ばれるものに近い。[9]数値で示されたデータにより，東京における人びとの生活や都市機能の「健康」状態を診断するために作られた99の指標である。

実務を担当した東京都政策報道室調査部が1999年8月に公表したこの指標は，「政策指標」を意図していたと考えられる。つまり政策の目標とその達成実績を分かりやすく示す指標をねらっていたのであり，その意味では政策を検証・評価する制度に必要な基礎的な情報であったと言うことができる。さらに，指標のリストは東京の過去から現在にかけての状況を診断するだけではなく，政策の将来の目標値を設定し，その達成度を点検し，行政活動からどのような成果が上がったかを検証するねらいを持っていた。かつて同じ東京都で試みられた「シビル・ミニマム」を彷彿とさせる指標であった。

基本にあるのは11の政策分野と1つの「基本指標」，合わせて12である。たとえば福祉・医療・健康づくりの第1政策分野には，特別養護老人ホームへの入所を待っている高齢者の数，在宅介護支援センターの数などが割り当てられ，また男女平等・人権・市民活動の第9政策分野では，男女の賃金格差，男性の育児休業取得率，ボランティア活動をしている人の割合などが指標の項目として置かれている。なお，「基本指標」には財政・税収・ラスパイレス指数・都債残高・都民満足・都が暮らしやすいと思う都民の割合・土日利用可能な都の施設割合を置いている。

この政策指標の作成にあたってはオレゴン・ベンチマークス，フロリダ・ベ

ンチマークス，ミネソタ・マイルストーン，テキサスの業績測定と業績予算，バージニアの業績測定と課題別評価など，アメリカ各州のベンチマークス型評価を参考にしており，行政内部で考える単純なアウトプット指標の測定とは一線を画しているところに特徴があり，明らかに政策志向が強く打ち出されている。とは言っても，たとえば企業の特許出願件数，仕事や家庭でコンピュータを使っている人の割合，羽田空港の1年間の国際線旅客数，男女の家事時間の差などに代表されるように，東京都がその活動によって直接コントロールして変動させることができない指標が含まれているところもまた特徴である。したがって，2000年12月に公表された「東京構想2000――千客万来の世界都市をめざして――」(政策報道室計画部)の第5章にある「政策指標」では，全体の指標数が60に減り，都の関与によってコントロールできる指標に近づけている。

ところで，東京都ではこの政策指標「TOKYO CHECKUP LIST 99」の他に，総務局行政改革推進室が所管する行政評価制度も存在する。[10] 1999年9月から施行されたこの行政評価制度は，政策評価と事務事業評価の2つから構成され，政策や事務事業の目標と達成度の成果を都民に分かりやすく説明し，かつ幹部が構成メンバーの政策会議を経由して事務事業を見直し，予算編成に反映させることになっていた。しかし，この行政評価における施策，事務事業の目標と「TOKYO CHECKUP LIST 99」とは，直接の関係は見えていない。

(7) 格付け・認証の動き

地方自治体自らの改革の動きと並行して，マスコミをはじめとする外部社会で自治体改革を促す試みが見られた。[11]

その1つは新聞やメディア系シンクタンクが実施する行政サービス調査ランキングである。たとえば日本経済新聞と日経産業消費研究所が行政運営改善度(透明性・効率性・利便性・市民参加度の4つ)について得点化し，それを総合評価した試みが挙げられる。[12] 似たような試みには多くのメディアが取り上げる「地方交付税比率ランキング」，電子自治体ランキング，まちづくりランキング，あるいは環境保護への取り組み(日本総合研究所の「地球に優しい自治体ランキング」)などがあり，色いろな自治体活動領域に広がっていた。

また都市ランキング・都市の格付け,「快適性」「経済力」「成長度」に関する統計データを基にしたランキングも試みられた[13]。たとえば,民間シンクタンクの関西社会経済研究所が試みた人口10万人以上の自治体を対象とする財政力ランキングがその一例である。あるいは市民満足学会（2001年6月設立）のように,行政に民意を反映させることで行政サービスの質的量的充実を図り,市民生活の質を上げる試みも見られた。たとえば警察,鉄道,下水道,河川管理など個別行政分野で政府・自治体を横断的に見てランキングを行ったのである。こうした格付けやランキングの情報は評価そのものではないが,住民にとってきわめて重要な判断材料になっており,評価の現実的機能が政策決定者や国民が政策判断する際に必要な情報,データの提供であるとすれば,広い意味での評価に含められる働きを持つ。

　他方,ISOの動きも導入され,拡大した。ISOとは国際標準化機構の英文"International Organization for Standardization"を省略した呼び方であり,地方自治体が関係するものとしては2つ見られた。その1つはISO9001シリーズ（品質マネジメント・システム）であり,これはサービス供給者に対する品質管理,品質保証を行うための国際規格を意味する。管理される対象を明確にして目標を定め,その目標達成のために計画（Plan）・実行（Do）・確認（Check）・見直し（Action）の活動を進める一連の仕組みである。もう1つはISO14001の「環境マネジメント・システム」であり,組織の活動によって生じる環境への負荷を常に低減する配慮をしているか,負荷低減方向で組織活動を改善する「組織的な仕組み」を取っているか,この2点を評価する仕組みである。ISO14001もまたシステム運用の方法として「PDCAサイクル」を導入しているのが特徴である。ISOによって認証を受けることは,外部の権威ある第三者機関が「お墨付き」の評価を下したということであり,地方自治体は外部に自らの活動を正当化できるメカニズムを持つことになった。

2　地方自治体「評価」の特色

　わが国の地方自治体改革のツールとしての評価には,共通の特色が5点見ら

れた。

(1) 「脱政治」化

　地方自治体が改革のツールとして導入した「評価」システムは，意識的であったかどうかは不明であり想像の域を出ないが，政治的な要素を評価から取り除く「脱政治」化の志向が見られる。あるいは，政治の悪影響を排除したいという願望が感じられる。たとえばNPMを標榜して数値に固執するのは，マネジメント（財務管理，予算管理，組織管理，人事管理）の技術（art）の領域，政治とは別の客観的な数字の世界で公共事業，自治体活動を営みたいという意志になったからかもしれない。また多くの自治体改革が，地域社会の政治的圧力によって経済的合理性，行政マネジメントの合理性を歪められてきたという話を被害者意識を持って語る評価担当者もいた。これが客観的な事実であるかどうかは分からないが，評価導入を決意した自治体の首長や担当職員に共通して見られる性格が，テクノクラート的な生真面目さであった点は，その状況証拠になるであろう。

　もっとも，政治と無縁の世界で政策運営が可能だという議論は陳腐化している。19世紀的な「行政は政策の侍女」という思考，初期アメリカ行政学に見られた古典的な政治行政分断論における「行政は技術の世界，ビジネスの世界の問題である」という理論は，もはや現実の姿ではない。行政の現場では，政策手段の選択だけでなく，政策の実施過程においてすら常に政治への配慮が必要であり，そのために膨大なエネルギーが投入され，手間と暇がかけられている。また一見機械的で価値中立的な議論であると思われる評価基準の選択に際しても，福祉や教育も含めてあらゆる政策分野において効率を重視し，その言い訳のために理論構築をする状況は，すでに十分政治的である。

　しかしそれでも，あるいはそれだからこそ，NPMの考え方を広め，効率や節約の考え方で評価システムの構築を進めたいと語る時，「評価」は政治的に中立なマネジメントのツールであり，政治の圧力を回避する手段の1つだという主張には魅力があった。実際に，市場と競争の重視，顧客が選択できる自由の拡大，マーケティング，コスト意識の徹底，採算性など，NPMの枠組みの

中で強調された価値観導入は，政治を迂回した形で自治行政の展開を求める。それが企業のマネジメントスタイルに学ぶ，という言葉で出てくるのである。結果として，地方議会には申し訳程度に評価書を送っているが，地方議会が実質的な役割を評価システムで果たすようにデザインされている行政評価が少ないのは，できる限り「政治」から距離を置くマネジメント・ツールにしたいという意志以外の何物でもない。

(2) NPM 志向

すでに述べた通り，地方自治体においては1990年代末から NPM 型改革の運動が普及したが，その結果，これまでの自治行政の現場にはなじみが薄く，真剣に考えられてこなかった色いろな原理，価値観，手法が同時に出てきた。代表的なものを例示すると，組織規模と人員の縮小（downsizing），資源を搾り取る（resource-squeeze），カットバック管理と呼ばれた縮小削減型管理（cut-back management），有効性（effectiveness），効率性（efficiency），民営化（privatization），アウトソーシング（outsourcing），アウトカム志向，市場化（marketisation），新管理主義（new managerialism），契約重視の組織文化（contractorisation），競争（competition），顧客主義（customorisation），「リストラ」（restructuring），エージェンシー化（agencification）などであり，これらの言葉はカタカナで広まることが多かったように，日本の地域社会ではかなりなじみが薄かった。

こうした多様性あふれる，しかし逆に言えば必ずしも一枚看板ではないNPM の複雑な考え方を受けて民間委託，指定管理者制度，市場化テスト，PFI 手法，PPP（パブリック・プライベート・パートナーシップ）の考え方，地方独立行政法人制度，定員管理の適正化，電子自治体の推進，バランスシートや行政コスト計算書，そして行政評価（旧自治省）の導入が手を変え品を変えて登場し，議論されてきたのである。言うまでもなく，こうした考え方や手法は，政策そのものよりは，政策を実施する行政体制を対象としていたのであり，この NPM の本質を理解しない場合，政策評価だけではなく政策の誤解につながるという皮肉な結果になっていた。

(3) 政策の誤解

　地方自治体改革の「評価」運動においては，政策を無視している，あるいは政策の理解を欠如させてしまう構造の偏向があり，「政策とは政策目的と政策手段が因果関係のロジックによって整序されている」，「この関係のロジックを確認することが政策評価の基本である」という基本を考えもしない取り組みが多かった。

　そもそも政策の定義は難しいが，少なくとも30年以上前から，次のような必要最小限の要件が提示されていた[14]。第1に，政策とは集団または個人の行動を方向付け，制御する指針や方策を言う。換言すれば，政策とはある特定の状況の下における目標とその達成手段の選択に関わる意思決定のことを言うのである。意思決定であるため，その決定の実効性を担保する仕組みが必要になる。したがって政策が単なる希望的意思表示に終わらず，行政活動を制御して効果を上げるためには，誘因・説得・強制などの政策手段による裏付け，実効性を担保する仕組みを必要とし，この裏付けや仕組みがなければ政策としての意味をなさない。そこで政策の多くは目標と手段の連鎖の形で相互にロジカルに関連付けられ，言わば政策のピラミッド，あるいはハイラルキーを構成する。この頂点に立って個別諸政策を方向付ける役割を果たしている政策は「マスター政策」と見なされるべきもので，「メガポリシー 'mega・policy'」の名で呼ばれることもある。このように目標―手段の関係で複雑に構成されるとその政策体系は複雑化するため，政策形成のあり方への問題関心を増大させ，「メタポリシー 'meta・policy'」，すなわち政策形成に関する「政策」を登場させる[15]。そして，おそらくこのメタポリシーとは，最近の実務においては「プログラム」と呼ばれる単位になる[16]。

　こうした要件から見れば，行政評価と称する評価活動の多くはたしかに政策―施策―事務事業という体系を設定しており，一見「目的（目標）―手段」関係の体系をなしているように見える。しかし，それは論理的につながっているわけではなく，各部局の希望的将来像を束ねた「総合計画」を無理に政策と見なし，その下に中央府省のセクショナリズムを反映した都道府県庁内セクショナリズムの重点施策をぶら下げ，さらにまた課の単位でのセクショナリズムを

前提とした事務事業をその下に並べただけのものを「政策体系」であると強弁しているにすぎないのである。したがって，この政策体系では事務事業評価の結果が意図した施策効果の発現に貢献したかどうかを論理的に把握できず，ひいては政策の見直しにつながるようになっていない。場合によっては，事務事業評価と施策評価が別系統で存在することも少なくない。言い換えると，課単位の業務・事務事業のメニューではあるかもしれないが，本来の政策体系の構造になっていないのである。それは，政策というものの本質を誤解しているか，あるいは無視しているからであろう。

たしかに，「政策評価と行政評価とを区別する実利はない」と言う実務家がいたことを考えると，実務界においては長く政策の定義は無意味であったのであろう。しかし，なぜ自治研修において政策研修，政策形成研修が多かったのかという全国的事情はこれでは説明できない。また，たとえば少子化，高齢化社会における自治体政策の方向を選択したり重点化する議論は，組織と人事，財務の管理を議論する行政評価では難しい。

(4) 「サプライサイド」視点の評価

評価から政治の要素を取り去った結果として現れた議論は，公共「サービスの供給者」としての行政という位置付けであった。そして自由市場で提供される民間企業の営利的サービスのように，行政サービスを変えていきたいという願望がこうした議論の底流にあった。自治体改革は「より良質なサービスの提供」という美辞麗句的スローガンを掲げ，しかし他方で経営の立て直し（赤字再建団体回避）を目指したい本音をもって改革に進んだ。前者のスローガンはさらに，市民と行政のパートナーシップの形成，パブリックとプライベートとの協働，市民（住民）満足という言葉で理論武装していた。後者の実利的かつ切実な本音は，支出の抑制・自主財源の確保，組織機構の簡素化，事務事業の効率化・適正化，補助金・助成金等の適正化，定員削減・給与等の抑制という形で次第に全容を現した。

もっとも前者の美辞麗句部分にしても，「サービスの提供者としての地方自治体」から「サービスの購入者としての地方自治体」という方向でサービス提

供の理屈をすり替える動きが出てきたが，それはサービスの品質改善と言うよりはコスト削減に本来の目的があり，また納税者間の支払金額に見合った「公平」なサービス，より適正な受益者負担という話で行政サービスを考え直す実利的視点につながった。NPO を議論する際の「行政と市民との協働型社会の構築，市民と行政のパートナーシップの形成」という視点も，実は行政サービスを代行する民間営利企業が登場しない時に行政の下請けとして NPO を使いたいという本音が見え隠れした。

いずれにしても，こうした本音に共通しているのは行政がサービスの本来的な「供給者」であるという認識はそれほど変わっていないという事実である。そして，実際のねらいは供給者としての行政の守備範囲の縮小，行政コストの削減にあった。したがって，自治体職員が民間の経営手法の導入について解説する言葉は，NPM の哲学の装いをまといながらもコスト削減策という響きを持っていた。このため民間経営から借りてきた成果重視のアイデアは，リストラの成果，コスト削減の成果を出すというように誤解され，それが結果重視型マネジメントであるという間違った認識が広まった地方自治体も少なくない。本来の成果主義，つまり「プロセスは自由裁量に任せて『箸の上げ下ろしまで』細かく指導・チェックはしないが，その代わりに政策のアウトカム（成果）は厳しくチェックする」方向には向かわず，逆に，トヨタ方式のようなあらゆる業務活動に対する細かなコスト削減，「乾いた雑巾をなおも絞るような，血の出る努力」という精神主義的なプロセス志向に向かったのであった。

(5) コンサルタントの活用

地方自治体の行政改革における政策評価，行政評価を語る上で，経営コンサルタントの存在はきわめて大きい。コンサルタントのアドバイスによって様ざまな取り組みがなされてきたからである。相談する地方自治体側の意向が基本にあるにしても，政策の評価を志向するのか，行政のシェイプアップやリストラを目指すのか，それとも経営体質の改善を考えるのか，同じ「評価」という言葉で表されるシステムには大きな違いがあり，その時にコンサルタントが助言する内容・アドバイスの影響は大きい。たとえば X 県は総務部行政システ

表6-1　X県に対するコンサルタントの提案書（1999年7月）

		ねらいと目的	調査プロセス	調査手法関連	参考海外事例
A	総合研究所 政策評価と行政評価を同義の言葉とするとともに注記。 992万円	事業の重点化，行政資源の最適配分，県民参画型行政運営。	PDCAサイクルを基に各種施策・事業の有効性，効率性，経済性，公平性を判断する制度。	民間企業の目標管理手法，発生主義会計，総務庁・通産省・労働省の調査。	ベンチマーク（GPRA・オレゴン）。
B	財団法人 966万円	事業重点化，県民参画のツール，施策や事業の指標の性質を簡単に特定化できる基準。	既存の評価システムとのリンク，新しい総合計画とのリンク，アンケートやインタビューを通じた県民とのリンクを調査。	NPM，CS（市民満足），事前事後評価，数値指標，定性評価，事務事業や施策の体系化。	テキサス，フロリダ，オレゴンの各州，サニーベール，シャーロット，インディアナポリス，ニューヨークの各市。
C	研究所 1000万円	事業の重点化，行政資源の最適化。行政評価には執行評価と政策評価があるが後者を重視。	予算編成とつながる事前評価システム。	目標設定，目標達成を主眼とする行政システム，目標値の明確化，県民の評価システム設計。	欧米の行政は対住民関係，補助金・交付金，税金の仕組みが違うのであまり参考にならない。
D	総合研究所 980万円	トップダウン型アプローチに基づいた県民情報提供型施策レベル評価。	行政として取り組まざるをえないミニマム行政については効率，進捗率，住民満足の評価。それ以外は選択行政として有効性評価を考える。	既存の事務事業評価・公共事業評価と区別した，新たな評価システム，評価手法の検討。たとえば事業横断型事前評価，県民参画を検討。	ミネソタ州，フロリダ州，バージニア州プリンスウィリアム郡，ニューヨーク市，オハイオ州デイトン市，ノースカロライナ州シャルロット市，オレゴン州，カリフォルニア州サニーベール市，オレゴン州ムルトマ郡のポートランド市。
E	総合研究所 928万円	生活者や地域の視点に立った機動的効率的行政システムの確立。県行政システム改革大綱に基づく評価システム。	総合計画の目標・課題の整理から始め，政策評価の具体的手法の検討，試行。住民参画の手法も模索する。	効率性，有効性の評価，ベンチマークス型評価，ベンチマークス型評価から導き出された課題に対応する施策評価。	PPBS，プログラム評価，ベンチマークスなどをアメリカのGAO，連邦政府，自治体レベルで調査。B.ロバーツ，D.オズボーン，H.ハトレー，C.ワイス，M.Q.パットンなどにインタビュー。
F	総合研究所 850万円	エクセレント・ガバメント・モデルの構築。	知事のリーダーシップ，高い政策立案能力，効率的・効果的な事業選択，品質・コスト・スピード意識を持つ執行プロセス，政策・事業の高い成果（顧客満足度），アカウンタビリティと学習。	事業重点化，行政資源の最適配分ツールとしての「政策」評価システム。具体的には宮城県の行政評価システムの「因果カード」の活用。県庁内・県民との間での共鳴し合う行政評価。	とくに記述なし。
G	総合研究所 894万円	事業重点化，行政資源の最適配分，県民参画。	目的手段の明確化，費用対効果の明確化，政策サイクルの透明化。	公共事業とそれ以外の事業の評価を行政評価導入以前に試験的に行い問題点，作業負荷の検証をする。県民参画の手法としてデルファイ法を採用。	海外調査よりは国内の富士市，埼玉県，建設省，東京都，北九州市，川崎市の事例を重視。
H	総合研究所 840万円	「（総合計画）ベンチマークス」を構築。ワークショップとアンケートを通じた県民参画。	資源配分と事業執行の責任単位の明確化。	パフォーマンス・マネジメント，データウェアハウスによる多角的分析，試験的評価を実施。	とくに記述なし。
I	総合研究所 999万円	行政資源の最適配分のための個別事業評価と横断的事業評価の組み合わせ。	PDCAサイクル，スクラップ＆ビルド，県民参画を促す客観性と透明性，既存の事務事業評価・公共事業評価を発展させる。	評価と資源再配分のスパイラル・システム，県民協働型ベンチマーク導入，情報の共有化。	オレゴン州，インディアナポリス。国内では青森県の政策マーケティング，熊本県発生主義会計，複数評価の統合（川崎市）など。

（注）　金額は1万円以下を省略した。

ム改革室が「行政評価システム」を導入するため1999年7月に入札を行ったが，応募したコンサルタントの企画提案書の概要は**表6-1**のようなものであった。この表を見ただけで，当時評価システムを各コンサルタントがどのように考えていたのか，容易に理解できる。

　一般論で言えば，政策評価という新しい分野のノウハウの蓄積は，いかに経営コンサルタントといえども十分ではなかったため，手探り状態が続き，それが海外事例の調査，先行自治体の事例紹介という形を取った。調べた海外の事例がベンチマークや業績測定であればその影響が現れ，またヒアリングした国内先行事例が経営品質向上，財務管理改革，公会計方式の見直しであればその影響が出る。また，地方分権時代には地方自治体であっても「『政策官庁』になる必要がある」という理想に惹かれれば，政策評価を目指すことになろう。そして，自治体改革・評価運動の始まった時期と総合計画の改定の時期が重なった地方自治体が多かったために，なぜか総合計画を政策体系として見なし，計画の進行管理システムとして評価を導入するケースが多かった。その時総合計画は「戦略計画」になるべきであると考えられ，計画に盛り込まれた数値目標の達成度の測定が評価であるということになっていった。アメリカのGPRAタイプの方法である。

　ただ，これは評価の1つの方法ではあるが，議会が様ざまな形で政策形成や政策評価，そして予算編成そのものに直接に関わるアメリカの大統領制というシステムの現実と，日本の地方自治体の現実との差異を重視しなかったため，多くは形式の模倣に流れ，本来の評価システムがねらう活動の実態改善に迫ることはできなかった。またアメリカでは長い年月の経験から今の（業績測定とプログラム評価，そして政策リサーチの）仕組みを併用していることをなぜか無視し，「木に竹を接ぐ」形で業績測定・ランキング・行政コスト測定・総合評定を組み合わせた目標管理システムを評価としてアドバイスしたコンサルタントも多い。コンサルタントが良心的で熱心であればあるほど勘違いして，政策課題に悩む地方自治体の要望から離れていったと批判されたのはそのためである。

3 「評価」の方向性

　自治体改革のツールとして積極的に使われてきた評価に関しては，その取り組みが10年近く経過した後，大きく２つの展開が見えてきた。第１は「行政評価」の方向であり，第２は「行政経営改革」の方向である。そして，認証・格付け・ランキングは第２の方向に合流してきている。行政サービスの品質改善のため ISO を活用する，あるいはランキングの方法として経常収支比率，人件費比率改善度，ラスパイレス指数，住民１人あたりの地方債残高，積立基金残高，人員削減率，アウトソーシングの進展などに注目した偏差値・数値の比較などが向いているのは，明らかに行政経営改革だからである。

(1) 行政評価への道

　そもそも，政策評価と行政評価とはその言葉が違うように，本来必ずしも同義ではない。それにもかかわらず，その微妙な違いを理解しないまま，また整理しないまま多くの論者が評価を政策評価，事務事業評価，行政評価とその呼称を状況に応じて呼び分け，また執筆依頼を受けた雑誌の特集テーマに合わせて無原則に使い分けたため，呼称に関しては混乱が増大した。あえて混乱を無視した理由はいまだに推測のレベルにあるが，おそらく地方自治体の実務においては区別の必要，実利がなかったためと思われる。ただ，一般的傾向として見られるのは，政策官庁を自認する国の府省は政策評価にこだわり，他方で旧自治省系の研究会，研究者，実務家が政策評価を「行政評価」と呼ぶことが多いという状況にあった。[17]

　行政機関がその実施している政策手段（施策・事業）を政策目的に照らして評価することを「行政評価」と呼ぶと言うのであれば，それは政策評価と同義である。しかし，数値化困難な政策目的を，強引に数値化した指標の達成度を測定することを政策評価と呼ぶのには無理がある。また，行政資源（ヒト・モノ・カネ・時間）の使用状況のチェック・削減状況，貸借対照表の導入，職員の勤務状況の「業績」評価も政策評価に含まれると言うのは，いささか政策評

表6-2 政策目的と政策手段の参考例

政策	政策目的	政策手段
原子力基本法	原子力の開発および利用，エネルギー資源の確保，産業振興，国民生活の水準向上。	原子力に関する鉱物の開発取得，核燃料物資の管理，原子炉の管理，特許・発明等に関する措置，放射線による障害の防止・補償による障害の防止・補償。
中小企業基本法	中小企業の経済的社会的制約による不利の是正，中小企業者の自主的努力の助長，中小企業の生産性・取引条件の向上，従事者の経済的社会的地位の向上。	中小企業構造の高度化，事業活動の不利の補正，金融・税制。
消費者基本法	消費者の利益の擁護・増進，国民の消費生活の安定・向上。	危害の防止，計量・規格・表示の適正化，公正・自由な競争の確保啓発活動・教育，消費者の意見反映，苦情処理体制の整備。

価本来の趣旨から逸脱している。そしてこれら無理や逸脱を招いた理由は，本章「1　自治体改革の時代」で7つ示した地方自治体ごとの取り組みの違いが背景にあるかもしれない。もちろんそれは，地方自治体がその時どきに取り組むべき課題の違いに対応していた（たとえば，政策評価を導入しようとする動機が財政赤字にあった場合と，目的が失われてアナクロニズムに陥った事務事業のカットをねらった場合とは，明らかに違う評価システムになった）。

政策には「政策目的」とその目的を実現する「政策手段」が含まれると先に述べた。[18] そしてたとえば，政策には**表6-2**のように政策手段があり，政策目的と政策手段の適合性，論理的因果関係の確認が政策評価の基本である。一般に，この政策手段は施策や事業が相当すると考えられることも多いが，行政機関が「業務活動」として行っている仕事もこの政策手段になっていることがある。なお，政策目的を達成する手段を担当する組織体制は，行政に限られるわけではない。民営化，民間委託，NPO・NGO・ボランティア，指定管理者制度，PFI（Private Finance Initiative(s)）などの活用はまさにこうした政策手段の選択の議論である。その際，いかなる組織が政策目標達成（政策課題の解決）に有効かという視点で評価すれば政策評価になるが，行政が行うよりは民間で実施した方がコスト面で安上がりだというだけで選択するのであれば，行

政評価のカテゴリーに含めるべきであろう。このように，同一物を対象にしていても，視点が異なれば別の評価になる。

しかし，政策活動という用語と行政活動という言葉を考えると，話がさらに混乱する。政策活動とは政策目的を達成する活動であり，一般には行政機関が行う活動が政策活動である場合が多いが，時には行政が政策の実施主体ではないこともありうる。その場合の政策活動は，行政活動ではない。他方，行政管理（administrative management）とは行政の運営（operation）を管理（management）する活動であり，つまり行政運営に要する資源の調達のあり方，財務管理，人事管理，労務管理，ルーティンの調整，組織体制などの見直しが含まれる。そしてこれらは内部管理事務であり，政策評価の対象ではない。たとえば経費削減はこうした行政資源の見直しなのであり，したがって政策評価そのものではない。ここから政策の評価と，行政組織の稼働状況（パフォーマンス）や職員の勤務の評価，規則規定の順守，そして行政資源の使い方とは別の議論だということは理解されるであろう。そして現実にはありえない話であるが，仮に政策手段をすべて民間の寄付，有志の人材で賄い，しかも民間の寄付によって資金とスタッフが潤沢であった場合には「行政評価」は不要であるだけでなく，無意味である。ただ，政策目標が達成されているかどうかを判断する政策評価が必要である。

それでは，なぜ行政評価に自治体評価は向かうのであろうか。一番大きな理由は，旧自治省による「行政評価」指導が挙げられる。また，地方分権の流れが始まっても，中央官庁の権限（とくに政策形成の権限）が思うほど地方自治体には渡ってこないという状況もある。つまり，中央官庁との関係で言えば，地方自治体はまだかなり「実施官庁」「事業官庁」的な性格が強く，したがって（政策）実施活動評価あるいは事業評価，資源使用状況の見直しに関心が向く。政策官庁たりえない地方自治体には政策評価は無意味なのであり，そうした地方自治体に残された評価の選択肢は「政策評価」ではなく「行政評価」である。その意味では，地方自治体を地方公共団体と呼びたい思考と，政策評価を行政評価と呼びたい思考とは似ているかも知れない。

また，トップ（知事や市長）が政策評価を主張すれば別であるが，記者会見

その他で財政の危機感・行政コストの削減を強調した場合，議論は政策論と言うよりは，カットや廃止・中止だけの話になっていく。しかも，このコスト意識の徹底が強調される背景で，「器」の見直しが切実な問題になってきた。たとえば市町村合併，合併後の府県の役割，府県連携，道州制・連邦制，三位一体改革などであり，これらのインパクトは政策ではなく行政の執行体制に目を向けさせる。

さらに問題なのは，総合計画をはじめとする行政における計画の進捗管理やモニターを評価であると勘違いする安易な思い込みである。これが，「政策評価＝行政評価」という誤解を蔓延させた元凶の１つである。総合計画は一般に，ビジョンを語る「基本構想」，そのビジョンを実際の行政活動に翻訳して施策体系を導き，この政策体系の中に展開される事業計画を並べるための「基本計画」，そして事業計画を具体化する活動に使う行政資源を配分するための「実施計画」の３層構造からなっている。政策評価の導入を決定した地方自治体のほとんどが，総合計画との連動を意識したため，基本構想（ビジョン・理念）→基本計画（施策）→実施計画（事業）というピラミッドを「政策」→「施策」→「事務事業」という形に理解して政策体系を作り，その中で行う計画の進捗管理，モニタリングを評価と見なしたのである。政策体系を前提とした政策評価に見えるが，形が３層構造になっているからと言ってそれが政策体系で，この３層の評価を政策評価と呼ぶことが適切だということではない。その根本において，総合計画・基本計画は目的が不明瞭・曖昧・抽象的で，オペレーショナライズされていないため，目的が達成されたかどうか検証不可能であり，希望や願望のレベルにとどまっている。また手段についても，たとえば国の補助事業や法定受託事務のように，総合計画や基本計画とは別のレベルから事業が下りてくることが多い。目的─手段の因果関係のロジックが，意識の上でも物理的にも，総合計画の体系や基本計画の体系には乏しいのである。しかも総合計画の３層構造の考え方は，政策評価が流行する以前から存在したもので，目新しいものではない[19]。

行政職員の意識改革を目指すために，ということで政策評価システムを導入したところも多い。ただし建前上，政策そのものについては本来選挙で選ばれ

た人びとが行う議論であるため，政策評価を考えるにあたっては，政策目的をめぐる議論，政策手段の選択論議よりは政策手段を担当する行政組織のあり方に目が向いてくる。これは伝統的な行政管理の議論に重なるところが多く，現場職員はその思考から抜け出せない。それを行政評価と呼んで，TQC型の「目標による管理」の意識改革に結びつける場合もある。もっとも，これもまたそれほど新しい方法ではなく，1978年頃にはすでに導入している地方自治体もあったことを考えても[20]，このTQC型で今さら意識改革が進むとは思われない。とくに，予算との関係を意識し始めた時，予算管理と事務事業管理，さらには削減続く中での定員管理と容易に結び付き，まさに行政管理的な視点での評価システムが意識される。こうして行政評価という言葉に，また近づいていく。そもそも，意識改革の必要性は腐敗や汚職で非難を受けた自治体においては一定の効果があるが，そうでないところは首長のかけ声に終わり，実効性は乏しいという事実もある。

　他方，地方自治体においても政策評価の方向は存在した。その1つは「政策」評価の部分を首長のマニフェスト評価に読み替えるという方向で展開した。また，自治体の職員研修，とくに政策研修でよく見られるような特定の課題（県産品の販売促進，高齢者のための防災対策，地場産業の再生支援策，交通弱者のためのまちづくり）をめぐっての情報収集，分析，政策提言，そしてその結果の評価という方法も，政策評価の方向に含まれると見てもよいであろう。さらに，国の府省ごとの縦割り行政を排し，都道府県庁内で協調して地域課題に対応するため，地域特性に応じた形で政策領域別の基本計画が策定されることがある[21]。この場合，そこには明らかに政策評価が活用される余地はある。たとえば先駆的な府県や政令指定都市では男女共同参画の施策に関して評価制度を入れており，その方法はベンチマーク，インパクト調査，プログラム評価など様ざまであるが[22]，これらはすべて政策評価の範疇に含められる。もちろん，財政再建圧力下での自治体改革では，こうした男女共同参画の評価はコスト削減や効率化に直接貢献しないのであまり注目を浴びていない。

　いずれにしても，自治体改革の中での評価は，自治体改革が予算管理，財務管理，人事管理，組織管理などの部分での改革を主眼としているため，明らか

に政策の評価と言うよりは，伝統的な行政管理の発想での見直し，つまり行政評価を向いていると考えられる。それを安易に政策評価と呼んだのかもしれない。さらに，行政評価に熱心さを欠く地方自治体や，先行事例の模倣に終始する自治体では，行政評価という名称を使っても従来型の総合計画の進捗管理を行っている場合が少なくない。この場合，効率面での改善はおろか，節約すら難しい。この時，別の方法が必要になり，その必要性が新たに経営改革の動きにつながってきた。

(2) 「経営評価」への吸収

2004年4月1日，地方自治体の評価における変化を象徴する出来事が見られた。すなわち，岩手県庁が政策評価課を「経営評価課」に名称変更したのである。自治体改革のツールとしての「評価」は政策評価から行政評価の色彩を強めて来たが，さらに進んで「経営」そのものの考え方を強く打ち出してきているのではないかと推測される。

そもそも，すでに述べたように，自治体改革のツールとしての役割が次第に期待され始めた評価は，その初めからNPMの影響を受けていた。地方自治体が評価を取り入れる目的はアカウンタビリティを確保するため，マネジメントの改善のため，そして自治体職員の意識改革という大きな目的が掲げられていたが，現場での具体的なねらいは査定管理型モデル，つまり予算や定員の資源配分に使いたい，またはTQCモデルとして職員の意識改革に使いたい，あるいは住民とのコミュニケーションを改善したいといった企図を持っていた。[23]

驚くほど短期間のうちにNPMの4つの基本原理，つまり成果志向，顧客志向，市場原理の活用，分権化（現場への権限移譲）は，改革の基本的な方向性として地方行革で採用され，その基本原理を実際に機能させるために様ざまな手法が導入されてきた。たとえば民間委託，地方独立行政法人制度，地方公営企業経営健全化策としての業務評価実施，第3セクターの抜本的見直し策としての行政評価型点検システム導入，PDCAサイクルの導入，指定管理者制度，PFI，業績測定システム，貸借対照表（バランスシート），行政コスト計算書，受益者負担の適正化，補助金の終期設定などであり，行政評価もまたこうした

手法の1つであるという位置付けになってきている。さらにまた，これを支援するかのように総務省は事務次官通知「地方公共団体における行政改革の推進のための新たな指針の策定について」(2005年3月29日）を知事や政令指定都市の市長向けに出している。もちろん，このNPMを定着させるための努力を行政評価システムの導入と同等視する実務家やコンサルタント，研究者も多く，事実かなり早い時期からそうした人びとの著作が注目され，かつこれらの人びとは旧自治省，地方自治体の行革の現場で，大きな影響力を持ってきた。[24] 大学においても早稲田大学の公共経営研究科（2003年4月設立）に代表されるように，公共「経営」を意識し始め，学問と実務が「公共経営」という新しい流れの中で融合し始めているような観がある。このように2000年以降，地方自治体改革の現場では従来の政策志向型の手腕というよりは，あたかも大企業の執行役員のようなアントレプレナー型の手腕が求められているのである。こうした大きな潮流の中で，自治体評価が経営の見直しに役立つ「経営評価」に向かうのは必然かもしれない。

ま と め

「評価」概念の混乱は導入後に整理されるどころか，ますます混迷の度合を深めた。明確に整理されているはずであるにもかかわらず，その混乱に拍車をかける論者がいたことも事実である。[25] ただし，現実の地方自治体の意図はきわめて明確である。地方自治体を取り巻く時代状況，社会経済環境は政策評価や行政評価が注目され始めた1995～96年頃とは大きく変わり，市町村合併や三位一体の改革が一段落した2005年頃には悠長に政策論争をしている情勢ではなくなった。財政の逼迫は政策選択を大きく制約し，選択可能なのは必要最小限の政策（たとえば防災，公害，医療，年金，失業）に限られ，しかも誰もがその政策の緊急性を否定しないし，優劣付けがたいものばかりである。この情勢では，政策論争は起きようがないのである。政策が所与のものとして議論にならないのであれば，残るは政策手段の実施体制の効率化，コスト削減だけが議論の的になる。この場合，政策評価は必要ない。

きわめて単純化して言えば，政策を評価して決めるのは「あれか，これか」であり，「止めるか，続けるか」である。「これしかない」時や資源がないので「止めるしかない」と言う時には選択肢はなく，必要性の議論，成果の有無の議論をする政策評価は無意味である。したがって効率化，コスト削減が主たる関心事になるのであり，それは行政評価の領域である。さらに，問題が深刻化した「借金を返済しながら，さらに借金を重ねる」状態の財政窮迫が進めば，コスト削減はもちろんのこと，法令で決められた以外の事務事業はすべて廃止を選択肢の第1順位にした見直しが行われることになる。ここにいわゆるリストラ，すなわち給与の削減，退職者の後の人員不補充が続く。この第6章で記述したのは，まさにこうした状況の中で，自治体が評価システムとして何に注目したのかであった。

その結論は，「政策評価」つまり政策の目的と手段の論理的因果関係のロジックを社会科学的知見を応用して調査分析をする評価から，「行政評価」すなわち目標管理と業績測定に関心が移り，その後コスト計算やバランスシートを見ながら経営診断をする行政経営改善型評価を経て，地方自治体という経営体が時代と社会環境・経済情勢にいかに巧く調和するかという課題に挑戦するアントレプレナー型「経営評価」が注目されるにいたったという流れであった。

ところで，政策評価は，地方自治体においてその役割を終えたのであろうか。答えは否である。首長のマニフェストは当然のことながら政策判断や政策手段選択を有権者に投げかけたものであり，次の選挙前には政策評価が行われなければ意味をなさない。また，たとえば昭和40年代に人口が急増した地方自治体では，その急増分がそのまま高齢化しており政策転換が迫られているが，何を転換し，何を転換しないのかということは，一種の政策判断であろう。その際，当然のことながら従来の政策体系のレビューも必要であり，高齢化という項目で地方自治体の全政策を見直すことになる。しかし高齢化だけではなく，男女共同参画，防災，雇用問題，景気復活の地域間不均衡など，政策体系のレビューに際して使われるべき項目は数多い。もちろん，これらは行政の経営を改善するといった事柄とは別次元の問題である。

したがって，再度「評価とは何か」という議論を，評価の目的や評価の方法

の議論から始める必要がある。[26] アカウンタビリティという言葉が本来多様な意味合いを持っているにもかかわらず,「説明責任」という言葉に矮小化してしまったような愚を, 評価については犯さないようにする必要がある。

▶注

1) 衆議院調査局「事務・事業の評価・監視システム導入に関する予備的調査(決算行政監視委員会, 平成10年衆予調第3号)についての報告書」1998年8月。この報告書は衆議院決算行政監視委員会から1998年6月17日付で命じられた「事務・事業の評価・監視システムに関する予備的調査」に基づき, 提出されたものである。地方自治体についてはこの1998年6月から7月当時, 47都道府県と12政令指定都市にアンケートを送り, 導入していると回答した北海道・岩手・山形・群馬・福井・静岡・三重・佐賀の道県, および札幌と川崎の2政令指定都市について概要を記している。

2) デビッド・オズボーン, テッド・ゲーブラー著, 高地高司訳『行政革命』日本能率協会マネジメントセンター, 1995年。

3) 筆者が1997年9月1日, 三重県庁で「政策評価」の講演を依頼されて訪問した際に秘書室長(当時)の梅田次郎氏から頂戴した三重県庁で初期の「事務事業目的評価表等の記入要領(1997年5月)」の作成者は, 三重県総務部地方分権・行政改革推進課と日本能率協会自治体経営革新センターである。この表は, 政策評価の概要を記入する表というよりは, 明らかに民間企業がTQC等で使用する目標管理シートに近いものであり, わが国自治体で初めて政策評価を導入しようとする時の困難がしのばれる。

4) この「日本型政策評価としての事務事業評価」とは窪田好男氏の造語であり, わが国の地方自治体における評価の特徴を非常に巧く表現している。なお, 三重県の評価システムについては窪田好男『日本型政策評価としての事務事業評価』日本評論社, 2005年, 第3章「三重県事務事業評価システムの挑戦」を参照されたい。

5) 政策評価の導入検討プロジェクトチーム「試される大地北海道——新世代型道政運営システムの確立をめざして」(平成10年度赤レンガ・政策検討プロジェクト報告書) 1999年4月。なお, このプロジェクトの顧問は山口二郎・北海道大学法学部教授であった。

6) 北大路信郷「業務棚卸による行政改革——静岡県の取り組みを中心に」『地方自治職員研修』1998年9月号, および北大路信郷「成果主義に基づく自治体経営シ

ステム——業務棚卸法による TQC」『自治フォーラム』Vol. 474, 1999年3月を参照。

7) 淡路富男編,社会経済生産性本部・自治体マネジメントセンター監修『「行政経営品質」とは何か——住民本位の改革と評価基準』生産性出版,2001年,三鷹市・社会経済生産性本部「三鷹市行政経営品質評価基準」1999年6月。

8) 政策マーケティング委員会「政策マーケティングブック2002～2003——暮らしやすさをはかる——政策市場をつくってみよう」政策マーケティング委員会事務局(青森県政策推進室),2003年3月。

9) 東京都政策報道室「『東京都政策指標』の開発に向けて——"TOKYO CHECKUP LIST"の提案——」(http://www.chijihon.metro.tokyo.jp/chosa/chosa/checkuplist/honpen/Zenbu.pdf)を参照。

10) 東京都総務局行政改革推進室「平成11年度 行政評価の志向における評価結果報告書」2000年1月。

11) 行政自らの評価ではなく,社会の側からの評価や格付けに着目した論考は,武智秀之「信頼の制度設計——自治体サービスの認証と格付け」西尾勝編著『行政評価の潮流——参加型評価システムの可能性——』行政管理研究センター,2000年,第4章を参照。

12) 『日本経済新聞』1998年9月16日。

13) 週刊ダイヤモンド編集部『全国692都市ランキング——日本全都市の暮らしやすさ,豊かさ,成長度白書』ダイヤモンド社,1997年。

14) 辻清明編『岩波小辞典 政治〔第3版〕』岩波書店,1975年。「対外政策や各種の国内政策などから,禁煙政策にいたるまで,政策は,集団または個人の行動を方向づけ,制御する指針や方策という意味で用いられている。いいかえれば,政策は,ある特定の状況のもとにおける目標とその達成手段の選択に関わる意思決定としてとらえることができる。政策が単なる希望的意思表示に終わらず,行動の制御の効果をあげるためには,誘因・説得・強制など,何らかの手段による裏づけを必要とする。(中略)政策の多くは,目標と手段の連鎖の形で相互に関連づけられ,いわば政策のピラミッドを構成する。その頂点に立って,個別諸政策を方向づける役割を果たしている政策は,〈マスター政策〉と見なされるべきものであるが,〈メガポリシー〉(megapolicy)すなわち巨大政策の名でよばれることもある。このような政策の重要性の増大とその構造の複雑化は,他方で,政策形成のあり方への問題関心を増大させ,〈メタポリシー〉(metapolicy)すなわち〈政策形成に関する政策〉を登場させている」。

15) メタポリシーについては,Y. ドロア著,宮川公男訳『政策科学のデザイン』丸

善，1975年，および宮川公男『政策科学の基礎』東洋経済新報社，1994年を参照。
16) 「プログラム」の概念については，山谷清志「評価の理論と実践におけるプログラムの概念——政策評価とODA評価をめぐって——」『同志社政策科学研究』第6巻第1号，2004年12月を参照。
17) 旧自治省系の研究会，研究者，実務家が「行政評価」と呼ぶ傾向が強いということの代表例としては，日本都市センター「自治体における行政評価の現状・課題・視点——都市自治体の行政評価に関する調査研究中間報告——」（1999年3月）が挙げられる。また旧自治省系（地方自治制度研究会）の月刊誌の『地方自治』は繰り返し「行政評価」に関する調査論文を掲載しているが，調査に応じた地方自治体（都道府県や市町村）側はその内部での呼称，あるいは新聞報道においては「政策評価」という呼称を用いていたとしても，行政評価と答えている。なお，国の機関である総務省行政評価局が言う「行政評価」はこうした旧自治省・現総務省自治行政局の「行政評価」とは違う。行政評価局の「行政評価」とは，行政運営の改善・適正化を図るために主に合規性，適正性，効率性等の観点から，行政機関の業務の実施状況の評価・監視を実施する活動である。その手順は，行政評価局が計画を策定し，管区行政評価（支）局・行政評価事務所を活用して全国的な調査を行い，その結果に基づき改善方策を取りまとめ，関係府省に勧告等を行う。勧告の実効性を確保するため，勧告に基づき行政機関が講じた措置について報告を求める他，必要に応じ，勧告事項を推進するためのフォローアップ調査を実施することもある。なお，地方でもこの行政評価の枠組みで管区行政評価（支）局・行政評価事務所が独自に地域住民の生活に密着した行政上の問題を取り上げ，国や特殊法人等の出先機関等を対象に地域的な調査を実施して，必要な改善を図ることになっている。かつての行政監察に近い内容，仕組みである。その意味で，総務省行政評価局の定義では，広義の行政評価の中に政策評価と行政監察とが存在すると考えられる。
18) 政策目的と政策手段との概念については，廣瀬克哉「政策手段」森田朗編『行政学の基礎』岩波書店，1998年，および大山耕輔「政策実施と行政手段」福田耕治・真渕勝・縣公一郎編著『行政の新展開』法律文化社，2002年を参照。
19) 総合計画の管理と評価のシステムについては，斎藤達三『総合計画の管理と評価——新しい自治体計画の実効性』勁草書房，1994年を参照。なお，この本は政策評価や行政評価がわが国で注目される以前に出版されたものであることに注意する必要がある。
20) 行政管理研究センター編「行政における評価機能の実態とその在り方に関する調査研究報告書」第6章「目標による管理と行政評価——玉野市の目標管理の実

第6章 地方自治体改革と「評価」運動　177

際」1986年（総務庁長官官房総務課）を参照。
21）政策分野別基本計画については，打越綾子『自治体における企画と調整——事業部局と政策分野別基本計画』日本評論社，2004年を参照。
22）男女共同参画局・影響調査ワーキングチーム「影響調査事例研究ワーキングチーム——都道府県・政令指定都市等取組事例集」2005年3月。
23）石原俊彦『自治体行政評価ケーススタディ』東洋経済新報社，2005年，53-54ページを参照。
24）その人びとの代表的な著作は以下のようなものである。石原俊彦『地方自治体の事業評価と発生主義会計』中央経済社，1999年。山本清『自治体経営と政策評価——消極的顧客主義を超えるNPMを』公人の友社，2000年。星野芳昭『ガバメント・ガバナンスと行政評価システム——企業経営に何を学ぶか』公人の友社，2001年。大住莊四郎『NPMによる行政革命——経営改革モデルの構築と実務』日本評論社，2003年。大住莊四郎『NPMによる経営革新』学陽書房，2005年。なお，これらの著者全員が，何らかの形で行政の実務に深く関わっていることに注目されたい。
25）評価概念の整理は古川俊一「政策評価の概念・類型・課題」『自治研究』第76巻2号および4号（2000年）に詳しい。
26）日本評価学会では，古川俊一（代表），梅田次郎，渋谷和久，星野芳昭，山谷清志の各会員が「評価手法標準化の分科会」を立ち上げ，2005年5月21日理事会で承認された。古川教授が書いた設立趣旨の概要は以下のようなものである。「評価の手法には，社会科学的接近，数理的接近，業績測定などが混在し，かつそれぞれについても，数種類あるため，実務上的確に使い分けていくことはむずかしい。とくに，制度化が進んできた政策評価，行政評価において，目的に応じた標準的な手法を明らかにする必要性が実務家から痛切に訴えられている。これまで評価学会において個別に議論がなされてきたが，理論上も完全に整理されているとはいえない。この際，評価学会の会員の協働により，各種の評価手法の標準化及びその活用のありかたについての検討を進めるべき段階にきているものと認める。実際に評価の業務に関わった経験を持つ理論家，実務家の貢献により，比較的短期間に議論を集約し，アウトプットを出す」。

第7章 政策評価における技(アート)とデモクラシー
——外部評価, 政策シンクタンク, NPO——

　政策は, 政策目的とその思想や理念を語る「政治」と, 政策目的を達成する手段に関する専門技能を担う「行政」との協働作業の場である。民主主義体制においてはデモクラシーの価値が思想と理念に強く反映されなければならないし, 行政はその日常的な政策業務において有能でなければならない。行政が有能であるということは, 政策に反映される専門分野(教育・福祉・医学など)の技の洗練が進み, 財務・人事・日常業務の管理が効率的に進められることを言う。ただし, この認識が明確でないために, 政策評価では色いろな問題が生じる。

1　「外部評価」問題が問いかけるもの

　評価に関しては「お手盛り評価」の非難を避けるため, 外部の専門家や市民からなる委員会に評価の評価, すなわちメタ評価をしてもらうべきだという一種の常識がある。この常識に基づき国の府省でも地方自治体でも, 外部評価委員会が活用されている[1]。ただ, 政策評価を実際に運用する中で, この外部評価に関連して, 以下のような様ざまな問題や疑問が提起されていた[2]。

　①外部評価委員会によって, 評価の質を確保・向上させることは可能なのか。
　外部評価とは本来, 内部者以外の第三者の目で評価プロセスの適正さを検証することを求めるものである。しかし, 外部者による「2次評価は2度評価することではない」にもかかわらず, 同じ評価を再三外部評価委員会に行わせる場合が少なくない。評価結果について疑念がある時には, 同じ情報を用いて評価し直す必要はあるが, 問題がないにもかかわらず同じ評価をすべてに繰り返させるのは時間の無駄である。1次評価がいい加減なものであるならば, 外部

評価委員会が２次評価をするよりも，１次評価のためのマニュアルづくりや研修を充実する方がより効率的に評価の品質を確保できる。

また，外部委員が評価やその組織の事業・政策に関して素人である時，事業や政策についての勉強会を開くことになるが，これは行政による評価委員の洗脳になり，あるいは素人の外部委員が事業や政策の内容（教育・まちづくり・医療・子育て支援など）の「あるべき」議論を延々と行い，評価自体が成立しないこともある。そもそも，「政策」の品質向上，つまり評価によって得られた情報を政策の企画立案の場にフィードバックすることが目的であるならば，「外部」の「第三者」である必要はまったくない。

②外部委員は果たして「外部」の「第三者」なのか。

委員の選任を役人に行わせた段階で客観性や第三者性は失われ，評価対象になっている事業や政策の関係者（補助金や助成を受ける者）を委員にするという非常識も見られる状況では，この問いは冗談めいてくる。選挙で委員を選任するか，公募委員をあてるという方法が考えられるが，これらの人びとがきちんとした外部評価ができるという保証はない。

③外部委員は「評価の客観的かつ厳格な実施」（政策評価法第１条）を担保できるのか。

「客観的」で「厳正な実施」を担保するという要請がなぜ必要なのかを考えなければならないが，「必要だ」と言うことについては慎重にならなければいけない。なぜなら評価は監査と違う目的を持つ，別の活動だからである。仮に数字で把握できる指標の測定で事業の継続と廃止が技術的に，自動的に決められるとするならば，それは非民主的なテクノクラシーである。したがって客観的で厳格な評価を求めるのであれば，国会や議会，公選首長が評価を基に判断するという前提で仕組みを作る必要がある。また評価を行う者が評価の専門家であることを客観的に証明する手立て（学位と実務経験・学会の資格認定者）も必要になる。そして，これは今のところかなり難しい。

④「学識経験を有する者の知見の活用」（政策評価法第５条第２項第６号）とは，具体的にはどのような学識経験者が，いかなるアドバイスをするのか。

この前半の問いに対しては，３種類の回答が考えられる。第１はその府省や

地方自治体が所管する政策に通じている者で，たとえば外交（外務省），教育（文部科学省），福祉（厚生労働省），地方自治（中央府省と地方自治体の関係・自治体財務が分かる人）などである。第2は評価の専門家，スペシャリストであり，日本評価学会に所属し評価に関する著作がある者，経済学・統計学・社会学・行政学・政策学などの評価活動の基礎をなす分野の専門研究者である。学識経験者の第3タイプは実務経験から評価のノウハウを得た人びとであり，たとえばODA評価・地方自治体の政策評価に携わった経験がある公務員，シンクタンク研究員，コンサルタントである。なお，この第2と第3の回答に関わる人びとが狭義の「技（art）」で熟練度が高いと考えられる。また，「いかなるアドバイスをするのか」という後半の問いに対しては，これらの学識経験者が評価のあり方，評価の活用方法について助言する場合と，外交や教育，土木技術，人事管理や財務管理について助言する場合の2種類が考えられる。

　こうして外部評価に関する疑問や問題に対する答えは色いろ提示されるが，答えの背景には様ざまな考え，目的，価値観があり，実際には統一されていないまま外部評価が実態として走っているという一種の混乱状況がある。もし外部評価が外部の専門知識の導入なのであれば，委員は政策内容について政策担当の職員よりもハイレベルの知識が必要である。外部評価によって評価の質を保証しようとするのであれば，委員は担当職員より評価の「技」について熟知していなければならない（監査ではない）。そうでなければ，外部の専門知識の導入という目的は果たせない。また，外部評価によって住民の意見を反映するというのはまやかしにすぎないし，仮に可能であったとしてもパブリック・コメントと同程度の意義しかない。

　結局，問題の結論を出すためには，1つの大きな前提を考えなければならない。すなわち，行政が実現すべき価値とは行政が関わる技術の合理性とデモクラシーという2つの価値であり，それは国家公務員法第1条・地方公務員法第1条ともに，行政が実現すべき価値として技術の問題である「能率」（効率）と，民主主義の実現を掲げているからである。そして，これらの価値に外部者がどのように関与していくかという基本問題をおろそかにしてきたことが，外部評価の問題を分かりにくくしてきたのである。要するに外部評価とは政策の

現場において，行政が政策評価を通じて民意をいかに反映しているのかを見ること，あるいは行政の専門技能（エキスパタイズ）が実現されているかどうかを見ることの2点に収斂していくのである。[3]

2　政策評価と2つの価値

(1)　2つの価値

　政策評価によって行政が確保すべき価値である「技術の合理性」とは，政策とその手段を運営する行政活動に関する技術の合理的な活用を言う。具体的には目的達成度に際しての有効性，効率性，経済性（節約）といった価値で現される。これらは行政官が有能かどうかを判断する際の「めやす」になる。他方，政策評価を通じて実現すべきもう1つの価値はデモクラシーである。大きな視点で言えば，統治機構に原理として組み込まれている仕組み，すなわち三権分立における議会と行政のチェック＆バランス，代議制やレフェレンダム（住民投票）などによって民意を尊重することであり，ミクロの視点では多様な民意を反映する手続を考えることになる。政策評価のプロセスにおける情報の公開，パブリック・コメント，特定テーマでのワークショップ開催などである。政策目標自体に民意が適正に反映されているかどうかという視点も考えられる。

　そして政策評価は，この2つの価値を体現しているかどうかを判断するための情報を産出する活動である。もっとも，政策評価活動は導入当初，いささか安易に流れていると批判されても仕方ない状況にあったことも事実である。たとえば営利企業である経営コンサルタントへの業務委託という形で「丸投げ」され，また民主主義の確保という要請は民意の反映，住民満足という目的に矮小化された。議会を回避しつつ「外部評価委員会」を立ち上げ市民代表を入れる，県民アンケート・県政モニターにかけるという形でデモクラシーの要請は満足したと強弁されたこともある。外部有識者が民意について見る，外部専門家が専門的部分についてチェックするという分業体制が想定されるが，この分業体制がうまく編成されている外部委員会は少なく，そもそも人材不足の地方では不可能である。

(2) 政策評価のリテラシーとコンサルタント

　政策評価を導入した当時に問題になったのは，政策評価に必要な知識の欠如であった。すなわち，情報・データを収集し，分析する専門技能（expertise）が不足し，また論理的な政策思考に基づいて政策システム（目標と手段の組み合わせ）を構築し，それをプロセス（input — output — outcome — impact）として動かす能力が十分ではなく，さらにその結果を「見せる」テクニックが分からなかったという問題である。たしかに，政策の成果を測定する情報収集ツールや分析手法について，アメリカでは30年前から応用社会科学という名前で，評価の定着と歩調を合わせ社会学者や経済学者，心理学者などによって研究と開発が進められてきた。[4] 他方，社会科学が「政策の実践」という視点から有効な発展をしてこなかった日本では，会計学や経営学，あるいは経済学や法律学の一部の学問領域を除いて，評価はおろか社会科学一般の「応用」が重視されたことは少なかった。[5] そのため，政策評価の制度化が始まった時に動員できるツールや分析手法，それを備えた応用社会科学の経験がある人でまた少なかったのである。それがこの政策評価という新しい実践課題に取り組む時の制約条件ににになり，経営コンサルタントに目が向いたのであった。

　しかし，実はコンサルタント側でも政策評価に使う応用社会科学タイプの専門技能を有する人材は少なかった。例外的に経済学や経営学，エンジニアリング系（社会工学・経営工学）の評価・分析ができる人がいる場合には，経済分析や工学的手法に基づく分析評価手法が採用される。また，会計学や経営学分野ではコンサルティングの実務の中で「技」の洗練が進められてきたので，経営学や会計学を背景にしたマネジメント・コンサルティングのノウハウの蓄積を活かした対応が取られることもある。たとえば旧総務庁行政監察局の政策評価の手法等に関する研究会「最終報告書」（2000年12月）に見る3つの評価方式，すなわち総合評価，実績評価，事業評価の3方式類型の採用には，こうした応用経験のある社会科学やコンサルタントの現状が影響している。

　すなわち，事業評価は主に経済学で研究され，かつてPPBSで試行され，公共事業やODA事業において実際に応用されてきた方式であり，その方法は費用便益分析，費用対効果分析などの経済的分析として洗練され，経済学，経

営学，経営工学，社会工学などの分野の人びとが有力な助言をする。また実績評価とは，アメリカの 'reinventing government' を思想的背景とした GPRA をモデルにしており，施策の目標達成度をパフォーマンス（業績）として測定をする方式である。実はこの実績評価は90年代初め performance auditing とも呼ばれたように，監査や会計を専門とする人びとにも違和感なく（'auditor' が 'evaluation' する），また行政の実務家が一定期間研修を受ければ実用できるため，地方自治体の多くはこの方式の評価を取り入れている。

　ところで，最後の総合評価は旧総務庁の研究会では当初，狭義の政策―施策―事務事業の全レベルを視野に入れ積極的に評価する方式（政策体系評価）として，特定の評価分析手法に頼らず政策体系における問題の所在を明らかにしようと考えられていた（2000年2月頃）。問題は，この目的＝手段の因果関係に基づく政策体系が現実にはあまり明確でなかったところにあった。そこで研究会の最終報告では「体系」のニュアンスは若干弱まり，「時々の課題に対応するために特定のテーマを設定」，「さまざまな角度から掘り下げて総合的に評価」する方向に転換した。総合評価は今後の研究と経験にたのむ所が大きいが，上記「最終報告書」の参考事例としてアメリカの公立学校の民間管理，鉛中毒児童に対するヘルスケア・プログラム，養育義務を負う親から養育費を得る公平負担プログラムなどが挙げられ，具体的な手法としてケーススタディ，実験手法，準実験手法などが例示されている。

　もっともこの総合評価は，これを行う人的資源の育成を待たなければ実施が困難であるが，国の府省，地方自治体においても，また官民のシンクタンクにおいてもそうした教育研修体制は十分ではなかった。そればかりか，大学をはじめとする研究教育機関においてもそうした教育を十分に行っていない。経済学を除く分野で応用社会科学の研究，教育体制が整っていないためである。ロジック・モデルという簡便な方法が使われることもあるが，それでも研修や実務経験を通じた練度の向上や現場情報の収集能力が重要になる。総合評価に「試行」のニュアンスが残り，事業評価と実績評価が，国の政策評価ばかりでなく地方自治体の政策評価においても中心にならざるをえないのは，こうした事情による。

(3) 政策評価と行政評価との混同

　この総合評価の難点は，わが国の政策評価をめぐる特殊事情から生じるもう1つの制約を招いている。すなわちロジカルに構築された政策体系とそのプロセスを運用する能力に関わるものである。そして，この能力の弱さが政策評価と行政評価の混同という形で表面化している。もちろん，行政機関がその担当する政策の成果を評価するという意味で，「行政による政策の自己評価」と呼ぶのであれば，それはネーミングの問題だけであろう。しかし，現実には明確な定義がないまま，行政活動や行政の組織経営の見直し，事務事業評価や経費削減策を政策評価と呼ぶことが多い（たとえば総務省自治行政局行政体制整備室「行政評価をダブルクリック」）。ちなみに，行政評価という言葉に対応する英語はなく，これはきわめて日本的な表現である。

　おそらくその背景には無理からぬ理由がある。1つは，政策内容の専門家と，政策担当の行政職員との分業体制に関する問題である。たとえば「福祉行政」や「教育行政」という時，それに関わる専門家は福祉の専門家である医師や福祉関連学識経験者，福祉施設関係者，教育であれば教師やそのOB，教育学者，場合によっては教育評論家である。彼らが国や地方自治体の福祉，教育，医療に関わる基本計画・総合計画の策定に審議会等のメンバーとして関わり，そこに事務方として関連省庁・部局の一般職公務員が加わる。各種の政策は，こうしてまず専門家の視点を反映する形で立案され，しかしその運営実施は行政職員が行政の論理で行うことになる。

　この各専門分野の中身と，その運営体制（組織・人事・予算・権限）を重視する枠組みでは，政策の体系（政策の目的と政策手段の組み合わせ），政策プロセスの考え方は認識されにくい。なぜなら，縦割りの強い行政組織においてはその縦割りに発想が限定され，政策目的とその達成手段とは組織のツールとその専門家にほぼ独占されているからである。たとえば交通渋滞の解決が道路課の所管であるため，土木工学の専門家が問題解決手段としてバイパスや道路の拡幅だけを考える。ここには渋滞緩和のために別の代替的手段を選択する余地は少ない。したがって，この状態で見直し策として可能になるのは政策目的と政策手段のミスマッチではなく，財政赤字や非効率であり，そこで目指すの

は経費削減，人員カット，効率化という「改善」である。これらは行政評価という表現になじみやすく，逆に政策の内容の吟味，政策手段の見直し，政策目的の再設定は議論になりにくい。

わが国でNPMというアングロ・サクソン的思想が注目されたのは，NPMが言う「改善」が財政赤字の状況にマッチし，違和感が少ないからである。また民間のマネジメント手法，とくに業績測定（performance measurement），結果に基づくマネジメント（management by results），支出に見合う価値（Value for Money），顧客重視，透明性（transparency）の向上，あるいは市場の活用（外部委託・アウトソーシング）などのNPMのねらいは，専門家と行政官僚制が作り上げる閉ざされた政策のコミュニティを，市場主義の視点で切り込むために注目された[6]。しかしNPMの日本版解釈にも問題がある。それは英米における「公」行政（public administration）にマネジメントを入れるという発想が，わが国では拡大解釈され，マネジメントの文脈で政策までも考える方向に導かれたところにある。府省の政策評価システムの中に「マネジメント・サイクル」という概念（政策評価をマネジメント・サイクルの中に位置付ける）が入ったが，結果として経営のマネジメント・コントロールと区別が付けにくくなったし，政策評価システムの導入のために働くシンクタンクの役割はマネジメント・コンサルタント業務と同一視されている（地方自治体の例ではこれが多い）。政策目標の達成度を問う政策評価が，かつて民間で流行した「目標による管理」（M by O）と似ているのはこうした背景のためである。マネジメントやアドミニストレーションの議論と，ポリシーの議論が別立てになった中でNPMを入れた欧米とは明らかに違っている。そこで観察されるのが，行政経営品質改善やISO9000，トヨタの「カイゼン方式」を行政評価と同じ組織，同じ職員が担当し，その経緯を政策評価の実践例として学会や研修会で報告するという奇妙な日本的状況である。

もちろん厳密に言えば，政策評価において実際に必要なのは，行政の経営化でもなければ教育行政や福祉行政における教育や福祉のノウハウではない。政策を導く論理の構築と再評価なのであり，それは政策体系（政策の目標と政策手段），政策プロセス全体から政策を見直し，評価するという意識の改革であ

る。言葉の厳密な意味で言うと，政策評価と行政評価とは違うことになる。政策評価は公共政策（public policy）そのものの評価であり，政治の領域にもつながってくる。他方，行政評価は狭義では行政の管理（人事管理・財務管理・定員管理など）の改善であり，広義では公行政（public administration）の運営と体制の評価なのである[7]。そして NPM はこの行政の管理，つまり 'administration' を 'management' に読み替える思想なのである。結果（成果）主義，顧客主義，'steering' と 'rowing' の区別のアイデアなどは活用できるが，NPM 思想本来のねらいは行政の運営（administration）を 'management' から見直す改革であって，'public policy' を評価する政策評価とは改革の方向性が若干ずれている。そのため，少なくとも「政策官庁」と呼ばれる府省においては，マネジメント・コンサルタントの出番は少ないのである。

3　「不幸な出会い」と NPO

(1)　「政策なき評価」

　このように考えると，政策評価の導入に際して現状では多くのコンサルタントと導入側の行政機関とは「不幸な出会い」になっていると言わざるをえない。理由は2点ある。1つは政策と行政の誤解，社会科学の応用の未熟さから生まれたわが国の特殊事情である。その中で，行政評価の導入を進める経営コンサルタントは経営のアドバイザーとしては有能だが，政策提案，政策システムづくりの能力は未知数のところが少なくない。地方自治体側も本来の政策評価に関連した仕事を発注しなかったというミスもある。発注側が何を求めているのかについて明確に記した，TOR（terms of reference）が欠如しているのであった。その結果，一方で政策評価を知らない地方自治体が評価システムづくりを委託することがあり，他方でマネジメント・アドバイザーの色彩が強いコンサルタントが自分の得意分野で仕事を動かそうとする例も見られた。それが経営評価に近い方法になり，また政策システムや政策プロセスの発想がなくても，それを矯正することはおろか，誤ちに気付かせる術もない。

　ここに2点めの「不幸な出会い」の理由がある。発注側の地方自治体が政策

評価を知らない時，コンサルタントに積極的，あるいは消極的な誤ちを迫るということである。積極的誤ちの強制とは，コンサルタントが地方自治体に「政策評価が経費節約手段である」と矮小化して理解させ，そのシステム導入を大金で求めさせることである。営利企業としてはやむをえない顧客誘導は，結果として地方自治体に多く見られる実績評価型行政評価の導入となり，「成果（アウトカム）シンドローム」[8]（成果に固執し「成果もどき」のモノをでっち上げる）や「目標シンドローム」（本当は目標がないにもかかわらず妙な目標を後知恵で設定する）などを誘発する。あるいは，政策評価を導入する本来のねらい（日本の行政にある「企画偏重」体質を改善するねらい）は忘れられ，再び事業のプランニングと予算編成に結び付けたものを入れようとする。これでは施策や事業がなぜ巧くいかないのかという発見はできないし，その発見に基づく根本的な反省は生まれない。

　他方，消極的誤ちの強制とは，そもそも顧客である地方自治体が発生時に「政策評価」と明確に指定しないため，受注したコンサルタントの側が「さぼる」ことである。手抜きをしても地方自治体には分からないので，総合計画を強引に「政策体系」（経営戦略）化し，疑似成果指標を付けた「目標による管理」まがいの事務事業評価を，マーケティングと僣称するアンケートと組み合わせて作る。たしかに，そうした評価を入れた地方自治体では，「評価を入れたこと，流行の手法を導入できたこと」だけに満足する。もちろん地方分権が思うほど進まず，財政資源不足に悩まされ，あるいは政治家が選挙対策上事業カットできないので，仕方ないことなのかもしれない。しかし，意識改革はない。

(2) 「政策シンクタンク」

　こうした「不幸な出会い」を改善する方法は，2つ存在する。1つは，経営コンサルタントが政策シンクタンクになることである。いわゆる「政策」志向を強めることであり，その仕事は政策提言を目指した政策リサーチ，政策分析，政策評価である。研究員や調査員は，経営学だけでなく，行政学や社会学，経済学その他のプロフェッショナルとしての仕事をしてもらう。他方，もう1つの方法はアカデミズム・研究機関が，より「応用」的な研究を志向することで

ある。具体的には，色いろな政策についてのリサーチ，分析，評価のケーススタディを積み重ね，組織的に備蓄することである。その上でコンサルタントとアカデミズムとの間で人的交流が始まれば，いわゆる「政策エリート」と呼ばれるインテレクチュアルが誕生する可能性が出てくる。

そもそも，この政策シンクタンクに不可欠な知は，「政策エリート」と呼ばれる次の6種類のインテレクチュアルが持つと言われる[9]。

①学者政治家：2001年4月26日発足の小泉政権における竹中平蔵氏のように，政権中枢政治家の顧問，政府の高官，府省や地方自治体の幹部ポストに就いていた経験がある学者。

②政策スペシャリスト：特定政策分野の調査研究に長期間従事した研究者・教育者で大学や政府研究機関に所属しつつ，その専門知識を活かし委員や顧問になっている者。

③政策コンサルタント：契約した問題についてデータ収集，政策プログラムの評価，政策監視の研究を行う。

④官僚機構に属す政府専門家（government experts）：日本の政策官庁の官僚。

⑤政策通訳（policy interpreters）：政策についてコメント・解説する学者や専門家。

⑥政策起業家（policy entrepreneurs）：政策研究機関を設立し，政策提言を行う研究者や活動家の連合体を作り，政策研究者の卵を育てる。わが国では政策分析ネットワーク，日本評価学会などがこのコンセプトに近い。

この6種類のうち，政策評価の啓発と実践とが同時に求められる段階においては，②③⑤⑥が政策シンクタンクに必要な人材であろう。逆に言えば，②③⑤⑥を持つことが政策シンクタンクであるか否かのチェックポイントになる。しかしこれらの4条件は，既存のシンクタンクだけが持つとは限らない。大学制度改革による「産官学」連携，あるいは組織や財務の管理レベルの評価に満足しない市民・研究者が組織するNPO，NGOによって新しい政策プロフェッショナル，政策エリート集団が登場するかもしれないからである。その意味で政策評価の制度化とは，政府や地方自治体だけでなく，既存のシンクタ

ンクにとっても意識改革を迫るかもしれない。

(3) 政策評価とNPO

　政策評価は政策技術の合理性と，民意に関する政治の合理性（デモクラシー）の両方の価値を反映していなければうまくいかない。そのため，営利企業である経営コンサルタントが政策評価のシンクタンク機能を果たす環境にあるかどうかは，コンサルタントに仕事を委託する府省や地方自治体側の意識と使い方とによる。他方，市民の自発的非営利組織であるNPOが政策評価について「理論武装」して，市民サイドに立つ政策シンクタンクとして政策評価，モニター，リサーチの任にあたる可能性が期待されることもある。この期待が現実化すれば，技術の合理性とデモクラシーとを理解して市民の目線から政策評価を考え，2つの価値をつなぐ「触媒」としてのNPOの存在意義は高まるはずである。

　そもそも，「政策評価」と「NPO」を結合した「政策評価とNPO」というテーマは，どちらも20世紀末から脚光を浴び続けてきたため，明確なメッセージを持っているような錯覚を与える。しかしその実際において，NPOがどのような形で政策を評価するのかよく分からない。分からない理由は4つ存在する。

　第1に実例がきわめて少ないという理由である。自らもNPOである日本評価学会のホームページ（2001年6月開設）に登場した日本の評価専門NPOは，岩手県の「政策21」と三重県の「評価みえ」だけであった。実例を外国に求め，先進諸国の非営利政策シンクタンクをレビューすることも考えられるが，欧米の非営利政策シンクタンクが，そのスタッフの質と量，活動資金額，活動それ自体の有効性と社会的ステータスの高さにおいて，日本のNPOとは比べものにならないほど充実した存在であり，この比較はあまり意味がない。

　他方，市民参加や住民自治の延長線上で，NPO活動がどのように政策評価に関わっていくかを推測するアプローチも可能かもしれない[10]。そのアプローチの視点で言えば，政策に関わる今日の市民活動は，1960年代から70年代後半までの「反対運動」の性格が強かった住民運動とは明らかに違う。また，1970年

代後半以降80年代半ばまでの住民参加（市民参加）のような，特定の争点にターゲットをしぼった「政策づくり」の段階とも違う[11]。

しかし実務には，住民に審議会や「県政モニター」などの「ご意見を伺う」方式がいまだに多く残り，このスタンスで政策評価の対象になっている事務事業についてのご意見を伺う。政策評価に素人の委員は政策活動の中身自体にも不案内なため，政策評価の前提段階で途方に暮れる。逆に政策活動の中身を熟知している専門家を任命すると，どうしてもその関連する専門の中身（医療・教育・土木・福祉など）に目が向き，議論はその専門に終始する。公認会計士や弁護士，税理士の委員は，監査と評価の区別が付かずに悉皆調査や厳格な客観性にこだわる。こうして，せっかく政策評価委員会を立ち上げても，対象政策の難解な専門用語や行政内部の仕組みの理解に時間を取られ，政策評価そのものまで進まないことが多い。そして，このような状況でNPOが評価に関わっても「何をするのかよく分からない」ことになるかもしれない。これが第2の理由である。

NPOが政策評価とどのような関わりを持つのか不明である第3の理由は，NPOと，国の府省や多くの地方自治体で導入された政策評価が影響を受けたNPM理論との齟齬である。NPMは市場主義，顧客志向，現場への権限移譲，効率重視などを求めるが，それは非営利市民活動団体であるNPOとは次元の違う話で，混乱がある。混乱を整理しないままNPM型政策評価にNPOを活用すると，「指定管理者制度」やPFIのように，行政が労力と手間を省く便利な手段としてNPOを使うことになる。

ここから4つめの，政策評価とNPOとの関連が分からなくなる問題が出てくる。NPOが1998年に「特定非営利活動促進法」として導入されてから，わが国では実に多種多様なNPOが見られるようになっている。たとえば，内閣府レベルで見る限りでも，NPOを支援するNPO，高齢者や障害者の福祉，まちづくり，女性の自立，地域の外国人との交流・協力，国際協力など，実に様ざまな数限りない目的のNPOが存在する。もちろん，都道府県が認証するNPOについてはその多様性，数の多さはさらに拡大する。ただし，その多くは特定の活動分野に限定され「政策」や「評価」とはあまり関係ない[12]。政策評

価もNPOもきわめて現代的なテーマでありながら,両者を関連させて論じること自体,現実には無理がある。

　NPOが政策評価にどのように関わるのかという問いは,「政策評価を導入して何をしたいのか」という議論をしなければ的はずれになってしまう。一般に,NPOに期待される役割は,パブリック・セクターとプライベート・セクターとの間を媒介する触媒機能であるが,政策評価に限れば行政サービスの供給者である行政側の視点に偏っていた政策評価を,ユーザー・顧客の視点から再構築する役割が期待されていたと思われる。それは新しい市民参加の形態であり,1970年代後半から80年代半ばまでに見られた計画策定プロセスへの住民参加(つまり政策の立案・形成段階)にとどまらず,政策実施のチェックやモニター,評価段階にまで市民の参加が進むということを意味する。もちろん,政策評価におけるNPOの役割は,(行政の)効率追求だけではない。評価が一定の価値判断を伴うことは避けられないが,その際に評価基準が社会の多元的な価値を反映した基準でなければ,人びとの合意は得られないし,社会の統合という重要な政治的価値は失われる。その意味でNPOが前提とする民主的な社会における政策評価は,単なる効率追求のツールではないし,行政の広報やPRの道具でもないのである。

4　デモクラシーの類型と政策評価のタイプ

　政策評価は,地方分権や情報公開,行政手続法など,およそ成熟した多元主義的デモクラシー社会に欠かすことのできない健全な統治(グッド・ガバナンス)を確保する仕組みの存在を前提として初めて機能する。しかし,その大前提である「市民が政策主体であり,評価主体である」ということが忘れられる傾向が強く,市民が評価の客体であるという本末転倒の主張まである。政策評価の現実は行政機関が自らを評価することによって,行政のマネジメントを改善するという技術的合理性の志向が強すぎるのである。したがって,NPM型評価でもイギリスの「市民憲章(the Citizens' Charter)」を意識しつつ,また市民が「行政サービスの顧客」であることを強調してはいるが,それでも政策

評価の議論は「供給者」の視点で展開されてきた。ことに統治の根幹にあるデモクラシーの諸制度からの言及は少なく，したがって国会や地方議会からのイニシアチブは弱く，「国民の視点」「生活者視点」「国民に対する説明責任」というレトリック，精神論として展開されてきた。

その理由はある。政策評価導入は，国においては行政改革会議の事務局にいる官僚たちから出てきた案だからで，地方自治体でも（首長が積極的に導入を進めてはいても）その具体作業は地方自治体職員が担当していたからである。NPOと政策評価の関わりを市民の視点で構築するのであれば，まずデモクラシーの議論から政策評価の議論を再構成する作業に取りかからなければならないのはこのためである。

そもそも，デモクラシーにも様ざまな類型があることはよく知られている。そのすべてを取り上げて比較検討する余裕はとてもないが，政策評価とどのように関連するのかという視点でデモクラシーを論じた場合，デモクラシーのタイプとそれに対応した政策評価のタイプを5つ考える研究がある[13]。そこでは当然，様ざまな市民の関わり方に応じた政策評価のバリエーションが観察される（**表7-1**を参照）。

(1) プロフェッショナル評価

エリート主義モデルのデモクラシーに対応したプロフェッショナル評価は，テクノクラシー評価とも呼ばれる。ここでのプロフェッショナルとは，評価の専門家，あるいは専門職が育っていないわが国の現状では，行政職員あるいは行政から委託を受けたコンサルタント会社の研究職員かもしれない。評価の実務はこのプロフェッショナルや専門家が直接進め，市民はアンケートや調査の対象としての存在，情報源，審議会などの設置で「ご意見を伺う」という立場に置かれることが多い。ただ，政治エリートである国会議員，大臣・副大臣・政務官，公選首長や地方議員が，政策評価それ自体の計画，実施，評価結果を適正にコントロールできる時，エリート主義モデルの政策評価は統治構造上の民主政治回路においてよく機能する。この場合のコントロールとは，評価システムの導入を決定し，その導入・実施状況についてチェックし，場合によって

表7-1 デモクラシーの類型と評価のタイプ

デモクラシーの類型	対応する評価のタイプ
1. エリート主義 Elitist democracy	Professional evaluation (technocratic evaluation)。政策評価のエキスパートが担当。評価の課題と評価が成功したか否かは意思決定者が判断。市民は単なる情報源のこともある。
2. 参加民主主義 Participatory democracy	評価基準の設定に利害関係者を含める stakeholder evaluation。また参加を促し，必要性や希望を述べる機会を提供する方法を駆使して，政治的に受け身の集団の意見を吸収する empowerment evaluation。
3. 審議型民主主義[14] Deliberative democracy 4. 直接民主主義 Direct democracy	すべての利害関係者（無理なら主要関係者）の直接参加を促し，審議において公正な力関係のバランスを維持する手続を守る。多様な意見を慎重に反映するため十分な時間を取る。審議型評価 (deliberative evaluation)。
5. 体制変換型民主主義 Transformative democracy	Emancipatory evaluation は公民権を制約されていた集団に発言権を与え，公平と正義に基づく社会変化を促進する手段。市民参加型の主張の機会を与える advocacy evaluation も含む。評価の初めから終わりまで市民が関与。旧い既存のルールの限界を市民は乗り越える。

（資料） Richard Murray, "Citizens' Control of Evaluation: Formulating and Assessing Alternatives," *Evaluation*, Vol. 8(1), 2002, pp. 81-100 を参考に筆者が作成。

は評価手法の選択やデータの取り方などの細部にまで注文することである。当然のことながら，評価基準の設定，評価結果の解釈についてこれら政治エリートは市民に対してアカウンタビリティを負う。

そのため，このモデルでの政策評価の限界は，まさにこの政治エリートの能力や意欲にある。コントロールが形式に流れる時，デモクラシーのエリート主義モデルにおける政策評価，プロフェッショナル評価は民主的性格を失い，テクノクラシーの技術的合理性に偏向する。政策評価が分からない，関心ないという市民の声はここから始まる。

(2) ステークホルダー評価（stakeholder evaluation）

市民が評価に参加する「参加型評価（participatory evaluation）」としてどのようなモデルが考えられるのであろうか。NPM型評価の「顧客志向型評価

（client-orientated evaluation）」モデルは，政策評価主体を行政（内部評価）に設定する傾向があるのでこの範疇には入らない。市民が主体の参加型評価としては「ステークホルダー評価」「協働型評価」「エンパワメント評価」の3種類が考えられる。[15]

利害関係者と訳されるステークホルダーによる評価とは，政策に利害関係を持つ者が評価のプロセスに参加し，それによって多元的な視点を評価に反映させ，結果として政策や施策，事業の改善に役立てることを目的として主張され始めた評価の方式である。問題は，この利害関係者としてどこまでの範囲を想定するかということであるが，一般論で言えば次の関係者が想定される。[16]

①政策決定者・意思決定者
②プログラム（施策）や事業に資金を提供するスポンサー
③評価に資金を提供するスポンサー
④評価される活動やサービスの受益者である個人，家族，あるいは組織
⑤プログラムを監視し，管理運営することに責任（responsibility）を持つ者
⑥プログラムのサービスを提供する担当者，その支援をする者
⑦評価されるプログラム担当組織と競合して予算・補助金を争う組織
⑧プログラム実施に利害関係を持つ環境にいる者
⑨専門的知識や信頼性を持つ評価の学会関係者や，プログラムに関係する分野の専門家

外部者による第三者の目，客観的な視点の信奉者から見れば癒着，お手盛り評価の元凶に見えるかもしれないが，各自の立場を理解した上で，政策決定者がこの評価結果を政策情報として活用するならば有用性はある。

ところで，こうしたステークホルダーはそれぞれ評価に，実に様ざまな反応をする。その反応を予想すると**表7-2**のようになるが，そもそもその前提から利害関係者による評価は現実問題としてはかなり難しいことが明白である。

まず利害関係者は誰であるかの確認が困難であろう。また，利害関係者の事後評価を前提とした政策形成，施策・事業づくりの初めから利害関係者を含めなければならない。成功，失敗を判断する評価基準の確定，どの時点で評価を行うのかの確定，つまり直接生産物であるアウトプットが出た段階なのか，一

表7-2 利害関係者とその予測される「評価に対する態度」

利害関係者	態度	理由
①政策作成者・決定者	△	失政を暴露されると×，成功をPRできるなら○。
②施策のスポンサー	△	失敗暴露には×，成功して予算が増えるなら○。
③評価のスポンサー	○	実情を知りたい。
④施策対象者	△	評価が改善だけなら○，結果が悪く廃止なら×。
⑤施策管理者	△	施策改善なら○，責任追及なら×。
⑥施策のスタッフ	×	評価が悪い時の降格・馘首，予算削減を恐れる。
⑦施策の競争相手	△	自分に累が及ばず，競争相手の予算が削られるなら○。
⑧施策周辺の関係者	―	現実の利害が無いと無関心。まれに同情，義憤。
⑨評価の業界・学界	○	業界・学界が繁栄するので○。

（注）○好意，×反感。

定期間経過後の成果であるアウトカムが出る段階まで待つのか，さらに予想しなかった影響・副次的効果・波及効果などのインパクトが出る将来時点に行うのかは，評価対象になる事業や施策に対する各人の思惑から紛糾しそうである。また，一度入れた利害関係者を継続して参加せしめることは可能であろうか。参加したくてもできなくなる，関心を失う，反感を持つなど色いろな理由で評価プロセスから離脱しそうな関係者を継続して引きつけ続ける労力は並大抵ではない。自由意思で，強制でなく参加させるためには何らかのインセンティブが必要であるが，そのインセンティブこそが評価にバイアスをかけるものになりかねない。

　何よりも，利害関係者間の利害対立を解決する方法がないまま評価に入れば，評価目的，関係者を定義する線引き段階で議論は紛糾してしまう。評価基準にしても，たとえば公平よりも効率を基準とするかどうかで対立するし，費用対効果ではどこまで費用に含めるのかで紛糾する。評価のためにどのような情報を集め，どのような方法で分析し，何と比較するかということまでが自己利害と直結してしまい，評価自体が新たな紛争の場になりかねないのである。「関係者全員で評価する」というスローガンは，きわめて幸運な状況下でのみ可能になるのかもしれない。こうした隘路を克服する方法として考えられたのが，

「協働型評価」である。

(3) 協働型評価（collaborative evaluation）

　協働型評価とはこうした利害関係者たちによる評価の問題を克服するものとして期待され，その問題を解決する糸口を評価における関係者相互の「協働」に見出そうとするのである。評価担当者は利害関係者間の対立を協調に変えることをねらい，政策や施策の実施者だけではなく，市民が意見を出しやすくする役割を担う。

　たとえば，学校選択制度を導入しようとすれば，教育サービスを受けようとする人たちが学校を選択する時の判断基準として，学校自身が出すカリキュラムや教育計画についての自己評価が必要になる。しかし，それだけでは足りないし客観性に問題があるので，現にその学校で教育サービスを受けている人びとを対象にした調査やアンケートを参考に，他の学校と比較することが望ましい。調査やアンケートには教育委員会の職員，教育委員会，教育の専門家，入学予定生徒の保護者の協議が必要になる。もちろん評価の専門家がこの協議に加わることは必要である。この時評価専門家が評価や調査，判断基準づくりに求められる基本的態度は「批評眼を持つ友人 'critical friend'」である。したがって，関係者が協働しながら評価体制を組む時の初めの任務は，まず各自できる限り客観的なデータを収集し相互に提供し合うこと，相手に誤解のないようにそのデータの意味について解説することである。それに基づき改善案を提供するのであれば政策提唱型評価になる。

　ところで，普通の市民がデータを渡されて的確な判断を下せるのであろうか。現実問題としてそれは難しい。素人が政策領域の内実に関して専門的な情報を与えられても，理解は難しく，的確な判断を下すのは困難であろう。そこで従来この場合，事情に詳しいしかるべき専門家や専門組織に「お任せ」することが多かったが，行政機関が委員を選任する基準がいい加減，新しい課題の分野では該当する専門領域がない，地方には専門家がいないなど，「お任せ」自体に問題があった。そこで協働型評価によって，市民と行政実務家が協力して情報を収集・分析し，その情報の適否を確認し，それに基づいて一定の判断を下

すノウハウを作り上げる，一種の勉強会のようなプロセスに期待が寄せられる。しかし，そのためには前提となる能力を市民が獲得している必要がある。ここで期待されたのが「エンパワメント評価」であり，このエンパワメントによって協働型評価への可能性が開けると思われる。

(4) エンパワメント評価（empowerment evaluation）

市民が能力を獲得するという意味のエンパワメントという概念を基本とするエンパワメント評価は，一般に評価の理論の中では珍しい存在である。その理由は3点ある。

第1に，「お任せ」はよくないという考えから，政策内容の専門家（福祉であれば医師や看護師，教育であれば教員）や評価の専門家のパターナリズム（paternalism 干渉しすぎて自立を妨げる悪しき温情主義）を否定するからである。第2に，評価の取り組み方としては，ボトムアップ・アプローチを重視し，政策対象者自身の自主的評価を重視するからである。そのため専門的な評価担当者の役割は，評価の技術支援や助言にとどまる。第3に，NPM型のマネジメント・アプローチの評価にしても参加型評価一般にしても，評価のねらいは政策の改善，そのためのマネジメント方法の見直しにあるのに対して，エンパワメント評価の主たるねらいは市民の自立と市民社会の持続可能な発展にある。これまでの評価とはいささか違った趣旨はおそらく，貧困や差別に関わる社会運動，フェミニズムの影響を強く受けているからであろう。

そもそも，このエンパワメント自体が日本語になりにくい新しい概念なので違和感を覚える人もいる[17]。この概念が出てきた領域は，社会プログラムやODAの「社会開発」[18]，ジェンダー，福祉や教育など「ソーシアル・ワーク」の領域であり，社会開発や男女共同参画社会づくり，福祉の増進，教育の成果の判断を何に求めるのかという根源的な問いを考える時に評価と結び付いたと思われる。

従来の評価であれば，たとえば大規模開発プロジェクト重視では計量経済学や土木・建築のエンジニアリングの専門家たちが主導する評価を重視していた。あるいは費用便益分析をはじめとする分析手法が終了時評価として1度，多く

て2度(事前評価と終了時評価)行われるぐらいで、ここには専門家のパターナリスティックな独善や、素人に理解困難な定量分析偏重主義などが入り込む恐れがあった。これに対してエンパワメント評価は、同じ開発プロジェクトを例に取るとプロジェクト・サイクル全体を視野に入れ、市民自身の自立とそれによる社会発展の「持続可能性」を重視する。この場合の自立とは経済的な自立というより精神的自立であり、そのために計画策定・事前評価から事後(インパクト)評価までの市民参画を重視する。当然、プロジェクトは定量手法ではなく、ケーススタディや意識調査、社会調査などの定性的評価を繰り返し継続的に行うので、「社会経済活動におけるジェンダー・バイアスの除去」「障害者が日常生活に不便を感じないまちづくり」「高齢者を地域で支える」というような人間的・社会的指標が積極的に活用される。

　エンパワメント評価が登場したのは、1993年にアメリカ評価学会が年次総会のテーマとして取り上げたことをもって嚆矢とする[19]。もちろん、NPMの影響下でマネジメント型評価中心になっているわが国でも、徐々にではあるがエンパワメント評価が登場してきた。その代表がNPOによる政策評価である。また日本のNGOによる社会参加やジェンダーなどの視点を取り入れた社会開発プロジェクト評価の試みもある[20]。

　他方、行政機関の意識改革も重要である。評価の実践にエンパワメント評価を定着させるには、市民が自ら評価するための情報、ノウハウが重要であるが、現に評価を行っている行政機関が一種の教育・研修のような気分で、政策情報やノウハウを進んで提供する姿勢が求められる。あるいは情報公開制度を使い、「評価が分かる」NPOが行政機関の評価を評価(meta-evaluation)し、その結果を公表することもエンパワメント評価の一環として必要になっていく。可能であれば、NPOが評価に対する各行政機関の姿勢をランキングするべきであろう。なお、政策情報の公開は行政に対する過剰なあら探しや、それに対応した行政側の自己防御姿勢を克服しなければ、有効活用されない。

(5)　**政策提唱型評価(advocacy evaluation)**

　こうした期待や必要を満足させるためには、評価が何のために行われている

のかという目的意識を再確認する必要がある。「行政の意識改革」とか,「マネジメントの支援」ではない。それ以外に,市民による政策提唱というイニシアチブが認識されなければならないであろう。市民が政策過程に積極的に参加し,その立場を主張しながら政策過程を導くという方法,すなわち提唱モデル（advocacy model）である。公民権運動の経験があるアメリカで,政策過程に市民が積極的に関与する（advocacy）考え方を政策評価に取り入れたのである。このモデルの条件は,市民が自ら学習し,能力を得ていること（エンパワメント），市民の側にNPOのような形で専門家やエキスパートが存在することである。行政機関が評価の土俵に利害関係者を集めて評価結果を提示する評価とは一味違った,政策のイノベーションを志向する評価として有望であろう。

5　評価タイプの現実的可能性

これら5つの評価のタイプは,実際にはどのように機能するのであろうか。あるいはそもそも実現可能性があるのだろうか。そしてNPOはどのように関わるのであろうか。この問いに明確な結論は出ないが,仮説に基づき,また断片的な経験を基に予測すると,以下のように言うことができる。

(1)　NPOの可能性

1997年頃から政策評価のシステム立ち上げに関わってきた公務員の増加,日本評価学会の設立（2000年9月），政策評価に関わる研究者の増加などによって,プロフェッショナル評価のきざしは見えてきている。ただし,日本の公務員は人事異動があるため評価の担当者は2～3年で交替する。これを人材流出と見るか,新しく評価ポストに就く職員が増えるので評価が普及すると見るかは状況によるが,一般にマイナス要因として働く場合が多い。初めて評価を担当する公務員はまずもって自らの経験から理解しようとするが,政策評価に関する経験がこれまでの行政に多くあるとは思われないからである。

ここに政策評価のNPOが活躍できる場がある。NPOは政策評価「専門店」として存在し続けるからである。その意味でNPOがプロフェッショナル評価

を担う可能性は高い。ただ，NPOが政策評価の専門家集団として認知される条件は，厳しくするべきであろう。専門資格（学位），職業（評価や行政学関連の大学教員），実務経験（評価システム立ち上げに関与）などが考えられる。もっとも，いわゆる「実績」はあまりあてにならないことが多い。政策評価で活躍するNPOの実例が少ないし，地方自治体によっては政策評価の理解が浅い職員が多く，NPOの実績が政策評価の実績なのかどうか判断できないことが多いからである。したがって専門家集団，プロフェッショナルとしての信頼性を担保することが必要である一方で，素人の地方自治体職員が理解できるようにしなければならない。

　他方，仮に評価対象になっている施策や事業に関わる利害関係者を募り，公募で自由参加を求め，評価に関するフォーラムを開く地方自治体があれば，事実上ステークホルダー評価の領域に入っている。ただしこの場合，行政自体もステークホルダーであることを忘れると，パターナリスティックな行政が客観性・中立性を装い，市民活動を抑圧する恐れがある。しかも行政機関が政策の立案と実施に携わっており，豊富に保有する情報の量・専門家の数などを考えると，行政機関と市民が同じレベルで議論するのは無理である。

　NPOがステークホルダー評価で担うべき役割はまさにここにある。ステークホルダーの評価が利害対決の場にならないようにするためには，対立を協調に変える工夫が必要であり，NPOを中心に協働体制を組むことで協調が可能になるであろう。それがNPOの関わる理由である。ただし，このNPOの仕事は中立性，客観性，専門能力が確保されて初めて可能になる。そしてこの専門性，中立性，客観性の3ポイントを同時に満たすためには，NPO，行政，市民，そして議会の共通の知的基盤が存在することが不可欠である。また，そこに参加する者の知的判断能力を一定水準に維持する教育・研修を組織的に行う組織（学会）が存在すること，その組織（学会）はNPOや行政ばかりでなく，市民にも開かれていることも必要である。

　この共通の知的基盤づくりには様ざまな仕事がある。政策評価に関する基礎的理解を進めるための研究会や広報，手法の研修，そしてさらに踏み込んで実際に評価する，ワークショップ方式や研修会で「評価の評価（meta-evaluation)」を行うことも考えられる。この時の評価データは保存し，いつでも閲覧可能にし，質問は随時受け付け，何らかの施設を設けて知識の普及を行うことでエンパワメント評価も可能になってくる。なお，その他の評価のタイプ，審議型民主主義体制に向けた評価・政策提唱型評価の可能性は，現状では政策評価そのものの洗練，進化というよりも，民主主義の洗練の方に大きく依存している。

(2) 政策評価への関与の実際

NPOが政策評価に関わる場合，どのようなスタイルが実際にはあるだろうか。この問いに答えるには，2つの難しさがある。1つは，わが国の各地で導入された政策評価が，NPOを想定していなかったということである。評価システムについては内部評価をディスクロージャーする，外部評価委員会を作る，1次評価と2次評価の役割分担は考えているということは多いが，NPOについてはほとんど議論されていない。もう1つの難しさは，NPO自身が政策評価に関わる実例はほとんどないということである。NPOがどんな目的の政策評価に参加し，政策評価の方法にどこまで関わり，どうやってデータを収集分析するのかという議論は見られない。そしてその経験がないので，議論はあくまで想定のフィクションの中で展開せざるをえない。

前者の難しさについては，国の政策評価，地方自治体の政策評価双方の実践を見ることから議論すべきであろう。政策評価の主流は実績評価の段階にとどまっている。公共事業評価において，試行的なワークショップ方式も見られるが，この実際例はきわめて限定的である。そして，実績評価にNPOが関与するならば，政策目的に設定された業績目標の適切さの吟味以外に考えられない。具体的には複数の価値基準の頭文字，SMARTと呼ばれる基準でチェックすることになるであろう[21]。すなわち，①specific（目標が具体的であること），②measurable（測定可能であること），③achievable（達成可能な目標であること），④relevant（解決すべき課題について関連がきちんとしていること），⑤timed（時期が設定されていること），である。

実績評価以外の総合評価や事業評価のような手法に関しては，誰もが日常的

に使用できるところまでいたっていないので，専門家以外の人が関わるのはかなり難しく，将来の課題である。ただ，事業評価についてはワークショップ型で実験するところから始めるべきであろう。また総合評価については定性評価の可能性の模索，「目的＝手段」を因果関係のロジックからチェックする視点，あるいは別々の組織が関与している事業群を，NPO が組織横断的に見ることも必要であろう。さらに，実際に評価そのものを始めていない地方自治体と協働する場合には，評価システムの立ち上げ，他の地方自治体や府省の事例紹介，市民に対する広報の支援，学会や研究会の開催など，アカデミズムの動向紹介などが必要になる。その意味では，NPO はかなりの情報を持ち，学会（たとえば日本評価学会や日本公共政策学会）に加入し，また何らかの情報ツール（ホームページ・出版刊行物）を持たなければならない。結局，最初はプロフェッショナル評価型にならざるをえない。その意味で，政策評価の NPO のイメージは，一般に「市民活動」と考えられている NPO 活動に対する印象から離れる可能性がある。

　ところで，政策評価に NPO が関わる実例は珍しいが，独自の活動をしている NPO として 1 つだけ挙げるとすれば，それは政策評価の NPO「政策21」であり，2001年 4 月13日の設立時期が国や地方自治体の政策評価の立ち上げ時期と重なり，評価の制度化支援から仕事を始めていた。具体的には岩手県一関市（2000～2001年）や水沢市（2001～02年）においては政策評価システムの立ち上げ支援と全職員に対する政策評価研修，市民に対する広報の一部を担当することから活動を始めた。その後「政策21」は山形県尾花沢市，財団法人静岡総合研究機構，岩手県遠野市職員労働組合，静岡県天竜市などの研修会やセミナーに講師を派遣し，また「政策21」独自の研修会（岩手県知事，NPO 会員，地方自治体職員，生協活動関係者が参加）も開催している。さらに，政策評価が定着して常態化した後は活動内容を進化させ，雫石町政策評価推進支援業務（岩手県雫石町），地域活性化事業調整費等外部評価（岩手県地域振興部），福島県原町市事務事業事後評価（試行）指導点検会業務（福島県原町市，2006年 1 月より南相馬市），住田町「森林・林業日本一の町づくり」推進事業評価手法策定（岩手県住田町）など，実際の評価実務に関わり始めた。

このような NPO は，民意を反映させる仕組みというよりは専門家集団，評価というリテラシーを持った政策エリートが所属するシンクタンクを目指すという意味で，NPO がわが国で議論されてきた文脈をはずれているかもしれない。ただ，アーバン・インスティテュートに代表される諸外国の政策シンクタンクが民間非営利組織であり，NPO 的な性格を持つことを考えると，日本の NPO 認識が特異なのかもしれない。そして政策に関する専門的な知識や技能を欠いたデモクラシーが容易に衆愚制やポピュリズムに堕落することを考えると，こうした NPO の活動はデモクラシーの質的改善につながると思われる。

ま　と　め

　政策評価を考える時に大事なポイントは，第1に「何のために行うのか」ということである。このきわめて常識的なポイントが曖昧なため，第2の「どのような評価方法を使うのか」というポイントを十分考慮せず，何についても業績測定・実績評価，正確さに問題がある費用対効果分析を用いる傾向が見られる。そのため「評価に使う情報としてどのような情報が必要なのか」，という第3の重要なポイントも軽視され，時に看過される。それは形式的には外に開かれた評価を標榜しながら，その実態は住民にとって何の価値もない，役所の内部管理志向が強い，評価をマネジメント・ツールとしてだけに使用する意識が抜けないからかもしれない。そうであれば政策評価は不幸であり，外部評価委員会はおろか NPO も必要ない。

　そして仮に行政機関が行う政策評価が行政のマネジメントの改善だけを目的とするならば，その文脈での NPO の活用もまたマネジメントの支援だという発想になる。わが国で注目されている NPM の影響を受けた政策評価が，「政府の失敗」を市場によって克服する，政府もまた企業のようなコーポレート・ガバナンスを重視すべきだという内部管理的なバイアスが強い現状を考えると，マネジメント支援の手段に NPO がなりかねないという危うさがある。

　もちろん，ここで想定した「NPO が政策シンクタンクになる，そのメンバーが政策エリートたる資格を持つ」という理想像から導かれる政策評価は，マ

ネジメント支援型評価の視点とは異なっている。NPO活動のねらいが「新しい公共性の模索」だからである[22]。つまり協働やエンパワメント，パートナーシップを志向するNPOの政策評価は，デモクラシーの'literacy skills'として貢献するはずである[23]。こうして政策評価という実験にNPOが関わる時，もう1つの社会実験がわれわれの目の前に展開し，政策提唱型評価が目指す審議型民主主義へと向かうのである。

▶注
1）筆者が委員あるいはアドバイザーとして関わった経験から言えば，外部評価委員会には3種類の類型が見られる。すなわち，(i)政策評価の導入時のアドバイザー（旧通産省・旧総務庁・文部科学省の「政策評価に関する有識者会議」の小委員会，岩手県，秋田県，日本万国博覧会記念機構「基金事業事後評価等検討委員会」），(ii)外部有識者の知見の活用（文部科学省「政策評価に関する有識者会議」・愛知県「行政評価委員会」・滋賀県草津市「行政評価市民委員会」），(iii)行政改革，とくに財政難を背景とする事務事業のカットのプロセスでの活用（滋賀県近江八幡市「行政改革大綱実施計画・業務評価委員会」・大阪府高槻市「事務事業外部評価委員会」）である。
2）日本評価学会においても，第6回全国大会（2005年12月10日）で本文の①②③に関する疑問や問題意識を取り上げるセッションが設けられた。
3）行政学においては，行政が実現すべき価値の問題として民主主義的価値と専門知識の確保の議論が続けられてきた。すなわち，専門家集団である行政官僚制が実施する政策過程に，民意の代表者である公選首長や議会が民主的統制を加えることで，行政の健全性（グッド・ガバナンス）が保証されるということである。1940年前後に行われたC. J. フリードリッヒとH. ファイナーの行政責任論争における「機能的責任」と「政治的責任」の議論，あるいはC. ギルバートの行政責任の類型化における「自律的責任」と「他律的責任」の議論をここでは参考にしている。西尾隆「行政統制と行政責任」西尾勝・村松岐夫編『講座行政学・第6巻——市民と行政』有斐閣，1995年，第8章。今村都南雄「行政責任と統制」今村都南雄・武藤博己・真山達志・武智秀之著『ホーンブック行政学』北樹出版，1996年，第7章。西尾勝「行政責任」『行政学の基礎概念』東京大学出版会，1990年，第9章を参照。
4）Rebecca A. Maynard, "Whether a Sociologist, Economist, Psychologist or Simply a Skilled Evaluator : Lessons from Evaluation Practice in the United

States," *Evaluation*, Sage, Vol. 6 (4), 2000 ; Richard P. Nathan, *Social Science in Government : The Role of Policy Researchers*, Rockefeller Institute Press, 2000.
5) 1975年のOECDの調査でもそれは明らかにされている。OECD調査団，文部省訳『日本の社会科学を批判する』講談社学術文庫，1980年（とくに78ページ）を参照。
6) R. A. W. Rhodes, "Governance and Public Administration," Jon Pierre ed., *Debating Governance : Authority, Steering, and Democracy*, Oxford University Press, 2000, chapter 4, p. 56.
7) この種の議論は数多いが，最近のガバナンス論やNPMの議論と関連させてpolicyとadministrationの区別を論じるものとしては，Donald F. Kettl, *The Global Public Management Revolution : A Report on The Transformation of Governance*, Brookings Institution Press, 2000, p. 30 がある。なお，政策と行政の違い，政策評価と行政評価の違いについては山谷清志『政策評価の理論とその展開』晃洋書房，1997年，第1章を参照。
8) 古川俊一教授（筑波大学）の日本評価学会，第1回全国研究大会報告，自由課題Ⅳ―(2)「自治体の評価の可能性と陥穽」における発言（2001年2月18日）。
9) ジェームズ・スミス著，長谷川文雄・石田肇訳『アメリカのシンクタンク』ダイヤモンド社，1994年，320-323ページ（James A. Smith, *The Idea Brokers : Think Tanks and the Rise of the New Policy Elite*, Free Press, 1991, pp. 223-226）。
10) 市民参加・住民自治の歴史については，人見剛「住民参政・参加制度の歴史的展開」人見剛・辻山幸宣編『協働型の制度づくりと政策形成』〈市民・住民と自治体のパートナーシップ〉第2巻，ぎょうせい，2000年を参照。
11) 政党の政策調査会・政務調査会に任せきりにするのではなく，議会と連携・協働する形で市民が政策づくりの組織的活動を目指す運動としては，市民が作る政策調査会・編集発行「市民が政策を拓く」（市民がつくる政策調査会・設立記念総会記録，1997年9月1日）を参照。
12) なお，行政側から働きかけて行政評価をアウトソーシングするという議論は早い時期から検討され，三重県で試みられたと言われる。梅田次郎「行政評価のアウトソーシング」島田達巳編著『自治体のアウトソーシング戦略――協働による行政経営――』ぎょうせい，2000年を参照。
13) Cf. Richard Murray, "Citizens' Control of Evaluation : Formulating and Assessing Alternatives," *Evaluation* (SAGE), Vol. 8 (No. 1), 2002, pp. 81-100.

14) 審議型民主主義とは 'deliberative democracy' の訳である。ただし，その本来の意味，すなわち審議や議論において意見や価値観の違う者たちが相互性の観念に訴えながら共有しうるルールを模索することを重視するという点から，直訳を避け「模索する民主主義」という訳語をあてることもある。齋藤俊明「現代における政策価値の諸相」橋立達夫・法貴良一・齋藤俊明・中村陽一『政策過程と政策価値』三嶺書房，1999年，第6章を参照。
15) 山谷清志「評価の多様性と市民――参加型評価の可能性――」西尾勝編著『行政評価の潮流』行政管理研究センター，2000年，第3章，94-97ページ。
16) Peter H. Rossi, Howard E. Freeman and Mark W. Lipsey, *Evaluation: A Systematic Approach*, sixth edition, Sage, 1999, p. 55.
17) 久保田純「エンパワメントとは何か」『エンパワメント――人間尊重社会の新しいパラダイム――』(『現代のエスプリ』1998年11月)，15ページを参照。
18) ODAにおけるエンパワメント評価の考え方が詳しく理解できるものとして，P. オークレー編著，勝間靖・齋藤千佳訳『国際開発論入門――住民参加による開発の理論と実践――』築地書館，1993年。Reider Dale, *Evaluation Frameworks for Development Programmes and Projects*, SAGE (New Delhi), 1998, pp. 81-84 を参照。
19) David M. Fetterman, Shakeh J. Kaftarian and Abraham Wandersman eds., *Empowerment Evaluation: Knowledge and Tools for Self-Assessment & Accountability*, Sage, 1996, p. iii.
20) アーユスNGOプロジェクト評価法研究会編『小規模社会開発プロジェクト評価――人々の暮らしは良くなっているか――』国際開発ジャーナル社，1995年を参照。
21) 山本清「国際比較から見た政策評価の課題と展望(2)」『会計と監査』2002年2月号，29ページ。
22) NPOをはじめとする中間組織と公共性の問題については，佐々木毅・金泰昌『中間組織が開く公共性』東京大学出版会，2002年を参照。
23) David M. Fetterman, "The Transformation of Evaluation into a Collaboration: A Vision of Evaluation in the 21st Century," *The American Journal of Evaluation*, Vol. 22, No. 3 (Fall 2001), p. 381.

第8章 政策評価とアカウンタビリティのジレンマ

はじめに

　政策評価制度は情報公開制度とともに，わが国初の体系的なアカウンタビリティのツールとして導入されたが，短期間のうちに「制度疲労」が起きた。たとえば政策評価実務担当者の多くは，評価に必要な人も予算も手当されないのに膨大な作業負担が増えていると不満を言う。また，苦労して作成した評価書に誰も関心を持たないため，無駄な仕事をさせられているという徒労感がつのった。そのため現場では評価制度導入直後に「政策評価廃止論」まで出た。そして，国民はこうした状況を知らず，政治家はあまり関心がない。

　こうした問題状況にいたった原因はいくつか考えられる。しかし，この第8章では2つの原因から問題状況を分析してみたい。1つめは「政策評価と情報公開制度は自転車の両輪である」という理想を忘れたこと，2つめは政策評価を「アカウンタビリティのために行う」と言うが，どのようなアカウンタビリティなのか分かっていなかったことである。

　そもそも，「説明責任」と矮小化して翻訳されてしまったアカウンタビリティ概念は，実は多様な意味を内包した歴史的概念であり，また，いまだに発展している概念でもある。この事実を無視して「政策評価を説明責任のために行う」と宣言し，説明資料を考えつく限り盛り込ませようとしたところから政策評価の混迷が起きていると思われる。

　この第8章は，こうした政策評価の混迷を改善する鍵がアカウンタビリティ概念の正しい解釈にあり，またそれによって，本来の政策評価が何をすべきであるかという問いに対する答えが明確になると考える。つまり，「どのような

アカウンタビリティに対応すべきか」が明確になれば，その問いに答える評価手法を用いて必要な情報だけを産出する，そうした一連のシステムを構築することによって政策評価が抱えている不必要であるが膨大な作業負荷を軽減することができる，と考えているのである。

　もしこの点を忘れると，アカウンタビリティ確保のための作業負荷が増え続け，物理的には本来業務にまわすべき労力を大きく侵食し，本来業務の実績（パフォーマンス）が低下して成果が出ない。これを「アカウンタビリティのジレンマ」状況と言う。すなわち，一方でアカウンタビリティのための作業に熱心であればあるほど本来業務がおろそかになる，他方本来業務に熱心な公務員はアカウンタビリティ作業に必要な時間がなかなか取れないというジレンマ状況である。

　ただでさえ公務員の人的資源が削減され続ける状況で，公務員のモラル（プロフェッショナリズムに代表される職業倫理）とモラール（志気と意欲）を挫く状況が広がっている。無能な公務員も少なくない。しかし本来業務をおろそかにしない真面目な公務員はその性格から評価作業でも手を抜かないため，残業が常態化して肉体的疲れを蓄積させる。仮に肉体が病気にならなくても，肉体疲労が招く精神的倦怠感は公務員のイマジネーション（想像力）と創造性を欠如させてしまう。当然，リスクを覚悟して新たなものに取り組む意欲を失い，主体性を欠く消極主義に感染してしまう。それが行政性悪説の言う「行政の病理」現象を増幅・蔓延させていくことになる。すなわち，言われたことだけやればいい（実は命じられたことすらちゃんとできない），法令や手続・規定さえ守っていれば他はいい（前例や規則にないのでやらなくてよいという前例主義・法律万能主義の病弊），要求された以上の情報を出すとよけいな仕事が増えるので最低限しか出さない（必要な情報すら隠蔽する），つっけんどん，冷淡，「昨日と同じ明日が来る」という惰性から生じる時代錯誤，1～2年辛抱すれば異動があるから我慢しようという無責任，目立つと説明要求が増えるので隣の役所と同じ程度でお茶を濁すという低レベルの横並び主義，そしてアカウンタビリティのために政策評価を一生懸命やっても組織内で評価されないという空虚感。

すべての公務員が積極果敢で有能であり，またアカウンタビリティを熱心に果たせば出世につながり，なおかつ公務員生活のすべてを政策評価に捧げる覚悟があるという前提ならば，多くの府省や地方自治体で政策評価を導入する際に表明した説明責任の確保，公務員の意識改革，政策立案へのフィードバック，行政改革のツール，成果主義の徹底というスローガンは満たされるであろう。しかし，公務員も家庭を持つというきわめて常識的な事実があり，また本来業務を抱えて政策評価を担当している。公務員に対するルサンチマンからバッシングのつもりでアカウンタビリティの作業負荷をかけ続けた場合，あるいは仕事をたくさん抱えた現場の状況を無視して詳細かつ包括的な政策評価を求めた場合，かなりの確率でアカウンタビリティのジレンマを招くとともに，このような「行政の病理」に組織を感染させる恐れがある。政策評価とアカウンタビリティの関係を，もう一度考え直す必要がある。

1 政策評価の導入経緯における問題

(1) 導入の前後

　国の府省では，橋本内閣時代の行政改革会議事務局での議論において政策評価導入が検討され，その後正式に導入された。また地方自治体では，行政改革に熱心な首長が主導した改革で「リストラのツール」として注目され，導入された（たとえば三重県や岩手県）。その時期は国も地方も偶然ではあるが1996年頃であり[1]，その導入にあたっては，国際的に影響を持っていたイギリス起源の NPM とアメリカ起源の 'reinventing government' の思想が強い影響力を及ぼしていた。

　そもそも，国が導入する時に背景にあった発想の代表は，「新たな行政システムを目指して」というサブタイトルを付けた旧通産省の研究会「政策評価研究会」の報告書「政策評価の現状と課題」（1999年8月）に明確であり，ここでは市場原理の活用，国際的なシステムとの整合性を重視した変革，官民役割分担の明確化，行政自体の一層の効率化，事前事後における活動内容を常に国民に説明する責務などが重要であると指摘しており，その後の国レベルにおけ

る政策評価制度の議論をリードしていた。

　後に公表された旧総務庁「政策評価の手法等に関する研究会」の報告書「政策評価の導入に向けた中間まとめ」（2000年6月）では，①国民に対する行政の説明責任（アカウンタビリティ）の徹底，②国民本位の効率的で質の高い行政の実現，③国民的視点に立った成果重視の行政への転換の3つが政策評価の目的であると明記され，それが国の府省における政策評価システムの基本的な目的となっている。その後のシンポジウムや研修，講演会でよく耳にする説明責任，「政策の品質改善」，政策のグローバル・スタンダード化，官と民の役割分担の明確化などは，これらの報告書で強調されたキャッチ・フレーズである。

　他方，地方自治体の場合，より明確かつ具体的な論点から政策評価が議論され，また国の場合よりもポイントが絞られていた。たとえば，「あれもこれも」から「あれか，これか」という限定的な「選択のメカニズム」（三重県の北川前知事の発言），コスト意識の徹底，行政の意識改革，より具体的には「自治体版 TQC 運動」などである。国の府省の場合といく分重なっているが，しかし，行政の「経営とマネジメント」に力点が置かれているのが地方自治体の政策評価導入の特徴となっている。そして，すでにここには政策評価が，行政評価，あるいは経営評価へと変貌していく要素が現れているのである（第6章を参照）。

　そもそも，政策評価は国の府省でも地方自治体でも短期間のうちに導入と実施が決定されたため，若干の先駆的な中央官庁以外は手法やシステムの理解が不十分であった。そこで行政一般の習性から先進地の調査，とくに「三重詣で」や「オレゴン（州）詣り」，その調査結果の無批判の受容が流行した。また，それまでの日本の行政になじみがなかったアカウンタビリティの作業は，評価導入担当者の熱意と積極性からマネジメント改革の方向でどんどん精緻化と複雑化が進み，素人が簡単に理解できないレベルにまで達していた。責任あるマネジメント体制を評価によって構築するというのは，後述するように，トップ・リーダーが行うコントロールの手段であって，それを同じ公務員が政策評価によって集めた間接情報で行うのには無理がある。

(2) 膨大な作業負担

　国の府省でも地方自治体でも導入後の政策評価にとって何よりも逆風になったのは，作業自体の負担がとても大きいということである。

　基本的に政策評価は年度ごとに評価書を作成し，それをインターネットと製本したペーパーで公表する。国の府省でも地方自治体でも，原則としてすべての課がその課の重要政策について評価書を作成し，それを政策評価担当課が集め，誤字脱字の字句修正から対象にした政策内容までの疑問点を原課に質して修正，その後上司や上級機関（たとえば外務省では大臣，2人の副大臣，3人の政務官，事務次官，関係局長，官房長，官房総務課長）の決裁をもらい，公表する。もちろん国会や地方議会にも送付されるので，そちらの方面での「根回し」もする。それに1～2カ月以上かかっている。さらにインターネットで公表するための作業，マスコミ発表のための記者会見もある。評価担当課にはその他に評価書を作成するためのノウハウを現場評価担当者に説明する研修，原課からの質問への対応，という業務がある。

　また，「評価の評価」という手間のかかる作業もある。国の場合，府省に対しては総務省行政評価局が，政策評価法第12条第2項に基づいて客観性担保評価を行い，各府省の評価書についての実施手続，評価の実施形式に関わる事項について点検することになっている。点検項目は政策評価法第10条に列記されている項目について行われる。すなわち，

　「行政機関の長は，政策評価を行ったときは，次に掲げる事項を記載した評価書を作成しなければならない。
　　一　政策評価の対象とした政策
　　二　政策評価を担当した部局又は機関及びこれを実施した時期
　　三　政策評価の観点
　　四　政策効果の把握の手法及びその結果
　　五　学識経験を有する者の知見の活用に関する事項
　　六　政策評価を行う過程において使用した資料その他の情報に関する事項
　　七　政策評価の結果」

である。そして，各府省の評価書を見てこの項目のそれぞれに対して疑問を持った総務省の客観性担保評価の担当者が，各府省政策評価担当者に質問するという形でやりとりが行われる。政策評価は各府省の内部評価であると思い，評価書を発表後総務省に通知して作業が完結すると思っていた府省政策評価担当課は，通知後に来た総務省からの思わぬ質問とそれに応答する作業に驚き，省内各原課との調整や再び決裁を取り直す作業で混乱する。各省担当者側から見れば，予想しなかった「微に入り細をうがつ」質問が非常に繁雑な作業を招き，大きな負担感を与えた。もちろんこれと同じ状況が地方自治体の原課と評価担当課との間でも発生する。

　国においてはさらに，2003年秋頃から総務省の客観性確保評価の後の「必要性認定」問題という視点の異なる問題も浮上した。「総務省 vs. 各府省のバトル」とも呼ばれた問題である。政策評価法第12条第2項では，

　　「総務省は，行政機関の政策評価の実施状況を踏まえ，当該行政機関により改めて政策評価が行われる必要がある場合若しくは社会経済情勢の変化等に的確に対応するために当該行政機関により政策評価が行われる必要がある場合において当該行政機関によりその実施が確保されないと認めるとき，又は行政機関から要請があった場合において当該行政機関と共同して評価を行う必要があると認めるときは，当該行政機関の政策について，政策評価の客観的かつ厳格な実施を担保するための評価を行うものとする」

（下線は筆者）。

と規定している。要するに，各府省がきちんとした政策評価をしていないと総務省が判断した場合には，直接総務省が評価できると言うのである。そしてこの総務省が行う必要性があるかないかの認定についてはルールがないため，総務省と各府省との間で問題になったのである。各府省から見れば大臣決裁までもらった評価に「難癖をつけられる」，総務省が勝手に各府省の政策を評価できるような制度に対しては反対論が多い。もちろん，これと同じ状況は地方自治体においても頻繁に見られた。アカウンタビリティの確保のために誰が，何を，どのように負担するかという戦略がないまま政策評価を導入したツケが，現場にまわされたのである。

(3) 政策評価結果を予算編成に使いたいという難問

　国の場合，政策評価結果の活用については，政策評価法において定めている。すなわち，

　　「第4条　政府は，政策評価の結果の取扱いについては，前条第一項に定めるところによるほか〔第3条第1項「当該政策に適切に反映させなければならない」──筆者〕，予算の作成及び二以上の行政機関の所掌に関係する政策であってその総合的な推進を図ることが必要なものの企画及び立案に当たりその適切な活用を図るように努めなければならない」。

というものである。法律ではここまでの要請で，努力義務であると各府省の政策評価担当者は理解していたが，その後「経済財政運営と構造改革に関する基本方針2003」（2003年6月27日閣議決定）を受けて，予算や定員要求への反映ということも求められるようになった。また参議院の「政策評価に関する決議」（2003年7月18日）がこの動きをバックアップしていたため，形式的にでも政策評価結果がどのように予算に反映されたか，総務省に報告するような状況になった。

　この状況を整理した結果を総務省は取りまとめ，「政策評価結果の平成16年度予算要求等への反映状況」（2003年9月）として公表したが，それによるとたとえば2003年8月末までに実施された政策評価のうち2004年度予算要求に反映された政策評価件数は1384件，全体の87％という結果になっていた。1384件のうち事後評価で2004年度予算要求に反映されたものが1024件，事前評価は360件である。ちなみにこの総務省の資料によれば，事後評価で予算要求への反映が一番多かったのが農林水産省の210件，次が文部科学省で208件，一番少ないのが防衛庁で2件である。また，事後評価の2004年度機構・定員要求への反映件数が全体で142件である。この数字をどう見るのかは問題である。事実は額面通り受け取れないのではないかという疑念があり，そもそも政策評価を予算と連動させるということには大きな問題点があったからである。実務家の研究会，研修をはじめとした色いろな場で議論に出た課題と問題点は，およそ次の7点である。

　第1にスケジュールの食い違いである。たとえば2002年度の政策評価結果が

出た頃（2003年春）には2004年度の予算編成が始まっているというようにズレがあり，時間的にうまく適合しない。第2に，予算の単位（項・目）と政策，施策，事務事業の単位とは必ずしも一緒ではない。とくに公共事業以外の政策分野では，特定の政策活動の予算という場合，旅費や人件費，物件費という名目で予算のあちらこちらに点在しているものをかき集めているだけのことが多い。そのため，予算に反映させることが義務付けられたとしても，技術的には困難である。

第3に，おそらく政策評価と予算編成をつなげるには，公式には財政法，それに関係する政令，財務省令の改正が必要だが，政治家とくに政府与党の関係議員や財務省，内閣府の幹部・担当者がそこまで腹をくくっているとは思えない。

以上がPDCA（Plan-Do-Check-Action）あるいはPDS（Plan-Do-See）サイクルにおいて事後評価を予算に反映させる時の問題であるが，さらに積極的に，事前評価を行ってその結果を予算に反映すべきであるというラジカルな意見も見られる。それが第4の問題を引き起こす。すなわち，PPBSの挫折経験の悪夢である。PPBS（Planning Programming Budgeting System）とは，施策（program）策定時にその目的を明確化し，この目的を達成する手段の代替案を複数並べ，それぞれに費用対効果分析等の科学的手法を導入して最適のプログラムを選択，それに予算を付ける手法である。1960年代にアメリカ連邦政府が導入，それを日本でも試行した。現在政策評価と予算編成とをつなぐ話の旗振りをする人びとが，かつて財政制度審議会が1970年，アメリカのニクソン大統領の「PPBS死亡宣告」（1971年）に先立ち，PPBSは使えないためにダメだと言った経緯について認識しているのかどうか，そして仮に認識しているならば，あえて類似のシステムを再び導入するにあたって「ダメでなくなった」理由をどのように説明しているのか不明であり，これが問題になる。

このPPBSの悪夢のトラウマは当時を知る実務家，研究者に見られるが，彼らの後遺症を具体的処方を挙げて治療できるのか。この疑問が第5の問題点である。たとえばかつて1970年前後の日本ではこういった問題点があった。すなわち，予算編成と査定のために事前評価を試みたが作業量が膨大になった，

施策に関するデータを収集し分析する要員がいない，雇われたシンクタンクが各省庁の所管争いに巻き込まれ情報収集や分析に欠陥が生じた（あまり「あて」にならない），すべての数字が「仮定」の範囲を出ない，PPBS支持者の言うことは非常に抽象的で行政・財政の制度とその運用についての実際知識に欠けている，政府の中長期計画に問題があった（たとえば中長期計画には「ソフト」がない，仮にあっても各省バラバラのハードの「公共事業計画」であった[2]）。こうした後遺症，悪夢を払拭できるのであれば，政策評価と予算編成はドッキングできるかもしれない。

　さらに6番目の問題として，若干レベルの違う，しかし現場におけるかなりの難問がある。それは実際に会計を担当している職員の問題である。たとえば外務省では在外公館も含めた各課の庶務班の全職員に対し，この方針のために特別再教育する必要があるが，中央府省全体でその「暇」があるのか，「手間」を負担できるのか。また，同じ実務レベルの問題として7番目に中央—地方の問題がある。中央府省から補助金，交付金を受けている地方自治体もまた，これに合わせて予算会計制度改革をしなければならないが，その余裕はないはずである。たとえば市町村合併の会計・帳簿の整理業務を大量に抱え，あるいは赤字再建団体になりかけている地方自治体は過半数を超えており，都道府県はそれを回避するためにエネルギーを取られている。「霞ヶ関の仕事」にお付き合いする余裕はおそらくない。

　要するに，政策評価と予算編成の仕事を結び付けるという話は，大事な話ではあるが楽観的にすぎ，現場での戦略としては部分的導入にならざるをえない。

　それを見越したのであろうか，こうした多くの困難さを克服するため，経済財政諮問会議の主導で2003年から「モデル事業」というツールが導入された。これは前出の2003年6月27日の閣議決定「経済財政運営と構造改革に関する基本方針2003」の中の予算編成プロセスに関連するもので，関係各省庁官房長会議（2003年7月3日）を通じ，各府省に指示された手法である。イギリスで行われているNPMを背景にした手法をまねたこの試みの基本的なコンセプトは，①定量的な目標を設定し，達成期限・達成手段が明示されていること，②何をもって「達成」とするかその評価方法が提示されていること，③目標期間は1

表 8-1　2004年度予算におけるモデル事業

有価証券報告書等に関する電子開示システムの更なる基盤整備	金融庁	3億2300万円
総合的なワンストップサービスの整備	総務省	3億9100万円
在外選挙人登録推進	外務省	1億8200万円
国税電子申告・納税システムの全国拡大	財務省	90億2600万円
一般・産業廃棄物・バイオマスの複合処理・再資源化実証プロジェクト	文科省	4億7500万円
感染症発生動向調査	厚労省	1億3500万円
バイオマス生活創造構想事業	農水省	11億6400万円
電子経済産業省構築	経産省	51億6400万円
特許事務の機械化	経産省	529億3300万円
海事保安強化のための基盤システムの構築	国交省	8000万円

（注）　金額は概算である。
（出典）　経済財政諮問会議 HP より。

～3年程度として各年度ごとの達成目標が明らかにされていることであり，この3要件に合致したものを「モデル事業」として設定することになっている。各省等が案を提出し内閣府と協議した後，経済財政諮問会議において担当大臣がプレゼンテーションすることになった（2004年度予算より導入されたこのモデル事業の具体例を，**表 8-1** に示した）。

　このアイディアはその名前の通り，事業レベルの試みであって政策レベルの話ではなく，しかも各府省の中心的な政策に関係しているとは必ずしも言いきれない。つまり「お茶を濁して形式的に導入しているだけ」と批判されるような状況もある。またモデル事業の根本的な問題は，国の政策評価のシステムとは別の仕組みであり，担当も総務省ではなく内閣府であるという点である。一種の付け焼き刃的な方法であるが，その付け焼き刃も，まったく別の刀に付けた形になっており，各府省では政策担当部局がタッチしていない場合が少なくない（予算ということで会計課のイニシアチブになっていることが多い）。

　予算と政策評価を制度的に連結しているように見える都道府県レベルでも，実はこうした「お茶を濁した」状況にある。たとえば，多くの予算はゼロベースから積み上げているわけではなく，対前年度比いくら，という形で出てくる

ことが多い。それが適正な予算見積もりかどうかはあまり根拠がない。仮にそれぞれ数字を積み上げ，それらを精査しようとしても，限られた時間とスタッフでは物理的に不可能である。また公共事業に関しては事業を行う，継続する，中止（休止）する判断権限が一課長の手にあるわけではないので，評価書を作成する課長は事実を記載する評価書を淡々と作成するだけである。もし課長に必要，不要の判断を ABCD による評点などで明記させたとしても，それが科学的な根拠に基づいているかどうかは分からない。まして国と都道府県の補助による事業が多い小さな市町村の事業にこの方法を使って，「政策評価と予算編成を連動させる」方針を貫徹させるのには無理がある。小さな市町村では新規公共事業が年に1～2本あるかどうか，それも生活関連道路の補修や災害復旧，下水道の延長など，住民の強い要望はあるものの，予算（補助金）が思うに任せないために陳情を繰り返してようやく着手できた事業なので，政策の評価を前提とした見直し，廃止の議論はなじみにくい。

　国の府省よりも予算に政策評価が適正に反映されていると言われている地方自治体レベルでは，最終的には事業の中止，継続などの判断は知事や市町村長をはじめとする幹部「会議」の政治レベルで判定されている。数字の計算で自動的に判定されているわけではない。もっともそのための客観的な資料，データを各課が作らされているということであれば，政策評価も少しは意味がある。

　極論すれば，評価の結果として不要な事業の予算が自動的にカットされるわけでもなければ，目的が失われた工事が価値中立的なメカニズムを経て差し止めになるわけでもない。ここにはある種の政治的判断が必要なのである。その典型が2000年当時，自民党政務調査会長であった亀井静香氏が公共事業見直しを示唆し全国の道府県で公共事業が中止，休止された事例である。

　もともと，政策評価結果が予算に直接，自動的に反映できるということは，政策評価の導入をめぐる議論の場でも，制度設計の場でも，さらに理論研究の場でもその実効性に疑問があった。せいぜい「参考にできる」という認識であった。それを欧米の「評価先進国」の政治プロセスの中でのメカニズムを，わが国の行政レベルにも機械的に導入できると錯覚し，「直接反映できる」と勘違いした人びとが膨大な作業を課し，現場の担当者の徒労感を招き，政策評価

をめぐる不幸な状況につながっていた。

(4) ツールとして不備，洗練されていない

およそわが国の政策評価は大きく分けると，「プログラム評価」と「実績評価（業績測定）」から構成される[3]。それに公共事業評価や規制の経済コスト分析，研究開発評価などが混在したツール・キットなのである。つまり，「政策評価はそれ自体が政策を評価するひとつの評価手法である」というのは誤解なのである。しかし，そうした誤解はなかなか解消しない。

そもそも基本的に政策評価を構成する作業は，①評価の目的を確定し，②その目的に合わせて必要な情報を収集する，③収集した情報やデータを分析し比較する，あるいは④既存の統計データを政策評価が必要とするように整理・再編成する作業などの集合体なのである。すでにデータを整備しているところではそれを使った分析・比較が可能であるが，そうした幸運は珍しく，多くの場合は新規にデータを集める必要がある。ただし，素人が思い付きでデータを集めると収集方法に好みや偏りが影響したり，答えを誘導するようなアンケートになるので，できれば科学的手法，理論的・専門的に妥当な方法が欲しい。そのためデータ収集には社会学・社会調査法や統計学が，また分析や比較には経済学の費用便益分析・産業連関分析・計量経済モデルなどの手法が必要で，政策評価を使いこなすにはこうした素養，能力が不可欠になる[4]。まさに政策評価が「応用社会科学（applied social sciences）」と呼ばれる所以である。そして，当然であるが，こうした手法を「何のために評価を行うか」「どのような情報が求められているのか」という視点から組み合わせて使用する能力が必要になる。関係する専門家や研究者の誰が見ても「妥当な方法である」と判断されたものが「客観的に見て正しい」「中立的である」と言うべきであろう。政策担当者の自己評価から始まる評価に裁判所の判事，公認会計士並みの客観性，第三者性，中立性を求めるのは無理だけでなく，害悪ですらある。政策評価で考えるべきなのは，どのような説明で相手（国民とその代表の政治家）を納得させることができるのかというアカウンタビリティの基本に関わる問題，相手を納得させうるだけの情報を集め，分析し，説明できるコストを負担できるか

第8章　政策評価とアカウンタビリティのジレンマ　221

余裕があるかどうかの問題である。

　そしてこの基本と余裕，能力が十分でなく，評価の専門家が存在せず，あるいは評価の方法を使いこなせる環境になく，またコスト負担ができない場合，いささか便宜的に流れるが，事業や施策の目的に指標を入れ，その達成度を測定する方法が採用される。それを「業績測定」「実績評価」と呼ぶこともある。この手法のメリットは簡便さにあり，素人でも練習次第で使用可能であり，かつ評価結果を見せられた者が理解容易な点である。さらに説明を受ける側の理解を助けるため，一覧性，総覧性，簡便さを重視した評価カード，評価シートが使われる。ただし，この手法を業績測定，実績評価と呼べる程度までに洗練させるためには，目標・アウトカム（成果）の定義，指標の選択，データの有無，データ収集方法，測定結果と比較するベンチマークの選択，業績データの分析などについてきちんとした議論をした後に，入念な評価システムを設計する必要があり，またその評価システムを動かしている間にデータ管理，分析レベル維持の品質管理をするモニターが必要であり，そのためには長い経験と熟練を要する[5]。

　政策評価を導入し，すぐに実施すると言っても，一般行政職員が担当するのでこうした経験や能力，あるいは熟練や余裕があるとは思えないし，事実，多くの場合なかった。そこに安易な外部委託，コンサルタント依存が跋扈したのである[6]。しかも，2～3年で人事異動を繰り返す行政組織には経験が蓄積しないので，ますますコンサルタント依存が強まった。あるいは外部評価委員会を設置し，外部の知恵を取り入れ，その意見を反映させるプロセスを踏まえることが客観性を確保することであると思い込むが，外部に評価が分かる人材がいることはまれで，評価について誤解が多い外部有識者や評価と監査を混同した外部専門家の的はずれで無責任な注文に行政当局，評価担当セクションは振り回される。

　さらに，地方自治体から委託を受けたコンサルタント側にも問題が多かった。入札の結果，政策評価そのものについて十分な知識がないコンサルタントが，ただ入札時の金額が安かったという理由で評価システムの設計，試行，PR，そして研修まで引き受けることもある。また，発注側の役所が政策評価を理解

していないため，コンサルタントの「質」を判断できないという事情もあった。政策評価が分かっていないコンサルタントは，その慣れ親しんだ手法をアレンジして役所に政策評価システムとして推奨する。たとえば1960年代から70年代に流行した「目標による管理」の亜流の目標達成測定を政策評価と言ったり，NPMのスローガン「行政に民間手法を導入する」を強調しつつ，公務員の意識改革の名の下にTQC運動の行政バージョンをあわせて導入させた例はその典型である。ここから政策評価は不毛で合理性の欠落した精神論に堕落した。ただ，これは「自治体リストラ」を自らのPR材料と考える企業経営者出身の首長には非常に好感を持たれた。企業リストラと同じレベルで財政再建，市町村合併を標榜して次の選挙に備えたい首長には，とても受け入れやすいからである。こうして政策評価とは似て非なる，できの悪い業績測定が政策評価・行政評価という名前で感染し始め，まじめな公務員がこれに疑問を持っても，もはや精神論のレベルなのでその疑問は真っ向から否定された。その結果，公務員はまじめであればあるほど無意味なペーパーワークを強制されているという憂鬱な気分にさせられ，また要領のよい職員は「適当にお茶を濁す」といったことが政策評価では常態化した。言うまでもないが，こうしたお茶を濁した政策評価では政策の見直し，政策手段の改善にはまったく貢献しない。無意味な労役である。

(5) 関心が移った

また，地方自治体に限って言えば，日本の統治機構のあり方を再構築する改革，すなわち地方分権改革とはまったく無関係に進められてきたことが，政策評価（行政評価）を継続的に推進する上での大きな制約要因になった。理由は3つある。第1に，市町村合併とそれ以後の道府県のあり方をめぐる議論が喫緊課題になり，住民や首長，地方政治家は政策評価どころではなくなったこと。第2に，とくに市町村では政策評価を担当する総務系の組織や人が合併問題を同時に抱えることが多く，合併の調査・準備作業に忙殺されるようになった。第3に，住民や地域のマスメディアは政策評価という玄人の議論よりは，分かりやすく，しかし切実な合併問題に関心が向いた。「自治体リストラ」を標榜して登場した企業経営者出身の首長は，そのリストラ話が本当になったため別

な意味で忙しくなり、とてもではないが政策評価どころではなくなった。こうして地方自治体の政策評価の流行のピークは2年ほどで過ぎ去ったのである。

他方、国の場合は独立行政法人の設立、あるいは特殊法人から独立行政法人への移行、およびこれらの評価システムの構築と実施、そして評価の結果としての統廃合という、これもまた手間のかかる仕事が加わった。各府省の独立行政法人評価委員会の業務の他に、総務省政策評価・独立行政法人評価委員会の資料要求、ヒアリングなどの作業も加わり、各府省の独立行政法人担当の局課、そして官房の総務課は政策評価だけに専念できる状態ではなくなった。もちろん、内閣の構造改革、経済財政諮問会議をはじめとする改革勢力の関心も、郵政3事業の民営化、地方分権「三位一体の改革」、とくに補助金改革などに向いてしまい、政策評価が議論の俎上に上る機会は減ってしまった。

(6) 「外部評価」と客観性

政策評価をめぐる「状況」の問題から政策評価の「内容」をめぐる話に議論を戻すと、政策評価が客観的に行われているかどうかということが問題になる。多くは政策評価委員会を作りそこに第三者を入れ、客観的な目で評価を見直すと言うのであるが、2つの点で問題になる。

1つは、はたして中立的、客観的な利害関係のない第三者が存在するのかということである。行政機関が委員を選任しているのであれば、そこですでに第三者性が失われる。反対に、完全公募をした場合、行政が知らないところで利害関係者が入り込む可能性は残る。利害関係者は応募できないという規定を作ってもその範囲が分からない。そもそも、なぜ当事者や利害関係者を排除するのかという疑問が出る。むしろ逆に、利害関係者の評価（stakeholder evaluation）が推奨されることもある。結局、妥協の産物として多くの場合第三者ということに代えて、専門家・有識者、各界代表にしている。

ここから2つめの疑問が出てくる。この「専門家」とは何の専門家なのであろうか。たとえば外務省の政策評価であれば、外交の専門家なのであろうか、それとも行政機関で実施される評価・監査、会計検査、あるいは行政管理等の専門家なのであろうか。外交と評価・管理の両方の専門家という僥倖はまずあ

りえない。結果としては複数の委員を依頼し，外交と評価との専門家をバランスよく配置する他はない。ただし，地方自治体のように経費・コスト問題も議論するということになれば，公認会計士や経済学の専門家の委員も必要になる。

そして東京や京阪神のような地の利のあるところでは，こうした各種委員は確保可能である。しかし地方の場合，とくに人口規模が小さい市町村の場合は非常に苦労する。そもそも公認会計士や弁護士がいない，大学はないし，仮にあっても評価も行政も分からない教員ばかりということが少なくない。大学教員であれば専門は何でもよいという侮辱するような事例もあるが，この場合，招かれた当の教員も当惑する。仕方なく住民代表，町内会，青年会議所，PTA，商工会議所，NPOなどの関係者を動員するが，この素人たちは果たして何をしたらいいか分からないまま膨大な資料を見せられ，意見を求められる。困惑と戸惑いの中で政策評価委員会は素人論議で終始し，しかし役所の言い訳としては外部の人の目を経たという既成事実を創作する場になる。まさに「行政の隠れ蓑」である。

要するに，政策評価はツールとして洗練されていないまま導入され，地方分権をはじめとする重要案件が並ぶ中で評価作業をしなければならず，意味が定かでない「外部の客観的なチェック」を強制され，しかし何の役にも立たないと批判され，現場では過重な作業負担のために怨嗟の対象になり始めている。あげくの果てに，こうした作業負担が本業遂行を圧迫し，業績や成果が落ち，アカウンタビリティのジレンマが発生する。

ただし，この悲劇的な状況を解決する手がかりがないわけではない。その1つに「アカウンタビリティ」「説明責任」の意味を整理し直すという作業がある。もちろんアカウンタビリティ，説明責任それ自体は重要なテーマである。しかし，誰が，何についてのアカウンタビリティを[7]，いつ求めているのか，もっと具体的に言えばどのような情報を，どんな場合に提示すればアカウンタビリティを果たしたことになるのかが不明確なので，まじめな担当者はおよそ可能な限りの情報を集め，処理し，分析・比較して，（誰かは分からない人に）提示しようとするために作業負担が増えるのである。したがって，この1点が明らかになれば政策評価を通じたアカウンタビリティの作業量は軽減されるは

ずであり，また何のために評価をするのかという目的が多少は明確，明瞭，シンプルになるであろう。

2 アカウンタビリティ概念の解釈

(1) オーダー・メイドの評価システム

すでに述べたように，政策評価には①国民に対する行政の説明責任（アカウンタビリティ）の徹底，②国民本位の効率的で質の高い行政の実現，③国民的視点に立った成果重視の行政への転換，という3つの目的があったが，現場ではこの中でアカウンタビリティが非常に問題になっている。というのも，②の効率的で質が高かったかどうか，あるいは③成果が出ているかどうかについて行政は説明しなければならず，これが説明作業として①に収斂しているからである。

たとえば，総務省が各府省の評価に対して客観性担保評価で審査する時に「政策効果の把握に適切な手法を用いたか」という問いを発するが，これは有効性評価であり，有効性（effectiveness）や成果（outcome）についてのアカウンタビリティを求めていることになる。また，他に適正かつ効率的な代替的手法がなかったか，という質問は政策目的を達成するための手段（プログラム）に関するアカウンタビリティになる。あるいは，地方分権の文脈で「県の仕事なのか，国なのか，市町村なのか」という議論が出てきているが，分権とそれに関する法令や諸制度などの改正，財源移譲の影響の中で，県レベルの政策評価でもこの視点から事業の廃止，移譲が議論されることがある。この時の「制度改正」は統治機構におけるアカウンタビリティ，すなわち'constitutional accountability'の問題であり，制度改正において行政サービスの質的向上，効率化が可能であったことを証明する仕事を評価は担うことになる。

他方，各府省や地方自治体にはこれ以外にも評価（アカウンタビリティ追求）のメカニズムは重層的に存在する（たとえば第2章の**表2-5**「外務省内で2003年度末に行っていた評価」を参照）。こうした各種の評価が錯綜した中で，政策評価に対しては誤解のためか意図的なのかは別として，様ざまな要求事項が積み重なることになっていく。その結果，評価は政策評価と呼ばれたり，また

行政評価と名付けられ，あるいは業績測定，事務事業評価をいう名称であったりしながら，ある種「万能薬」的な受け止め方をされている。ただし，万能薬が毒にも薬にもならないことが多いのと同じく，こうした意味での評価は何の役にも立たない。それにもかかわらず作業負担が増えているのである。そして，前述のようにこの状況を解決する方策は1つだけである。アカウンタビリティを問責者，つまり説明を求める人のニーズに合わせる，そのニーズがどのような情報を求めているか確定し，情報収集・分析方法を使い分け，必要とする情報を取り出すことである。言うなれば，「アカウンタビリティのタイプに応じた政策評価システムのオーダー・メイド化」である。そしてこの方向でシステムを合理化するためには，どのようなアカウンタビリティのタイプが存在するのかを知らねばならない。

(2) 1970年頃のアカウンタビリティ

1970年前後，アカウンタビリティの概念は3種類考えられていた。すなわち，'fiscal accountability'，'process accountability'，'program（イギリス英語ではprogramme）accountability' という3つのアカウンタビリティである[8]。

第1の 'fiscal accountability' とは財務上，会計上の合法性（legality），合規性（regularity），手続や会計基準の順守（compliance）などを重視する責任概念であり，伝統的な会計検査や財務監査で追求される責任概念である。それとは別次元の第2の 'process accountability' とは，プロセスに従うこと，そして効率（能率）や節約を求める手続上の責任概念である。この責任概念は一般に，数量で計測しやすい分野，ルーティンワークになじむ領域で求めることが可能である。それは決められた作業手順に従って活動すれば，予測した結果が出る分野である。街路清掃，ゴミ収集，住民票の交付など，単純業務になじむ責任概念である。しかしそうでない分野，たとえば研究開発分野や先端技術分野，教育・芸術分野などでは，このプロセスのアカウンタビリティはあまり意味がない。政策の内容に成果が出ているかどうか分からないからである。そこでこの場合，政策内容を見て，政策目的を政策手段であるプログラムが達成して成果を出しているかどうかを判断する，'program accountability' が用いられる

ことになっている。

　もっとも行政内部の管理者は一般行政事務官であって，政策内容の分野については素人で（医療政策における医師でもなければ，教育政策の教育者でもないので）成果を判断しづらい。それでもアカウンタビリティの仕事は放棄できないため，「やむをえず」次善の策，'program accountability' の代替物としてこの 'process accountability' を使用することがある。たとえば病院での「医療の質向上」と言う時，成果が評価しづらいために，代替物として診察までの待ち時間をどれだけ短縮したか，他病院から紹介されてきた患者の比率は高くなっているか，その病院の医師が学会で発表する論文の数が増えたかというものさしを取ることがあるが，これらがプログラム・アカウンタビリティの代用品として使われるプロセス・アカウンタビリティのものさし（アウトプット指標）の代表である。指定された手続，決められた方法，決められた時間，与えられた費用の枠の中で，期待されたアウトプットをどれだけ出しているかが判断基準として持ち出される。政策活動の成否を左右する判断基準は効率，節約になることが多い。

　そして第3の 'program accountability' は，こうした手続上の責任概念に対して，政府活動の実質的内容を問題にする責任概念である。目標の充足，成果（アウトカム）の発現，場合によってはインパクトで証明することが必要になる。つまり目標達成度や効果，有効性，結果の公平が判断材料，評価基準になる。とくに社会福祉や医療，教育のような 'human service' と呼ばれて重視された領域で政策の成果，質の向上が問題視される時，このプログラム・アカウンタビリティの出番が訪れた。この場合のプログラムとは，抽象的な政策目的を実現運営するための政策手段（その多くは個々の事業）を実施する際のアイディア，ノウハウ，運用指針，要綱，通達，手順書，効果的な事業運営のための補助金の出し方といった意味である。ODAの議論でよく見られるように，複数のプロジェクト・事業群を，共通の政策目的に導く役割を担うこともある。あるいは，政策目的に従った事業の立案，実施の方法を定めたものである。[9]

　この3種類のアカウンタビリティが考えられ始めた1970年頃は，イギリスだけでなく，先進資本主義諸国は「福祉国家」を目指し，それを好景気が財政面

から可能にしていた時代であり，第3のプログラム・アカウンタビリティ概念は説得力があった。また同時期，アメリカの連邦議会も1960年代末から「社会プログラム」に関してアカウンタビリティの追求を始めていた時代である。良くも悪くもプログラムが注目された時代であり，政策評価が「プログラム評価」と呼ばれる理由もここにあった。

そしてこのプログラム概念に注目した時，ねらいはプロセス・アカウンタビリティのような形式的手続的要件ではなく，実質的内容における成果や政策対象（人・法人，地域）に及ぼされる実際のインパクトに向けられる。このため，プログラムの内容に関わる専門分野（プロフェッション），たとえば福祉プログラムの社会福祉学，教育プログラムの教育学が評価に深く関わり始め（介護評価や教育学部のカリキュラムの「教育評価論」がその代表である），評価に知的貢献して，また逆に評価を通じて得られた知見が，それら福祉や教育の分野にフィードバックされる。こうした知的貢献，知的交流を通じて専門家としての責任，すなわち 'professional accountability' が注目されるようになった。もちろん，プログラムの実質的内容に迫り，調査する研究分野，たとえば社会学や統計学，そして当時アメリカで興隆していた行動科学も活躍していた。評価が「応用社会科学」と呼ばれる理由はここにあり，1976年に創刊された雑誌 'Evaluation Review' がそのサブタイトルで 'A Journal of Applied Social Research' と謳っているのも，こうした状況を反映しているからである。そして実務においても，こうした様ざまな学問分野を「学際的に」応用した調査プロジェクトが多くのコストを費やしながら1980年代まで実施されたのである。

(3) 「小さな政府」からNPMの時代

ところが1970年代後半，先進資本主義諸国に経済不況が訪れるとともに，政府の活動領域の見直しが「小さな政府」を主張する新自由主義の政治的圧力の下で進められ，福祉国家を背景に進展した政策評価や評価研究の分野は大きく軌道修正を迫られた。レーガノミクスやサッチャリズムと呼ばれる「小さな政府」改革が共通して追求した価値は「効率と節約」，サッチャー流に言えば 'Value for Money' であり，それが評価基準の第1に出てきた。このイギリス

起源のNPMをモデルにした政府改革は，瞬く間に先進国政府の行政改革思想として先進国にあまねく影響を及ぼし，しかもその後アメリカの民主党クリントン政権では'reinventing government'という改革が展開し，また政権交代後のイギリスの労働党ブレア政権でも引き継がれたように，保守・リベラルを問わずこの方向に進んでいったのである。そしてこうしたイギリスやアメリカの改革は，日本でも規制緩和，独立行政法人制度の導入，特殊法人改革，郵政事業の民営化，民間経営手法の導入，地方分権，権限移譲，業績主義という形で導入され，小泉政権が進める構造改革につながったのである。

　これらの改革導入後に行政活動を評価する共通の手法は，業績指標（performance indicator）の開発とその適用による業績測定（performance measurement）であり，日本の政策評価制度では実績評価として導入され，地方自治体の行政評価，また独立行政法人の業績評価に一部応用されている。背景には民間企業における業績評価のアナロジーである成果主義のマネジメントがあり，その結果，それまでの公行政と私経営の近似性を主張するアメリカ行政学においてすら重視されなかった「マネジメントのアカウンタビリティ」が行政の文化の中に持ち込まれた。そして実は，このマネジメントのアカウンタビリティは大きな特徴を持っている。すなわちラインのマネジメントの重視であり，そのためには現場（operation）レベルに権限と資源を大幅に委譲することが求められるのである。したがって，現場レベルの行政管理マネジメントのアカウンタビリティは'operational management'のライン管理者のアカウンタビリティを主たる対象にして，資源の効率的節約的使用についての能力を強調したのである。もちろん，その管理は行政，とくに伝統的な官僚制が行う行政管理になじむものではないところに留意が必要である。

　このアイディアはアメリカの'reinventing government'運動の議論において明確である。この運動の理論的推進者であったオズボーンとゲーブラーによれば，従来の行政のあり方を改革するためには「舵取りと漕ぐことを分離する」，つまり政策決定とその実施（とくにサービスの提供）を分離するということが重要になる。[10] 当然ここでは，政策は政策のアカウンタビリティ，活動実績や業績はマネジメントのアカウンタビリティというように分離され，この分離のア

イディアによって成果志向，顧客重視の行政が可能になると言うのである。この考えが反映され，クリントン政権ではゴア副大統領の報告（National Performance Review : 1993）と Government Performance and Results Act（1993）が作られ，わが国で「NPM 型改革」と呼ばれた改革運動が進んでいくことになる。[11]

　イギリスとアメリカ，そして小泉政権の改革運動に共通していたのは，マネジメントのアカウンタビリティの評価基準である効率と節約を第1に考えることであり，それは効率や業績指標という数字，「形式」についてのアカウンタビリティになるということである。つまり，アカウンタビリティ概念においては政策内容についてではなく，「形式に」焦点がシフトしているのである。

　ただし，日本では事情がやや複雑である。一連の改革の始まりであった1993年の行政手続法から1999年の情報公開法までにおいては，現代的行政に求められるマネジメント・アカウンタビリティとは別のアカウンタビリティ，つまり近代的行政が実現すべき行政管理（administrative management）における法令の順守（legality），適正手続（due-process）の考え方の尊重，あるいは規則やルールに準拠（compliance）した活動についてのアカウンタビリティ，いわゆる 'administrative accountability' と 'legal accountability' も同時に求められていたからである。このことが，わが国のアカウンタビリティの議論を複雑にしているのである。19世紀末から20世紀初頭にかけての「近代国家」の行政システムが理念として大切にしたアカウンタビリティ・システムに向けた改革もまた，わが国では20世紀後半の現代的行政のマネジメント・アカウンタビリティ改革と同時に進められていたのである。かたや手間と暇をかけて念入りにチェックしたい近代的行政のアカウンタビリティと，効率とタイミングを重視して成果を求める現代的行政のアカウンタビリティという，まったくタイプが異なっているアカウンタビリティの概念が同じ時期に出現した。このことが，新しいアカウンタビリティのツールとしての政策評価や業績評価と，従来の会計監査や行政監査・監察との混同，ジレンマを引き起こす原因になったのである。

(4) リストラクチュアリング時代のアカウンタビリティ

 ところで，前述のように小泉政権における構造改革は，その内容において国の役割と地方（自治体）の役割・官民の役割の再定義，と地方分権（「三位一体の改革」），市町村合併と都道府県のあり方の再考，特殊法人整理合理化計画（2001年12月），独立行政法人制度の導入，「行政の関与のあり方」の見直しなど，統治機構のあり方の根幹に関わる改革を進めていた。この改革に共通した趣旨は「政策主体は誰か」という視点であり，よりくだけた言い方をすれば，誰の問題を，誰が，どのように解決するのがよいのか，つまり統治機構のあり方をめぐるアカウンタビリティの議論であろう。行政学や政治学においては'governance'の議論として論じられた問題であり，あるいは「制度（constitution）の設計」問題であろう。

 政策が「問題を解決するための解決策であり，社会を管理するための仕組みを示すもの」[12]であれば，当然この政策の評価も必要であり，それによって検証されるアカウンタビリティは統治の制度についてのアカウンタビリティ，'constitutional accountability'と呼ぶことになる。もちろんこの制度に関する政策の評価は，通常の政策評価や独立行政法人評価とは別の，よりマクロなレベルで制度を検証する意味での「評価」になる。具体的には，基礎的自治体としての市町村は本来何をすべきで，その仕事を市町村は有効に行っているか[13]，また国や都道府県の補助金はねらった効果を生み出すように活用されているのか，その補助金は市町村でなくNPOや民間企業に出した方が目的をうまく達成したのではないかという視点での評価になる。この評価に基づいて官と民，パブリック・セクターとプライベート・セクター，国と市町村・都道府県との新たな制度設計を考える必要があり，それがうまくいったかどうかの責任は'constitutional accountability'の文脈で問われるのである。

ま と め
―― 戦略的評価のすすめ ――

 日本社会でアカウンタビリティという言葉が注目されたのは，ジャーナリス

トであったカレル・ヴァン・ウォルフレンが書いた『人間を幸福にしない日本というシステム』が日本で出版された1994年頃からであろう。そしてそれまでほとんど注目されていなかったアカウンタビリティがにわかに注目され，そのわずか後の1996年に政策評価がアカウンタビリティの確保を謳って世に出たのであった。しかし，ここで明らかにしたように膨大な作業を伴う政策評価がすんなりと日本社会になじみ，有効に活用できるようにはならなかった。一種の混迷状況にあった。そして，その混迷の理由は政策評価に対する誤解とアカウンタビリティについての理解不足にある。

　第1に政策評価は特定の手法，方法であるという誤解である。しかしそれは間違いで，単に，政策という言葉と評価という言葉の合成語にすぎない。政策評価はデータの収集，分析・比較，その結果得られた情報の「見せ方」の方法からなる，様ざまなテクニックの集合体を言うのである。

　第2にアカウンタビリティの理解不足である。アカウンタビリティの確保を目的にすると言っても，たとえば政治のアカウンタビリティを追求するためには選挙や住民投票，リコールなどがあるように，アカウンタビリティのタイプに応じて方法は色いろある。まずどのアカウンタビリティを，誰が追求するか（アカウンタビリティ主体）を確定しなければならない。このアカウンタビリティの種類（**表8-2**を参照）の特定と，アカウンタビリティ主体の議論を欠いたまま政策評価を導入するので，「必要かどうかは分からないがとりあえず色いろな情報を見せよう」という困った善意になり，その色いろな情報はあまりに詳細で込み入っており，素人には理解しがたいものになる。結果として評価の作業はアカウンタビリティを負わされる側にとって過重な，しかし無意味な労力を課すだけになった。この愚を避けるため，たとえば民間企業は「管理会計」と「財務会計」を区別したシステムを別々に構築し，一種の分業体制を作り上げている[14]。それは，用途応じて区別して，いかなる情報を産出すべきか，その判断を明示するものである。

　そして政策評価のもう1つの目的，マネジメントの支援についても，アカウンタビリティと同じようにマネジメント戦略全体の視点から目的を分類し，それぞれに必要な情報を限定，精選して提供するという考えもありえた[15]。しかし

表8-2 アカウンタビリティの7タイプ

1．Political accountability	政治責任。Political review。
2．Constitutional accountability	統治制度の適切さ。Institutional analysis, administrative analysis。
3．Legal accountability	合法性，合規性，準拠性，デュー・プロセス。裁判，会計検査，行政監察。
4．Administrative accountability	手続の妥当性，適切性，行政監察，inspection。
5．Professional accountability	専門職，研究職の能力。Program evaluation。
6．Management accountability	業績指標の達成。Performance measurement, management review。
7．Policy accountability	政策の結果，成果に対する責任。Policy evaluation, policy review。

（資料） Robert D. Behn, "The Traditional Public Administration Paradigm of Accountability," *Rethinking Democratic Accountability*, Brookings, chapter 3, 2001; Kevin P. Kearns, "Accountability Concepts and Controversies," *Managing for Accountability*, chapter 1, Jossey-Baas, 1996. を参考に筆者が作成。

実際には，そうした試みもなされていない。ある意味，評価を実施する者たちが，それぞれ勝手な思いつきで様ざまなタイプの情報を作り，それを活用する側も恣意的に評価情報の「つまみ食い」をしただけなのかもしれない。

要は，①誰が，②何について，③どのような基準で，④どのような方法を使ってアカウンタビリティを実現するか，を考えないまま政策評価を導入してしまったところに問題がある。その本質において絶対に不可欠なのは，「誰が，いかなるアカウンタビリティを追求するために，どのような情報を必要としているのか，そのためどんな情報産出・分析方法を使うのか」という戦略的な問いを前面に押し出した「戦略的評価」である。政策評価はこの面での反省が急務であろう。

▶注

1) 山谷清志「わが国の政策評価——1996年から2002年までのレビュー——」日本評価学会『日本評価研究』第2巻第2号，2002年9月，および第1章を参照。
2) 当時のPPBSの問題点については，地方自治総合研究所『予算編成の歩み——加藤芳太郎氏に聞く』〈自治総研ブックレット〉65，1999年を参照。

3) 古川俊一「政策評価の概念・類型・課題(上)」『自治研究』第76巻第2号，2001年2月，65ページ。
4) 政策評価に使用する手法については，費用便益分析，便益帰着構成表，産業連関分析，ヘドニック・アプローチ，実験計画法・準実験計画法，標本調査などが挙げられている。伊多波良雄編著『これからの政策評価システム——評価手法の理論と実際——』中央経済社，1999年，および山田治徳『政策評価の技法』日本評論社，2000年を参照。
5) アメリカでの経験を踏まえた業績測定の研究書・入門書としては，ハリー・P. ハトリー著，上野宏・上野真城子訳『政策評価入門——結果重視の業績測定——』東洋経済新報社，2004年がある。
6) 山谷清志「政策評価とシンクタンク——不幸な出会い——」『NIRA政策研究』第14巻第4号，2001年。
7) 田辺国昭「日本における政策評価の現状と課題」総合研究開発機構『政策形成支援のための政策評価』2005年9月，第2章第1節を参照。ここではアカウンタビリティの確保について，責任を問いかける主体が欠如しているためにアカウンタビリティが機能しない，と政策評価の本質的な問題点を指摘している。
8) Cf. Bruce L. R. Smith, "Accountability and Independence in the Contract State," Bruce L. R. Smith and D. C. Hague, eds., *Dilemma of Accountability in the Modern Government*, Macmillan, 1971, chapter 1. なお，この3種類の分類はその後も踏襲されていく。たとえば，Patricia Day and Rudolf Klein, *Accountabilities: Five Public Services*, Tavistock Publications, 1987, pp. 26-29. ただし，イギリスやアメリカでもアカウンタビリティ概念は拡大し続けており，しかも内部的なアカウンタビリティが拡大しているため，外部の目（scrutiny）の重要性が弱められているという指摘もある。Richard Mulgan, "'Accountability': An Ever-Expanding Concept?" *Public Administration*, Vol. 78, No. 3, 2000.
9) プログラム概念については，山谷清志「評価の理論と実践におけるプログラムの概念——政策評価とODA評価をめぐって——」『同志社政策科学研究』第6巻第1号，2004年12月号，を参照。
10) デビッド・オズボーン，テッド・ゲーブラー著，高地高司訳『行政革命』日本能率協会マネジメントセンター，1995年。
11) ただし，NPM改革と言ってもいくつかのバリエーションがあるという指摘もある。たとえば，イギリス・ニュージーランド型のNPMと，オーストラリア・スウェーデン型のNPMであり，そしてこれらの折衷型とにNPMを類型化し，そのそれぞれによって業績評価のタイプもまた違っているという論者もいる表8-

表8-3　NPMの違いに対応した業績評価のタイプ

	①英／ニュージーランド	②豪／スウェーデン	③アメリカ
特徴	契約とインセンティブ	エンパワー	①②のよいところを採るような進め方。以下に例。
標語	make the managers manage	let the managers manage	
方法	特定して、厳密に書かれた業績契約。行政活動のアウトソーシング、民営化。期待する成果（outcome）が発現するまで時間がかかるので、アウトプット指標を使う。政治（政策の立案・決定）と行政（政策の執行）の区別が暗黙の前提。	信頼と報酬。参加、柔軟性、権限移譲。問題解決能力。優れたアイデアを実行に移す能力。個々の市民に対する応答性（responsive）。	1）政府機関内部の規制緩和（②にならう）。 2）政府機関や公務員にmission-driven 志向を持たせる（①）。 3）現場職員への権限移譲とエンパワメント（②）。 4）競争と顧客サービス（①）。

（資料）　Robert D. Behn, "Performance and the New Public Management," *Rethinking Democratic Accountability*, Brookings, 2001, chapter 2. から筆者が作成。

3 を参照。Cf. Robert D. Behn, "Performance and the New Public Management," *Rethinking Democratic Accountability*, Brookings, 2001, chapter 2.

12）　山口二郎『大蔵官僚支配の終焉』1987年、岩波書店、61ページ。

13）　市町村合併の際に考慮しなければならない問題の1つとして，誰が，どのような問題に困っており，その問題を都道府県・市町村，はたまた国のいずれが政策課題として取り組むべきか（どこが，一番効果的に解決できるか）という問題がある。そして残念なことに，この点に関して客観的な評価に基づいたデータが提供されないので，冷静な議論が難しくなっている。この点に関しては，山谷清志・今川晃「事務事業調整に政策評価をどう活かすか」木佐成男監修，今川晃編集『自治体の創造と市町村合併――合併論議の流れを変える7つの提言――』第一法規，2003年，第3章を参照。

14）　「管理会計」と「財務会計」との区別を付けないまま民間の経営手法の導入を図る改革の危うさを指摘する公認会計士の意見もある。たとえば，①「公」の仕組みとはどういうものなのかという基本的概念が十分詰められておらず，公の会計制度が果たすべき役割についていまだ議論が確定されていない。②企業の予算統制は内部統制で経営目的達成のために適宜・適切に変えられるが，政府におけるシビリアン・コントロールの発露としての公的な予算制度は，行政の独断や先走りの可能性を高くしないために行われている。それが発生主義型予算制度に対す

る危惧となっている。宮内忍「公会計制度改革の一視点——行政機能の実効性を高めるために——」『時評』2003年11月号。

15) Robert D. Behn, "Why Measure Performance？: Different Purposes Require Different Measures," *Public Administration Review*, September/October 2003, Vol. 63, No. 5, pp. 586-606. ここではマネジメントの支援のため，業績測定は8つの目的を持つという。すなわち，①組織の業績の評価，②部下のコントロール，③予算の見積もり，④組織メンバーや利害関係者のモチベーション向上，⑤昇進，⑥賞賛，⑦学習，⑧改善，である。

第9章　政策評価制度の見直し

　政策評価制度は，2002年4月1日の「行政機関が行う政策の評価に関する法律」施行後3年で見直しをすることになっていた（**附則第2条「政府は，この法律の施行後3年を経過した場合において，この法律の施行の状況について検討を加え，その結果に基づいて必要な措置を講ずるものとする」**）。ただし，実際には見直しが前倒しで始まっていた。

　この第9章の前半では公式に行われた見直しを導いた参議院と総務省の動向について説明する。他方，後半では見直しの具体的なポイントのうち，政策評価にとってインパクトが大きく，また，見直してもすぐには答えが出ないものについて議論をしたい。

1　制度の見直し

　政策評価の制度の見直しに関しては，参議院の決議や閣議決定などを受ける形で，以下のように行われた（**表9-1**を参照）。

(1)　**参議院決議**（2003年7月18日）

　政策評価の制度に関する見直しは参議院の「政策評価に関する決議」（2003年7月18日参議院本会議）が時期的に早く，その後の議論をリードした観がある[1]。

　この決議では「政策評価制度は，導入されてからまだ日が浅く，評価手法の開発，評価結果の政策への適切な反映など改善すべき課題が多い。今後，政策評価の重要性は一層増大することから，政策評価の質的向上を図り，政策評価情報の国民への積極的な提供と内容の充実に努めることにより，政策評価の信

表9-1 政策評価制度見直しに関する年表

2003年7月18日	参議院本会議「政策評価に関する決議」。
2004年12月21日	総務省「政策評価制度に関する見直しの論点整理」公表。
2005年6月13日	参議院行政監視委員会「政策評価制度の見直しに関する決議」。
〃　　6月17日	総務省「政策評価制度に関する見直しの方向性」。
〃　　6月22日	参議院本会議「政策評価制度の見直しに関する決議」。
〃　　12月16日	「政策評価に関する基本方針の改定について」，閣議決定。
〃　　12月16日	「政策評価の実施に関するガイドライン」，政策評価各府省連絡会議了承。
〃　　12月24日	「行政改革の重要方針」，閣議決定。

頼性・実効性を高め，同制度を定着させることが必要である。よって政府は，政策評価制度の充実・発展を図るため，次の事項について適切な措置を講ずべきである」という趣旨で，以下の(i)から(vii)のような具体的指示を行っている。

(i) 政策評価の実施にあたっては，政策評価の精度，客観性を高めるために，可能な限り定量的な評価手法を採用するとともに，政策評価の結果を次年度の政策に適切に反映させるため，政策評価書の早期作成・公表および評価の拡充に努めること。

(ii) 総務省による評価専担組織としての政策評価の結果を踏まえ，各行政機関は，政策の見直し・改善に向けた措置を講ずること。また，総務省は，各行政機関が講じた政策の見直し・改善の状況について的確なフォローアップを行うこと。

(iii) 容器包装のリサイクルの促進に関する政策については，容器包装廃棄物の減量化と資源としての利用をさらに推進する必要があることから，リターナブル容器の使用を一層増大させる方策を講ずるとともに，分別収集等に要する費用負担のあり方について拡大生産者責任の徹底を図ることを含め，同政策の検証作業を進めること。

(iv) 地域輸入促進に関する政策については，国際環境，経済情勢等の変化によって，同政策の意義・役割が薄れてきていることにかんがみ，新たな輸入促進地域の設定に係る主務大臣の同意および既存地域に関する新たな施設整備への支援について，原則として行わないこと。

(v) リゾート地域の開発・整備に関する政策については，社会経済情勢や国

民の余暇活動に対するニーズ等の変化により，総合保養地域における特定施設の整備状況や利用実績が当初見込みと比べ大幅に下回っていることから，道府県の同意基本構想の廃止等も含めた抜本的な見直しを促進させるよう，国の基本方針を早急に改めること。
(vi) 障害者の就業等に関する政策については，障害者の社会的・職業的自立の促進に資するため，養護学校等生徒の就労支援や就職した卒業者の職場適応・定着支援の実施に際し，関係機関は一層の連携協力を図りつつ，きめ細かな施策の充実に努めること。また，障害者の法定雇用率達成に向けて，事業主に対する指導等の徹底を図ること。
(vii) 政府金融機関等による公的資金の供給に関する政策については，民業補完に徹し，民間金融機関の機能回復・強化の状況を踏まえつつ，政府金融機関等の改革を着実に進めることとするが，当面は，中小企業等の経営環境に最大限配慮し，政府金融機関等の積極的な活用を図ること。

この(i)～(vii)に関しては，政策評価の手法・方式に関するものと，政策評価の対象になるべきものとが混在している。対象になるべきものに関しては総務省が総合性確保評価で対応している。

(2) 総務省「政策評価制度に関する見直しの論点整理」(2004年12月21日)

参議院本会議決議を受けて総務省は，その後政策評価・独立行政法人評価委員会(以下「政独委」)の政策評価分科会を中心に様ざまな議論を重ね，「見直しの論点整理」を公表する。この論点整理の内容は，以下のように非常に多岐にわたるものになった。したがって，総務省の「政独委」政策評価分科会は，各府省の政策評価のメタ評価を行う外部委員会と言うよりは，政策評価制度を見直し，新たな方向性を導く役割を担い始めていた。

①評価結果の予算要求等政策への反映

予算要求など政策の企画立案にあたって，評価結果が適切に反映されることが重要であるが，どのような方策が考えられるか。

②評価の目的に適した評価の単位の設定

評価の実効性を確保するためにも，評価の目的に適した評価の単位を適切に

設定することが重要であるが，そのためにはどのような方策が考えられるか。

③達成目標の明示への取り組み

評価の客観性を確保するためには達成目標の数値化等による特定への取り組みを一層進めることが重要であるが，そのためにはどのような方策が考えられるか。

④政策のコスト・効果の把握

効率性などの観点から行われる評価を適切に行うためには，政策のコスト・効果を定量的に把握することが重要であるが，そのためにはどのような方策が考えられるか。

⑤規制の導入・修正時をはじめとする事前評価の拡充

規制の導入・修正時をはじめとして，政策の導入にあたって，政策評価を的確に実施し，意思決定に有効に活用させることが重要であるが，そのためにはどのような方策が考えられるか。

⑥学識経験者の知見の活用

政策評価の客観性の確保等の観点から学識経験者の知見をより一層有効に活用していくことが重要であるが，そのためにはどのような方策が考えられるか。

⑦外部からの検証可能性の確保

各府省が行った政策評価の結果やそれにいたるプロセスが行政の外部から検証できるようにすることが重要であるが，そのためにはどのような方策が考えられるか。

⑧評価書の簡明さの確保

各府省が行った政策評価の結果を国民に分かりやすく伝えることが重要であるが，そのためにはどのような方策が考えられるか。

⑨国民的議論の活性化

政策評価についてより多くの国民から理解を得ることが重要であるが，そのためにはどのような方策が考えられるか。

⑩政策評価の重点化・効率化

画一的・総花的な評価活動から，重点的・効率的な評価活動に転換することが必要であるが，そのためにはどのような方策が考えられるか。

⑪職員の意識改革

政策評価制度をより一層行政機関の職員に浸透させることが重要であるが，そのためにはどのような方策が考えられるか。

⑫地方公共団体との連携

地方公共団体との連携を深めることが重要であるが，そのためにはどのような方策が考えられるか。

⑬総務省が担うべき役割

各府省の政策評価担当者を支援するサービス提供，総務省が行う統一性・総合性確保評価をより的確に実施する方策，総務省の客観性のチェックの実効性をどのようにすれば確保できるか。

⑭関連分野との連携

政策評価制度と関連する分野と十分連携を図るべきではないか（公会計の見直し，人事評価，統計データの活用の見直しなど）。

この多岐にわたる論点整理は，実務における問題点や課題を踏まえて出されたものであり，その後の政策評価見直しに関する実務における議論の方向性を決めた観がある。

(3) **総務省「政策評価制度に関する見直しの方向性」**（2005年6月17日）

国会における「政策評価に関する決議」（2003年7月18日参議院本会議）を受けて見直しの論点整理（2004年12月21日）を行った総務省は，さらに「政策評価制度の見直しに関する決議」（2005年6月13日参議院行政監視委員会）を受けて，2005年6月17日に「今後の課題と対応方策」として以下のような5つの方向性を公表した。

第1に，「評価結果の予算要求等政策への反映」である。もともとこの要請は実務において主張されたというよりも政府のトップ，あるいは様ざまな審議会などで常に要望されるものであり，実務側としては受け身の対応が多かった。政策評価と予算・決算の連携の強化，政策の体系化，政策評価に基づいた政策の企画立案の徹底，事前評価の的確な実施と政策改善・見直しへの反映，予算要求等政策への反映，説明責任の徹底，制度見直しの際などの総合的な評価な

どの要請は，いずれも確かに理想論としては必要な事柄ではあるが，いざ実際に取り組むとなると難しい課題がその先に控えていた。

　第2の「重要政策に関する評価の徹底」に関しては，背景に政策評価自体に要するコスト問題があったと推測される。そして評価に手間がかかりすぎるという現場からの批判に，評価対象の重点化によって対応しようとしたと考えられるのである。ここでは政策評価の重点化・効率化，政府全体の政策の統一性・総合性を確保するための評価，規制の事前評価の義務付けに向けた取り組みが述べられている。

　第3の「評価の客観性の確保」においては達成目標の明示への取り組み，政策のコスト・効果の把握，学識経験者の知見の活用，総務省による客観性担保評価活動，外部からの検証可能性の確保という項目が並んでいる。評価が「お手盛り」ではないかという批判に備える方法として，この政策評価制度発足時から挙げられていた項目が再度強調された形になっている。

　第4「国民への説明責任の徹底」では，国民への分かりやすさの確保，評価書・要旨の標準化，国民的議論の活性化などの項目が指摘されているが，いずれもきわめて当然の指摘でありながら，達成困難なところに悩みがある。政策評価結果についてはホームページやパンフレットで公表されているが，いずれも一般国民においては専門的すぎて，平易に書こうと役所が努力すればするほど分かりにくくなっている。

　第5の「政策評価の基盤整備」は職員の意識改革，総務省による各府省の取り組みの支援，地方公共団体との連携が挙げられている。総務省行政評価局は政策評価制度発足から毎年「政策評価フォーラム」（3カ所程度)，「統一研修」（たとえば中央・地方合わせて2004年度実績では17カ所）を全国数カ所で実施している。参加者（聴衆）は府省職員，国の出先機関と地方自治体の職員，独立行政法人職員などである。講師やパネラーは国の担当者，研究者，地方自治体で評価を担当する職員であり，様ざまな実務的な議論を行っている。もちろん，地方自治体でも都道府県，市町村ともに職員研修によって政策評価に関する普及が行われている。

　興味ある事実は，こうしたフォーラムや研修の場で出てくる質問事項が，ほ

ほ「政策評価制度に関する見直しの論点整理」と重なっている点である。共通の問題に，色いろな機関の担当者が，同じように悩んでいる姿が垣間見えるのである。

(4) 参議院「政策評価制度の見直しに関する決議」（2005年6月22日）[2]

この決議は以下に示すように，先の参議院本会議「政策評価に関する決議」（2003年7月18日）よりも技術的視点に近づいた指摘がなされている。すなわち

「行政機関が行う政策の評価に関する法律施行後3年が経過し，政策評価制度の見直しの時期を迎えている。よって政府は，効果的・効率的な行政を推進するとともに，国民への説明責任を徹底するため，次の事項について適切な措置を講ずべきである。

一，政策評価の質の向上を図るとともに，政策の企画立案や予算への適切な反映を始めとして，政策評価結果の一層の活用に努めること。

二，政策評価を踏まえた予算の作成に資するため，政策，施策，事務事業などの政策体系をあらかじめ明示した上で評価を行うこと。また，新規事業等については，事前評価を積極的に行うとともに，事後評価の徹底に努めること。

三，政策評価結果を反映した政策の実現に資するため，政策評価の重点化・効率化を図り，制度改正が必要な政策や複数府省に関係する重要な政策等については，適時的確に評価すること。

四，政策評価の客観性を確保するため，政策目標の数値化に一層取り組むとともに，外部からの検証が可能となるよう，評価に当たって前提としたデータや評価手法等の公表を徹底すること。

五，政策評価の実効性を高めるため，政策評価と予算，決算の連携強化を図るとともに，総務省及び財務省間の連携を密にし，会計検査院との積極的な情報交換に努めること。

六，国民への説明責任を果たすため，政策評価結果を国民に分かりやすく伝えるとともに，政策評価の取組等の広報活動を積極的に行うこと。

右決議する」。

一般に，国会においては衆議院よりも参議院が政策評価に関しては積極的である。理由はいくつか考えられる。参議院の官僚 OB 議員が政策評価の意義を理解している，個々の議員の中に政策評価の専門家がいる，公認会計士や弁護士をはじめとする専門職出身議員が行政のアカウンタビリティを追求するツールとして関心を持つということであろう。参議院は任期が 6 年で解散がないという立場も，政策評価のような「玄人」の議論を安定的に考えることに向いているのかも知れない。

(5) 閣議決定「政策評価に関する基本方針の改定について」(2005年12月16日)

この閣議決定は，政策評価に関する基本計画を見直す指針を考えるにあたり重要と思われる 9 ポイントを示している。以下では閣議決定の意味することを要約し，かつ各ポイントの留意すべき事項，なぜこのようなポイントが記されたのか，背景事情を推測してみる。

①政策評価の実施に関する基本的な方針

実施に関する基本的な指針としては，a．政策評価の実施に関する基本的な考え方，b．政策評価の方式，という 2 点を示している。a．は実施に際してはあらかじめ「政策体系」を明らかにしておくこと，b．は政策の特性等に応じて合目的的に「事業評価方式」「実績評価方式」「総合評価方式」やこれらの主要な要素を組み合わせた一貫した仕組みなど適切な方式を用いること，さらに複数行政機関に関係する政策（上位目的）と関連する場合は複数行政機関に関係する政策との関係をあらかじめ明らかにするように指示している。各府省の政策評価が，政策体系の視点がないまま事業評価の方式に終始することが多いという事情，評価担当職員が各行政機関の内部事情によって消去法で安易に方式を選択している事情が見えたからであろう。

②政策評価の観点に関する基本的な事項

政策評価の実施にあたっては，評価の対象とする政策の特性に応じて適切な観点（必要性・効率性・有効性）を選択，具体化し，総合的に評価することを閣議決定は指示している。さらにこれらに加え，とくに必要性の評価に関して

は評価対象政策の行政目的が国民や社会のニーズ・より上位の行政目的から見て政策効果上の妥当性を有しているか，「行政関与の在り方」（たとえば「行政関与の在り方に関する基準」1996年12月25日閣議決定）から見て当該政策を行政が担う必要があるか，などを明らかにすることを推奨している。各府省の公表する政策評価においては，必要性が十分な検証をしないまま安易に使用されているためである。

その他，政策の特性に応じて公平性の観点や優先性の観点を選択するべきこともこの決議には記されている。公平性の観点からの評価は，行政目的に照らして政策効果や費用の負担が公平に分配されているか，あるいは公平に分配されることになっているかを明らかにすることである。また，優先性の観点からの評価は，当該政策を他の政策よりも優先すべき理由を明らかにすることを求めている。これらはきわめて当然の話ではあるが，政策評価制度導入時にも同じ議論はあり，しかしなぜ公平性と優先性の評価があまり使われなかったのか，その実際を考えてみなければ，この決議は画餅に帰す。

③政策効果の把握に関する基本的な事項

政策効果の把握にあたっては，評価対象政策の特性に応じた適用可能な方法，政策効果の把握に要するコスト，得られる結果の分析精度等を考慮した適切な手法を用いることを求めている。これも「政策評価には手間がかかりすぎる」という批判に対応したものであろう。また，可能な限り政策効果を定量的に把握することができる手法を用い，これが困難である場合，または政策評価の客観的かつ厳格な実施の確保に結び付かない場合においては，政策効果を定性的に把握する手法を用いるものとする，と閣議決定では言う。定量手法を原則として，仮に定性手法を使う時にはできる限り客観的な情報・データや事実を用いることにより政策評価の客観的かつ厳格な実施の確保を図るべきであると言うのである。この立場は基本的には従来のスタンスの踏襲であり，新しいものではない。

もっとも，この閣議決定では「すべてにおいて，初めから高度かつ厳格な手法の適用を画一的に行うより，簡易な手法であっても，その有用性が認められているものがあれば当該手法を適用し，政策評価の実施の過程を通じ知見を蓄

積して手法の高度化を進めていくことにより政策評価の質の向上を図っていく等の取組を進めていくものとする」と述べており，それまでの経験を反映して，人事異動でたまたま評価部局に来ただけの一般行政事務職員が評価をする，という現状に即した提案も付け加えている。

④事前評価の実施に関する基本的な事項

ここでは「複数の政策代替案の中からの適切な政策の選択，政策の改善・見直しの過程を可能な限り明らかにするよう努めるものとする」と念を押している。また政策評価法第9条で実施が義務付けられた政策以外の対象にも事前評価の適用を拡大すべきこと，規制に関する政策評価についても積極的に実施に取り組むべきであると述べている。公共事業を持つ府省，規制を担当する府省（たとえば経済産業省）では，この種の研究が進んでおり，実用の域に達している場合もあることを踏まえた指摘であろう。

⑤事後評価の実施に関する基本的な事項

「事後評価の実施に当たっては，行政目的と手段の関係を念頭に置きつつ，政策評価の結果を政策に適切に反映するために合理的と認められる単位により行う」ことをこの閣議決定は薦めている。逆に言えば，行政目的と手段との関係を念頭に置いていない，政策評価の結果を政策に反映するためには合理的と認められない単位で行っていた，ということであろう。予算と政策評価と関連させるという議論では重要な話であるが，他府省や地方自治体，独立行政法人との関係にも波及する問題でもある。しかし，これらの問題はリーダーシップを持って仕切る役割を演じる存在が不可欠になる。

なお，この閣議決定では「事後評価は，社会経済情勢の変化等による政策の見直し・改善の必要，政策効果の発現状況等を勘案して適切なタイミングで行うものとする」という指示も行っているが，これもまた意味深長な話である。毎年行う政策評価だけでよいという話では済まなくなるからである。それだけの余力が政策担当官庁にあるかどうかは不明であるが，法改正では普通に行われてきたことである（たとえば都市計画法〔昭和43年6月15日法律第100号〕の2005年7月29日法律第89号による改正）。これを当然の話であると考えるか，それとも法改正についても政策評価の手続を含めなければいけないのかと負担

感を持つのかは，現場の担当者のモラールの話である。
　⑥学識経験を有する者の知見の活用に関する基本的な事項
　閣議決定では「法第3条第2項第2号の学識経験を有する者の知見の政策の特性に応じての活用は，政策評価の客観的かつ厳格な実施を確保するためのものであることを踏まえ，高い識見，高度の専門的知識・能力を活用することや国民生活・社会経済への政策の関わりに関する実践的知識を活用することを基本として，評価の対象とする政策の特性，評価の内容に応じた適切な方法で行うものとする」という。ただし，この言葉を実務でそのまま反映できるかどうかは難しい（この点に関しては「外部評価の問題点」として後述する）。
　⑦政策評価の結果の政策への反映に関する基本的な事項
　政策評価の結果を政策に反映する際の実効性を高める仕組みを設け，その内容については基本計画において示す，また政策評価と予算・決算の連携を強化するために関連する閣議決定等の趣旨を踏まえ必要な取り組みを進める，というのがここでの趣旨である。政策評価法の施行後3年の経験を踏まえた，一番大きな提案かも知れない。
　⑧インターネットの利用その他の方法による政策評価に関する情報の公表に
　　関する基本的な事項
　評価結果の政策への反映の方向性・反映の状況・評価結果に基づく措置状況（内容・時期・今後の予定等），評価の際に使用したデータ・評価過程・外部要因等については公表することになっているが，公表することにより国および公共の安全を害する情報や個人のプライバシー，企業秘密に関する情報等の取り扱いに関し「行政機関の保有する情報の公開に関する法律」の考え方に基づき適切に対応するべきであると指示している。
　⑨その他政策評価の実施に関する重要事項
　実施体制については，政策評価の客観的かつ厳格な実施を確保するため，政策評価担当組織と政策所管部局との適切な役割分担，担当職員の人材の確保とその評価能力の向上に積極的に取り組むこと，政策評価に関する外部からの意見・要望を受け付けるための窓口を整備すること，地方自治体との連携・協力を指示している。

以上の他，「その他政策評価を円滑かつ着実に実施するために必要な措置に関する事項」として，連絡会議の開催，「政策評価の実施に関するガイドライン」の策定，その他の総務省が採るべき活動についても言及している。

　総務省が採るべき活動の第1に，統一性または総合性の確保の点から政府として指向すべき一定の方向性を踏まえた評価を実施することが挙げられた。これに関しては①法令や閣議決定等に基づき政府全体としての取り組みが求められている主要な行政課題に関する各行政機関の政策，②行政機関に共通的な行政制度・システムを活用する政策，③複数の行政機関の所掌に関係する政策であって，法令や閣議決定等に基づき政策の総合性の確保に関する目的や講ずべき措置が明らかになっている主要なもの，④その他①から③までに掲げる政策に準ずるものとして，国民からの評価に対するニーズが高く，統一性または総合性の確保に関し緊急に採り上げて機動的に評価を実施する必要があると認められるもの，の4つを重点的かつ計画的に評価するべきであると勧告している。

　第2に，従来総務省と各府省との間で問題になってきた「政策評価の客観的かつ厳格な実施を担保するための評価」活動に関して，政策評価の客観的かつ厳格な実施を担保するための評価については重点的かつ計画的に取り組むべきであり，それには以下の4点を考慮しなければならないと閣議決定は言う。

(i)　各行政機関が実施した政策評価の実施形式において確保されるべき客観性・厳格性の達成水準等に関する審査。

(ii)　各行政機関が実施した政策評価のうち改めて政策評価が行われるべきもの，または社会経済情勢の変化等に的確に対応するために政策評価が行われるべきものに関する評価の実施の必要性の認定。

(iii)　上記(ii)の結果に基づき政策評価を実施すべき旨を通知した場合において，当該行政機関に委ねていては評価の客観的かつ厳格な実施が確保されないと認める時に実施すべき評価（評価の客観的かつ厳格な実施が確保されないと認める状況について，関係行政機関から説明および意見の聴取を行う機会を設ける）。

(iv)　行政機関からの要請があった場合において当該行政機関と共同して評価を行う必要があると認める時に実施する評価。

閣議決定で言うことの趣旨は理解できるが，すでにこれらは総務省と各府省との間でトラブルになったものでもあり，入念な調整が必要である。

他方，各行政機関についても，政策評価について指示が出されている。すなわち，

- ○施政方針演説等内閣の基本的な方針等により重点的に取り組むべきこととされた行政，分野において当該行政機関が所掌する主要な政策，
- ○内外の社会経済情勢の変化を踏まえ，見直しや改善の必要があると認められる主要な政策，
- ○国民からの評価に対するニーズが高く，評価を実施する必要があると認められる政策，
- ○各行政機関において重点的に取り組むこととした政策，

については重点的かつ計画的な評価の実施を図るべきであると言う。

まず，政策評価の網羅的な実施と重点的な実施との間で各府省は悩むことになりそうであるが，施政方針演説と各行政機関が重点化している政策は理解できるとしても，内外の社会経済情勢の変化を踏まえ見直しや改善の必要がある政策とは何か，誰がどうやってその必要性を判断するのか分からない。重要であればあるほど「生もの」で機が熟しておらず，評価の対象になりにくいことが多い。国民からの評価のニーズが高いと言うが，それはどの国民かよく分からず，「悪しきポピュリズム」やセンセーショナリズムに陥るのではないかという懸念が行政機関にはある。

良くも悪くも，地方自治体の首長が揮うようなリーダーシップを，中央官庁のどこでで見ることができるかどうかが，この閣議決定の有効性を左右する。

(6) 閣議決定「行政改革の重要方針」（2005年12月24日）

この閣議決定は「行政改革推進法案（仮称）」策定や政策金融改革の提案で有名であるが，実は政策評価に関しても重要な提案を3つ行っている。

第1は独立行政法人評価との関連である。すなわち「2　独立行政法人，公営競技関係法人，その他政府関係法人の見直し」の「イ　特殊法人等から移行して設立された独立行政法人の見直し」の部分である。ここでは「特殊法人等

から移行して設立された独立行政法人の中期目標期間の終了時期が平成18年度以降初めて到来することとなる。これらの法人については，『官から民へ』の観点から事業・組織の必要性を厳しく検討し，その廃止・縮小・重点化等を図ることはもとより，法人の事業の裏付けとなる国の政策についてもその必要性にまでさかのぼった見直しを行うことにより，国の財政支出の縮減を図る」（下線は筆者）というように，独立行政法人事業の裏付けになっている国の政策の必要性まで遡って見直すことを指示しているのである。従来ともすると，独立行政法人の評価の現場では個々の独立行政法人それぞれに関して，個別に効率・必要性・稼働率などの視点で評価を行ってきたが，政策そのものから見直すべきであるという重要な提案がなされているのである。

　第2に規制の評価・見直しの推進，すなわちRIA（規制影響分析）の導入を積極的に推進し，このため各府省は引き続きRIAの試行を積極的に実施するとともに，総務省は2006年度中に「行政機関が行う政策の評価に関する法律」の枠組みの下で，規制について事前評価を義務付けるために必要な措置を講ずることになった。新たな取り組みの始まりである。

　第3に政策評価の改善・充実を図るため，「政策評価に関する基本方針」（2001年12月28日閣議決定，2005年12月16日改定）を踏まえ，以下のアからウの取り組みを始めるという提案を行っている。ア．施政方針演説等で示された内閣の重要政策を踏まえ，各府省の政策の体系化を図り，それらに応じた政策評価の重点化・効率化を推進する。イ．政策評価の質の一層の向上を推進するため，政策体系の明示や達成目標の定量化，データ等の公表等に取り組むとともに，政策評価と予算・決算との連携強化を図る。ウ．政策評価の結果を国民に分かりやすく伝えるよう評価書等の改善を進めるなどにより，国民への説明責任を徹底する。

　この中で重要なのはアの「内閣の重要政策を踏まえ，各府省の政策の体系化を図り，それらに応じた政策評価の重点化・効率化を推進する」という部分であり，これによって政府全体の重要度に対応した政策体系を各府省が作ること，それに応じて評価作業が重点化（＝効率化）されるはずであるという提案を行っているのである。

2 見直しの各論

これまでは,参議院の決議や閣議決定,総務省における議論を参照しつつ,公式に公表された政策評価の見直し方向について言及した。以下では,見直しの個別論点について考えてみたい。

(1) 予算との連携

政府においては政策評価導入後から予算との連携強化の声が強く,予算要求と予算査定の場で政策評価結果を使いたい,予算書・決算書に政策評価結果を反映させたいなどの要求から様ざまな指示,決議が見られた。たとえば,経済財政諮問会議に谷垣財務大臣が提出した資料(政策評価と予算との連携強化について)によると[3],主たる決議は以下の通りである。

- ○「経済財政運営と構造改革に関する基本方針2004」(2004年6月4日閣議決定)――2005年度予算から重点化する予算すべてに成果目標を明示,各府省は目標の達成状況を公表するとともに事後評価を行う。
- ○「17年度予算の全体像」(2004年7月27日経済財政諮問会議)――重点課題におけるすべての事業予算に成果目標を導入するとともに,政策評価を予算に反映し,国民に対して説明責任を果たす。また概算要求に際しては,重点課題におけるすべての事業予算について,事業の性格に応じて定量的な達成目標,その達成手段および目標の達成度合の事後的な評価方法を明記する。
- ○「17年度予算編成の基本方針」(2004年12月3日閣議決定)――各府省は重点課題におけるすべての事業予算について成果目標を提示し,厳格な事後評価を行うとともに,政策評価等を活用し,歳出の効率化・合理化を進める。
- ○「構造改革と経済財政の中期展望――2004年度改定」(2005年1月21日閣議決定)――予算の質の向上を図るため,予算制度改革に取り組むこととし,成果目標の明示や事後評価の徹底をさらに進め,予算の効率的配分を

目指す。このため，政策評価に関する見直しに着手するとともに，評価と予算の連携を強化する。

こうした流れの中で財務省は政策評価と予算との連携を模索してきたが，それを主計局の実務では「行政機関が行う政策の評価に関する法律」の政策評価とは別の「政策評価調書」を各府省に求める形で行っていた。その結果分かったのは，政策評価法に基づいた評価の単位（施策）と，政策評価調書の重点課題という単位（事務事業）とが一致しない事例が圧倒的に多いという問題であった。というのも，予算の実務ではこれまで事務事業の細かな単位で進められることが多かったからである。そこで予算書や決算書の表示項目である「項」や「事項」を「施策（program）」に近付けるという方向で検討を行ってきた。たしかに，この考え方は諸外国においても採用されており，たとえばアメリカのブッシュ政権は2004年度予算教書から PART（Program Assessment Rating Tool）という手法を導入し，その対象はプログラムである。またイギリスでも PSAs（Public Service Agreements）の下で重点的なプログラムについて業績目標を策定している。フランス，スウェーデンでもプログラム，他方オーストラリア，ニュージーランドは無理にプログラムにしていないがアウトカムを意識しているところから，単なる事業とアウトプットだけではないことが理解できる。

また，財務省では施策を構成する事務事業がどのような形で施策に関連付けられているのかについても明快にしたいと考えている。その上で閣議決定「経済財政運営と構造改革に関する基本方針」（2004年6月4日）において示された方針，「政策ごとに予算と決算を結びつけ，予算と成果を評価できるような予算書・決算書の作成に向けて，平成18年度までに整備を進める」作業が重ねられた。作業において検討された具体的内容は，予算書と決算書の表示科目を施策単位とすることなのであるが，これにはいくつか課題が指摘されていた。たとえば，複数の施策に関わる予算をどう整理するのか，特定の施策に張り付かない間接経費（旅費や庁費がその代表）をどうするか，国会の予算統制という観点から見てこの括りは大きすぎるのではないか（仮に防衛庁で国の防衛という施策を1つの「項」として立てると艦船建造・航空機購入など様ざまなも

のが入ってしまう），逆に施策単位を厳格に考えてやりすぎると過度に小さな「項」に細分化され予算執行が窮屈で非効率になる（財政法では現在項と項の間の融通は原則不可），予算の執行過程で計数をどう管理するかという決算問題などである。

　政策評価と予算の連携を目指す改革は上記のように「2006年から検証を始め，2008年を目途とする」と内閣（閣議）から期限を付けられ，公表されていたため，施策（プログラム）単位予算と予算書・決算書の見直しの作業は，各府省でも政策体系（政策―施策―事務事業）の作成，アウトカム目標の数値化の作業として進められた。そして（たとえば防衛庁2006年度の政策評価実施計画に見られるように）こうした方向での政策評価のフレームワークの見直しが，全政府レベルで進められたのである。

　問題は，この改革が政策評価に与える影響である。基本的にはプログラム（施策）を対象として数値目標を付けた実績評価が主流になっていくということであり，また政策体系ができてもそれは実績評価の対象（施策）を確認するためであるため，プログラム評価やセオリー評価などの「政策体系評価」に向かわない可能性がある。そして最大の課題は，わが国の政策評価を所管する官庁が総務省であり，財務省ではないという点である。連邦議会が予算に深く関わるアメリカは議会補佐機関GAOが関わり，イギリス，フランス，スウェーデン，オーストラリア，ニュージーランドでも財務省や予算担当の省が関わっている。制度を改正するのか，それとも新たな評価システム（「業績予算」）を立ち上げるのかという課題が出てくるであろう。

(2)　独立行政法人評価との連携[6]

　実務においては，政策評価は独立行政法人評価とは別のものであるという認識で運営されている。しかし，実際は密接な関係にあり，それは独立行政法人制度の基本構造を再確認してみれば理解できる。すなわち，行政改革会議「最終報告」（1997年12月3日）では「あらたな中央官庁の在り方」と題して3つの基本的な考え方を提案していた。すなわち，1つめは国の果たすべき役割の見直し（官民の役割分担・国と地方の役割分担），2つめが政策の企画立案部

門と実施機能の分離，そして3つめが政策の企画立案部門と実施部門の連携と政策評価である。この実施部門のうち一定の事務・事業について独立行政法人制度が創設され，政策の企画立案部門と実施部門の責任と役割の分担関係が明確化され，それぞれにおいて評価が重要な役割を担うものと考えられた。あわせて，先に紹介した閣議決定「行政改革の重要方針」（2005年12月24日）の指示，「法人の事業の裏付けとなる国の政策についてもその必要性にまでさかのぼった見直しを行う」に関しても，政策評価と独立行政法人評価との関連を強調するものになっている。

①連携を示唆する政府方針

もともと，「独立行政法人の主要な事務及び事業の改廃に関する勧告の取組の方針」（2003年7月1日政策評価・独立行政法人評価委員会決定），そしてこの方針を踏まえて出された閣議決定「中期目標期間終了時における独立行政法人の組織・業務全般の見直しについて」（2003年8月1日）が示した検討の視点においては，すでに政策評価との連携を示唆するように，以下のような諸点が指摘されていた。

第1に事務事業（閣議決定では「事務及び事業」）のあり方，つまり国が関与する事務事業としての必要性はあるのか，有効性は見られるのかという視点である。その際には，政策目的の達成状況，社会経済情勢の変化に独立行政法人の事務事業が適合しているかどうか，国民生活や社会経済の安定などの公共上の見地との関係を考えているのか，利用者・顧客・受益者等のニーズを満たしているのか，そもそも事務事業を独立行政法人という組織で制度的に独占して行う必要性があるのかについて見ていくべきであると指摘している。

第2は，事務事業を担っている実施主体の適切性に関する視点である。現行の実施主体の設立目的は何か（言い換えると設立目的に従った事業を行っているのか），という問いである。これはさらに，関連する事務事業を実施している民間や地方自治体などの主体との分担関係をどうしているのか，という問いにつながる。この問いには，独立行政法人という組織形態を使って事務事業を引き続き担うことによってどのような効果があるかの説明を主務大臣に求める話になってくる。なお，なぜ公務員が担う必要があるのか，という問いもここ

での視点に関連している。

　第3は、事務事業の効率化、質の向上等の状況に関する視点であり、これは効率化、質の向上等の達成状況、その指標等の動向、勘定区分の機能状況、受益者負担のあり方など、一般に独立行政法人で議論するべきであると考えられている話になっている。

　第4の視点は、「事務及び事業」の見直しの経緯の検証、である。過去の見直しの経緯、その見直しの効果を考える。

　こうした「政独委」の決定と閣議決定は、組織や業務の見直しがこれまでの独立行政法人を見る3視点、すなわち財務内容の改善、業務運営の効率化、事務事業の見直しに限定されないということを明らかにしていた。

　それが意味するのは、「政独委」決定（「独立行政法人の事務及び事業について想定される措置」）にあるように、事務事業の廃止、民間または地方公共団体への移管、事務事業の制度的独占の廃止、自主財源や受託による事務事業への移行、事務事業の補助金依存度のさらなる縮減、事務事業を他の独立行政法人または国へ移管、事務事業の一部または全部の民間委託、民間委託の範囲拡大、事務事業の戦略化・重点化または整理縮小、事務事業の運営の合理化・適正化、市場テストなどの手法が用いられること、である。

　ここでまた思い起こさなければならないのは、行政改革会議「最終報告」（1997年12月3日）である。この報告書の「政策の企画立案部門と実施機能の分離」とは、分離した機能が別々に、無関係に仕事をすると言っているのではない。むしろ企画と実施との密接な連携である。主務大臣が政策の手段として独立行政法人を活用するため、この独立行政法人に対して主務大臣は所管する政策の枠組みに適合した中期目標を指示しなければならず（したがって中期目標は政策評価の対象とすべきである）、その中期目標を独立行政法人がいかに達成しているかどうかを確認する評価の仕事が主務大臣に求められているのである。

　この枠組みを再確認するため、閣議決定「行政改革の重要方針」（2005年12月24日）では、「特殊法人等から移行して設立された独立行政法人の中期目標期間の終了時期が平成18年度以降初めて到来することとなる。これらの法人に

ついては,『官から民へ』の観点から事業・組織の必要性を厳しく検討し, その廃止・縮小・重点化等を図ることはもとより, 法人の事業の裏付けとなる国の政策についてもその必要性にまでさかのぼった見直しを行うことにより, 国の財政支出の縮減を図る」(下線は筆者) と明言しているのである。

また, 政策評価の見直しに関しては, 総務省が「政策評価制度に関する見直しの方向性」(2005年6月17日) において「『政策―施策―事務事業』などの (中略) 政策の体系化は, 上位の目的に照らした評価を行うことで評価の的確さを確保するとともに, 予算編成過程において評価結果を適切に活用するために重要である。(中略) 今後, 各府省において政策体系(「政策―施策―事務事業」などの体系) をあらかじめ明らかにし, 政策全体における施策等の位置付けや, 施策を構成する主要な事務事業など政策の構成要素を明示した上で, 政策の評価を行うこととする」(下線は筆者) という方向性を示している。

②政策体系における独立行政法人の位置付け

ここで考えなければならないことは単純である。政策に関しては主務大臣が責任を持ち, その下で政策評価が行われる。ただし,「政策―施策―事務事業」の政策体系においては, 当然, 独立行政法人が担当する事業もまたこの政策体系に組み込まれることになる。そこでは, 次のような関心事が出てくる。

○政策体系の下で事業評価を, 誰が, どのように行うのか。
○実績評価の形で施策目的の達成度が測定される時, その施策を構成している事業群と「目的(施策)―手段(事業群)」の関係を構成することが意識されているかどうか。
○独立行政法人が行っている4タイプの業務, すなわち研究開発, 教育・指導・訓練, 公共用物・施設設置運営, 振興助成・融資などそれぞれの内容に関する「専門的評価」も必要になってくるが, どのようにこの評価は行われるか。

この3種類の問いの関係は, 現実にはさらに理解困難で論争になりやすい問題を提起する。それを政策評価を行っている外務省と, 独立行政法人である国際協力機構(JICA), そして政府開発援助(ODA)の例を取ってみると理解しやすい(**図9-1**を参照)。ODAの現場で実際にこうしたA～Gの7点につい

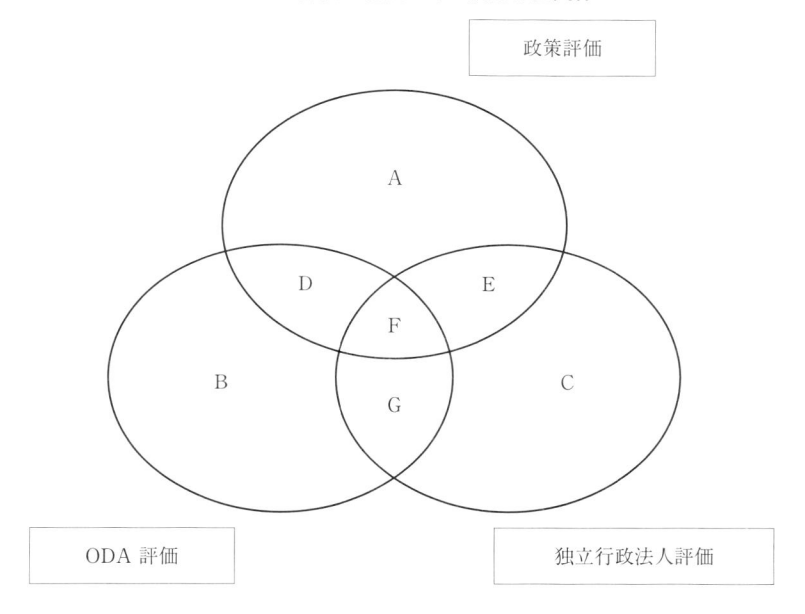

図9-1 評価の視点とその役割分担関係

政策評価

A

D　　E

F

B　　G　　C

ODA評価　　　独立行政法人評価

て理解して行っているとは思われないが，理論上はこうした区別が考えられるということであり，この考えを図の番号順に説明すると以下のような問題点が浮かび上がると思われる。

A．政策評価についてはこれまで述べてきたような，評価の方法（総合評価，実績評価，事業評価）の洗練化，新たな要請に応える評価方法の開発，様ざまな評価システム（各省内部評価と総務省客観性担保評価，総合性確保評価）あるいは総務省が行う評価の評価，「メタ評価」間の調整問題がある（**表9-2**を参照）。これら自身が非常に分かりにくく，また煩雑である。

B．の部分では，ODA評価の内容で悩みがある。ODA評価をNPMのような管理視点で見るか（結果重視マネジメント型業績測定），それとも内容を見るか（テーマ別・国別評価型プログラム評価），あるいはそもそもODAは国際的な「社会福祉」なのかそれとも外交のツールなのか，という問題である。

C．においては独立行政法人の評価システムの調整である。業務実績の年度

表 9-2　総務省から外務省に向けた評価関連業務 （2002～04年度）

評価対象			外務省側
政策評価*	総合性確保評価	経済協力（H14～16）	考査・政策評価官，官房総務課，経済協力局政策課・関係課
	総合性確保評価	自然災害国際緊急援助（H16）	官房総務課，経済協力局政策課・国際緊急援助室
	総合性確保評価	留学生の受け入れ推進（H15）	考査・政策評価官，官房総務課，領事局，文化交流部，国際交流基金
	客観性担保評価	毎年の外務省政策評価	考査・政策評価官，官房総務課
行政評価・監視*	国際文化交流事業		官房総務課，文化交流部**
	外交・在外業務実施体制運営（外務省改革，H15～16)		官房総務課，省内各右翼課
	電子政府の推進（H15）		官房総務課
独立行政法人評価	国際協力機構（毎年）		官房総務課，考査・政策評価官，経済協力局技術協力課
	国際交流基金（毎年）		官房総務課，考査・政策評価官，広報文化交流部

（注）　＊政策効果を把握するため，政策評価と行政評価・監視は連携している（政策評価法第18条）。
　　　＊＊文化交流部は2003年当時の名称。

評価と全体評価（総合評価とも言う），中期目標期間終了時の業務実績評価，また評価方法としての評定や総合（全体）評価と独立行政法人が担う事業（プロジェクト）評価との区別が問題になる。あるいは評価と監査の区別で悩まなければならないかもしれない。

　D．では政策評価の枠組みでODAを評価する時の問題が出てくる。外務省が外務省のODA政策を「行政機関が行う政策の評価に関する法律」の要請に応えて評価しようとした時に出て来た問題である。ODAの評価と政策評価は一緒なのか違うのか（もちろん違う），違うとすれば何をどうやって評価すればよいのかという悩みである。2005年度「外務省政策評価書」には国別援助計画（セクター別援助方針，相手国の開発目標なども含む），重点分野（2005年度は「対人地雷」）が見られる。

　E．においては，外務省が政策評価を行う際に2つの独立行政法人，国際協力機構あるいは国際交流基金の事業に関する評価の情報や調査情報を使用して

行う評価が考えられる。前述の，独立行政法人の実施する事業を政策―施策―事務事業の政策体系に位置付けて評価を行うという考え方は，これである。

F．は「行政機関が行う政策の評価に関する法律」で求められる事業に関する事前評価に関連する部分である（政策評価法第9条）。ODA事業のうち未着手案件・未了案件，事業の事前評価（無償資金協力は10億円，有償資金協力は150億円以上）である。

G．は独立行政法人（国際協力機構）が自ら行っているODAのプロジェクト評価である（事業事前評価，事後評価，中間評価，終了時評価などがある）。独立行政法人の評価と言うと，独立行政法人通則法にある業務の実績の評価を考えるが，実は独立行政法人が政策の枠内で委ねられている事業の評価（政策評価の方式の「事業評価」も含む）もまた大切な評価である。

これらA．～G．の評価は府省と独立行政法人との関係，またそれぞれが行っている業務との関係を考えると，およそあらゆる独立行政法人において出てきそうな問題である。そして，これらの違いを理解できる人材，あるいは区別を付けることに意味があるかどうかを議論できる人材が評価の専門家ということになるのであろうが，そうした人材が多くないことが政策評価，独立行政法人評価に共通した問題である。また，実際面では，評価がA～G個別に行われているため，全体的に統一した視点がなく，評価が断片化し，それぞれ勝手に行った評価で自己の立場を擁護・主張する可能性も出てくるであろう。

独立行政法人の内部について見ると，独立行政法人の評価やチェックは4種類あることになる。第1は財務や会計についてのチェックであり，良し悪しの判断基準は準拠性・合規性である。第2は独立行政法人通則法，地方独立行政法人法に定められた評価であり，効率や節約が評価基準である。稼働率，アウトソーシングなどが実際の判断基準である。そして第3が，専門的な評価であり，独立行政法人がその業務方法書に書いている仕事の専門分野における評価である（高等教育や医療が例）。プロフェッショナルの視点から見た評価，ピアレビューが考えられるが，サービスの受手の満足度というサービスの質の評価という視点もある。最後の第4は大臣や知事が提示する中期目標に関する評価である。目標達成度や有効性の議論になることが多いが，もちろんその独立

行政法人が政策手段を遂行する機関として必要か，妥当かという議論もある。これら4つを意識して府省や地方自治体は事務体制を整備しているか，評価をチェックする外部評価委員会を持っているかどうかが現実的な課題になる。

(3) メタ評価（meta-evaluation）の問題[7]

　政策評価も独立行政法人評価も，まず政策や業務を担当する者や実施機関による内部評価から始まる。評価は監査と違って外部の第三者によるチェックが必要不可欠の要件ではないが，評価が適正に行われたかどうかは重要な要件であり，そのため中央政府においては評価の客観性を保ち「お手盛り評価」を排する仕組み，プロセスが構築された。それが評価の評価，いわゆる「メタ評価」である。

　メタ評価は政策や業務の評価を，実施機関あるいは第1次評価機関から離れたところで行うレビューや総括である。評価情報の適切さや十分さ，評価分析手法の適否，それから導き出された結論の妥当性，この結論に基づき下された中止，継続，廃止などの判断の説得力を検証することが，メタ評価の役割である。したがって，一種のプロセス・チェックであると言うこともできる。内部評価から府省評価委員会，そして「政独委」というプロセスを忠実にたどることによって評価を客観化，適正化するという前提で制度設計されたのである。ただし，制度設計の時すでに問題は予想されていた。

　予想された問題の第1は，府省や独立行政法人が選ぶ外部評価委員が中立的な第三者と言えるかどうかという疑念であった。そしてこの疑念は政府全体で共有されてしまった。外部評価委員が当の独立行政法人や府省から研究助成，補助その他の便宜を受け，あるいは業務を受託している事例があり，それは委員が各府省やその所管の独立行政法人と利害関係を有するということである。そのため評価の客観性に疑問があると国会質問，新聞記事等で取り上げられ，また民主党の尾立源幸参議院議員から政策評価・独立行政法人評価委員会に対して，いずれかの独立行政法人から手当，謝金，研究費等を受け取っている事例があるかどうか資料要求が出された（2005年4月15日）。

　第2に，外部評価委員に任命される有識者とは，その独立行政法人の業務や

その所管府省の政策領域の専門家なのか，それとも評価の専門家なのかという疑問が当初からあったが，これに対する回答を出せないまま評価は普及した。

　第3の予想された問題は，外部有識者が府省の業務に関連する各界代表という名目で委員に就任している場合，（失礼ながら）評価のノウハウがあるとは思えない委員もいたという問題である。先の第2の問題とあわせて考えると，内部評価を外部者を入れたプロセスによって客観化，適正化するというメカニズムの前提は危うい。さらにそれを総務省の「政独委」はどう判断，処理するか不明であった。

　そもそも，各府省の政策評価と独立行政法人の評価を外から見る「政独委」は，どんな視点で何をするかが明確でなく，それが問題としてあらかじめ認識されていた。これが第4の問題である。この点に関しては2002年3月25日の総務省文書で方向が明らかにされているが，「意見を述べる」という程度である。「政独委」内部では「2次評価は2度評価することではない」という共通認識があったが，抽象的なレベルにとどまった。

　最後の予想された問題は，各府省の外部評価委員会が基本的に各府省・各独立行政法人寄りであることは予想できたが，その前提で評価結果に「政独委」がチャレンジするということは何をすることなのか，「政独委」内でも，また「政独委」の事務局においてもあまり明確でなかったということである。明確化しないまま，事務的な作業が続いていた。

　また案の定，評価を実際に運用してみた結果，予測しなかった問題が出てきた。その1つは，政策の立案決定が府省の仕事で，その実施が独立行政法人の仕事であるという役割分担の大原則から見れば，政策評価と独立行政法人評価は当然違った評価になる。しかし「政策」の定義が甘かったため，府省の政策評価や独立行政法人評価と「政独委」の評価は混乱している。たとえば独立行政法人が行う業務実績評価が政策を語るという奇妙な事態も出現し，逆に政府横断的視点で見るべき総務省の「政独委」が各府省の縦割り体制の下で重箱の隅をつつくように見ているのである。

　2つめの問題は，政策評価と独立行政法人業務の連携が欠如していることであり，府省の政策評価は独立行政法人業務をどのように見ているのかよく分か

らない。あるいは，大臣が提示する中期目標が，その府省の政策評価とどのような関係にあるのか分からない。そのため独立行政法人評価は，コスト削減や料金問題，運営の効率化，施設の統合などの些末な議論にエネルギーと時間を消耗する。結果として本来あるべき議論，たとえばその独立行政法人が政策手段として適切かどうか，政策自体が歴史的使命を終えているので独立行政法人に税金投入すべきではないといった議論がない。

　3つめの予測しなかった問題は，いささか視点が違う問題である。すなわち，総務省の細かすぎる「メタ評価」「客観性担保評価」と称する統制，そのため生じた府省，独立行政法人，そして「政独委」の過大なコンプライアンス・コスト負担の問題をどうするか，府省の現場では戸惑いがある。そしてこの負担感と，何をどうすればよいのかよく分からないまま評価業務をしているため発生する徒労感から，精神的な「評価疲れ」問題が現れ，これが4つめの問題になっている。

　しかし，そうした評価疲れ状況にもかかわらず，「政策評価の結果を予算編成や定員管理に積極活用したい」という主張が出てきた。もちろんそれは正論なので，政策評価を始める時から宿題になっていたが，とうてい難しくて「思考停止」になっていたのである。

　このように予測されたが解決困難な問題，予測されなかったところから出現した問題が多い中，「政独委」の各分科会は実務を進めてきた。そして，それはメタ評価機関が行う評価業務から離れていった。

　たとえば，「政独委」の政策評価分科会は「政策評価分科会の当面の活動の重点——政策評価制度の発展に向けて——」（2004年4月30日）以来，その主要任務を各府省の政策評価に対するメタ評価より，政策評価制度全般の見直しに重点化した。すなわち，

①評価の質の向上

　　各府省間で整合性の取れた政策目標の設定，政策コストの把握・政策効果の把握の徹底，第三者の専門的，客観的な知見の有効活用，評価手法の改善・開発やデータの整備など評価インフラの充実，総務省による各府省の評価の有効なチェックへの一層の取り組み。

②国民の視点から評価の必要性が高い分野で評価の実施

既存の事務事業に対する事後評価の充実，規制の導入・修正等に際し事前評価の拡充，総務省による統一性・総合性確保評価の的確な実施，各府省が実施した政策評価のうちやり直す必要があるもの，社会経済情勢の変化に的確に対応するため政策評価を新たに行うべきものについての個々の検討への一層の取り組み。

③評価の取り組みへのインセンティブ付け

評価の取り組みを進めるためにも，政策の企画立案や予算作成などに評価結果が活かされる仕組みを整備するなど，政策評価の取組へのインセンティブ付けを引き続き検討。

④外部検証可能性の確保

評価の過程で用いたデータ・評価手法等評価結果以外の情報の公表の徹底，それらの情報へのインターネットアクセスの確保。

⑤国民的議論の活性化

様ざまな媒体を駆使した国民への広報の積極的展開，地方公共団体との連携の強化，評価書の簡明さの確保。

などである。

他方,「政独委」の独立行政法人評価分科会が行う活動もまたメタ評価と言うよりはむしろ，以下の諸点のような業務の効率化，施設設備の稼働率，目標達成度の検証を通じた組織や業務の廃止，統合を示唆することが多くなっている。すなわち,

- 類似の業務を地方や民間が行っている（地方移譲・民営化の流れにのせる）。
- 独立行政法人の任務がアナクロニズムに陥っている（政策的意義の喪失）。
- 類似の業務を複数の独立行政法人が行っている（政策体系の再確認後に統合）。
- どのような政策の枠組みの中で業務を展開しているのか分からないという原則論。
- 独立行政法人においては業務に関して「評定」は行っているが，事業評価

は弱い。
- 独立行政法人は各府省が立案した政策の手段（事務事業）の実施を任されている機関であるはずだが，実際には政策そのものに深くコミットしていたり，府省側が政策を提示し切れていないために自由（勝手）に動く事態が見受けられる。
- 独立行政法人評価分科会が新聞その他マス・メディア等で報道された独立行政法人の問題事例を細かく追及する（日本スポーツ振興センターのサッカーくじ TOTO の事例で，これは「行政監察」に近い視点である）。

などである。

　さらに，独立行政法人評価分科会の意見は特殊法人等改革推進本部参与会議の参与をメンバーとする「独立行政法人に関する有識者会議」に上がっていた。有識者会議はかなり「荒っぽく」統合，廃止の方針を打ち出す。それは評価と言うよりは統制で，「政独委」の独立行政法人分科会の仕事はその資料づくり的な仕事になったため，独立行政法人評価分科会がメタ評価を行わない原因にもなった。したがって，廃止や統合を打ち出されそうな各独立行政法人は，その応援団（国会議員や大学学長までも含むことがある）を動員して手紙や電話攻撃を「政独委」の独立行政法人分科会のメンバーに仕掛け，独立行政法人評価は本来の道から大きくはずれ「政治化」していくこともあったのである。

　他方，政策評価分科会の方も，政策評価自体が予算・定員への反映という，評価本来の本質的な話とは違う方向に強くプッシュされているため，それを政策評価といかに適合させるかという研究，理論指導的な仕事が増え，これもまたメタ評価から遠ざかっていった。

　政策評価や独立行政法人評価に携わる「政独委」が，なぜメタ評価をできないのか，メタ評価より優先しなければならない仕事は何か，以上で指摘したポイントを見ながら考えるべきであろう。ただし，内部評価で始めざるをえない政策評価や独立行政法人評価は，適切なプロセスを通してその客観性を確保するという大前提を崩すわけにはいかない。したがって，考えられる範囲は，良くも悪くも，かなり限定されている。

(4) 外部評価の課題[8]

学識経験者や外部有識者を活用する外部評価の重要性に関しては，すでに総務省「政策評価制度に関する見直しの論点整理」（2004年12月21日）でも，「政策評価の客観性の確保等の観点から学識経験者の知見をより一層有効に活用していくことが重要」，「各府省が行った政策評価の結果やそれに至るプロセスが行政の外部から検証できるようにすることが重要」という指摘を受けている。また総務省「政策評価制度に関する見直しの方向性」（2005年6月17日）は「『評価の客観性の確保』においては達成目標の明示への取組，政策のコスト・効果の把握，学識経験者の知見の活用，総務省による客観性担保評価活動，外部からの検証可能性の確保」を指示している。もちろん，閣議決定「政策評価に関する基本方針の改定について」（2005年12月16日）においても，「学識経験を有する者の知見の政策の特性に応じての活用は，政策評価の客観的かつ厳格な実施を確保するためのものであることを踏まえ，高い識見，高度の専門的知識・能力を活用することや国民生活・社会経済への政策の関わりに関する実践的知識を活用することを基本として，評価の対象とする政策の特性，評価の内容に応じた適切な方法で行うものとする」と明言されている。

しかし，評価について外部から，客観性を保ち，厳正な実施を確保することは難しい。以下では国の府省の場合と地方自治体の場合，そして政策評価だけでなく行政評価と呼ばれるものや独立行政法人評価に関しても例に取って，なぜ難しいのかについて明らかにしたい[9]。

①外部評価のねらいと委員の属性の問題

府省政策評価の外部委員会は法令で義務付けられていないため，すべての現場で導入されているわけではなかった。しかし2005年までには公正取引委員会・警察庁・金融庁・総務省・法務省・外務省・財務省・文部科学省・厚生労働省・農林水産省・環境省の11省庁が導入済みであり，また防衛庁と内閣府が2006年に導入した。また地方自治体でも**表9-3**のように導入が進んできた。

国，地方ともに外部評価委員会を導入したときの考えは，(a)「外部専門家」に評価制度を見てもらい評価のシステム・仕組みの完成度を高め，またその運用において外部専門家が評価プロセスに参画するので，評価そのものの質が向

表9-3　地方自治体における外部有識者を入れた第三者機関の設置状況

	都道府県	政令市	中核市	特例市
設置している	25(54.3％)	5(38.5％)	9(27.3％)	10(26.3％)
設置していない	21(45.7％)	8(61.5％)	24(72.7％)	28(73.7％)

（出典）　総務省「地方公共団体における行政評価の取組状況調（2004年7月末現在）」2004年12月28日。

上する（評価の評価，「メタ評価」）。(b)国民（住民）や地域の各種団体など，様ざまな立場の人びとが持つ多種多様な意見を反映させて内部評価の独善性をチェックし，お手盛り評価を排除し，評価の客観性と中立性を高める。(c)政策や事業内容の専門に関わる研究者や実務家など「外部有識者」の知見を評価に反映させ，現場にフィードバックすることにより政策自体の質的向上を図る，という3つの理想論である。

その後，こうした理想論を現実化するために，外部評価委員会や政策評価有識者会議などの組織が設置され，多くの住民，各界代表者（経済関係団体・青年会議所・商工会議所・経団連など），研究者（行政学者や評価の専門家，あるいは政策内容分野の専門研究者），実務家（シンクタンク職員やコンサルタントおよび公務員OB），専門職（弁護士や公認会計士）が動員されたのである。

ところで，評価委員に選任される外部者とは，どのような属性を持っているのであろうか。すでに述べたように，一般には「外部専門家」「外部有識者」そして「住民代表・各界代表」という3つのカテゴリーに分類できる。

第1のカテゴリーの外部専門家は，評価の専門家と評価対象になっている政策の中身（たとえば教育政策の教育，防衛政策の防衛問題）に関する専門家の2種類がある。評価専門家であれば，その評価専門家がどれだけいるのかということを考えなければならない。現実問題としては，評価専門家の人材（研究者・コンサルタント）がきわめて限られているために，1人で複数の官公庁をかけ持ちするという事実があり，また地方自治体では評価専門家とは呼べない素人が委員になる場合が少なくない。それは，地方自治体の評価担当者が委員

第9章 政策評価制度の見直し 267

候補に挙がっている人について評価の専門家であるかどうか分からないためであり，また専門家か素人かの判断基準がないためである。

　評価専門家とは，日本評価学会や日本公共政策学会に所属し評価に関する講義を担当する教員，評価で学位論文を書いた研究者，評価の背景をなす社会科学，たとえば経済学，社会学，経営学，政治学，行政学，政策学，統計学などを応用する分野の研究者，またはこれらの応用分野で修士や博士を取得した後にシンクタンクやコンサルタントで実務経験を積んだ人が考えられる。こうした専門家であれば，外部専門家としての評価関連業務が可能である。他方，政策に関連する分野の専門家とは，医療政策における医師・医大教員，教育政策における教育学者，外交政策における国際関係論・外交史・国際法などの専門家を言うが，実際問題としてこれらの各種政策専門家は評価の専門家ではないために，次のカテゴリーの外部有識者に含めるべきである。

　第2のカテゴリーの外部有識者とは，外部専門家ほど評価に関する資質の厳格さはないが，多くの実際例で言えば，行政の外にいる識者・知識人である。経済界・財界の人びと，企業の経営者・執行役員[10]，評論家，メディア関係者，大学をはじめとする教育機関のトップマネジメント（学長・学部長・校長），弁護士，公認会計士，税理士，行政機関OBなどである。有識者とは，一般人よりも「学問があり見識がある」「ものしり」（『広辞苑』第4版）であるということで委員を依頼されることになる。

　なお，最近重視されているのが，政策そのもの，あるいは政策の調査や評価において女性の視点が必要であるという考え方である。外部専門家，外部有識者の女性が委員になっていて，委員構成に占める女性の比率が一定割合（国では30％）を超えている場合には問題ないが，それ以下の場合には女性委員を探して「女性枠」を埋めようと努力する[11]。この場合，評価専門家でも有識者でもなければ，その委員の特性は「女性代表」という，次のカテゴリーの各界代表に近い[12]。

　第3のカテゴリーである「住民代表・各界代表」を評価委員に招くねらいは，外部の多様な意見を取り入れたい，部外者の目で検証してもらいたい，一般住民あるいは素人の健全な常識から見て欲しい，あるいは行政サービスの顧客と

しての意見を求めたいからである。たしかに評価の理論には，住民と行政とのコラボレーションを重視する協働型評価（collaborative evaluation），各界の利害関係者が集合して異なる立場の意見から様ざまな評価を試すステークホルダー評価（stakeholder evaluation），住民が政策を考える能力を獲得する手段として評価を見るエンパワメント評価（empowerment evaluation）があるが（第7章を参照），こうした発想を持って外部委員会を招集するのであれば意味は十二分にある。ただし，入念な制度設計，段取り，手間をかけなければ安易さに流れてしまう。

②委員会運営の問題

さて，外部評価委員会を運営する行政側にも問題がある。よく見られるのは，これらの3カテゴリーの委員を同じテーブルで混在させる例である。行政側が委員の属性を理解しない，外部評価委員会の用途を考えないために起きる例であるが，評価に素人の委員はその委員会の使命が分からず困惑し，逆に評価専門家は月並みな議論に疲れてしまう。委員会の議論はすれ違ったり，混乱したり，委員相互の意思疎通はかなわず，委員は苦行と忍耐を強いられる。行政側のシナリオ通りにことが進んだ時だけが成功事例になる。

ところで，評価専門家の定義が存在しないために，評価とはまったく別領域の専門家が委員の多数を占める例も多い。たとえば外務省における外部評価委員会「政策評価アドバイザリー・グループ」においては，政策評価の専門家と外交政策の専門家が混在していたが，それは外務省の政策評価には外交そのものに関する知見が必要だという意志の表れである。もともと，この意志のルーツは2002年8月から2003年9月まで設置された「外交政策評価パネル」にあり，委員はすべて外交問題や国際法の専門家に限定したメンバーから構成されていた。しかし，このメンバー構成では「行政機関が行う政策の評価に関する法律」が求める要請に応えられないため，改めて別の委員会「外務省政策評価アドバイザリー・グループ」を2003年12月に設置したのである。このように外部委員会の専門家の定義は，行政機関が外部委員会に何を求めるのかによって変わるため，委員会を設置する前に議論しておかなければならない。

もっとも委員全員が評価の専門家であるべきだという考えも可能である。こ

の場合は評価の仕組みの妥当性，評価の方法・進め方の適切さを見ることになる。評価の法制度，評価をめぐる社会的環境，政治情勢を勘案して評価委員会に何をしてもらうのか，そのミッションをあらかじめ決めなければならない。

これに関連して，多くの府省や地方自治体の外部評価委員会の議事録に参考になる事例が見られる。たとえば評価委員会に有識者として招かれた人びとのうち，企業経営者が「厳しい経済情勢における企業経営の視点から見た場合，行政評価で見ている程度の効率レベルでは生ぬるい」という発言は評価の議論になると思われるが，「わが国の○○振興のためには○○の予算をもっと拡充するべきである」という○○関係者である委員の発言は政治的な政策論であり，実証的な調査と客観的なデータ分析を目指す評価の議論ではない。[13]

また，「防災は喫緊の課題でありもっと重視すべきで，そのため防災関係事業を評価で取り上げるべきだ」という意見も，実は評価の議論ではない。政治が行うべき政策論であり，知事や県議会議員に対して県民が要望すればよい話である。さらに「女性関連施設をもっと充実すべきだ」という議論も評価の話ではなく政治的な政策論になるが，「国の男女共同参画社会基本法の趣旨に従って，男女間の公平を見る視点を評価基準として入れるべきだ」という意見は，政策評価の議論に含まれる。

いずれにしても，有識者や住民代表として招いた委員に政策評価や行政評価，事務事業評価，施策評価，独立行政法人評価などの意味，ねらいを十分に説明して了解してもらわなければ，「評価ではない」議論が頻出し，評価委員会の体をなさなくなる。そして，その説明して理解してもらうだけの労力を行政関係者がどれだけ負担するかが問題になる。多少手間はかかっても，本来の趣旨からはずれた「評価でない」意見を延々とされる無駄を考えると，会議の質と効率を向上させるためには必要かもしれない。

③行政による活用例とその問題

行政が外部者を評価でどのように活用しているか実例を見ると，そのパターンはおおよそ3つの目的に収斂し，それぞれ問題があるように思われる。

第1に，助言を求める場合である。これも2つの種類がある。1つは制度設計段階でのアドバイスである。筆者の経験で言うと通産省「政策評価研究会」

メンバー（1998年3月～99年8月），通産省「経済協力評価研究会」メンバー（1998年12月～99年3月），総務庁行政監察局「政策評価の手法等に関する研究会」研究協力者（1999年6月～2000年12月），秋田県「政策・事業評価の条例化に関する研究会」アドバイザー（2001年7月～2002年3月），岩手県「政策評価委員会」委員（2001年5月～2003年3月），外務省「ODA評価研究会」メンバー（2000年7月～12月）がそれにあたる。この場合のメンバーは，評価制度に関する専門家に限定されるべきである。

　助言の活用例の2つめは，評価制度を立ち上げてから一定期間経過した後に，評価運用に関してアドバイスを求められる委員に就任する場合である。これも筆者の経験で言えば，総務省「政策評価・独立行政法人評価委員会」専門委員（とくに2001年1月～2002年8月），大阪府「地方独立行政法人評価委員会」委員（2004年12月就任），防衛庁「政策評価有識者会議」（2006年3月就任）がその例であり，評価制度の導入直後や見直し時期において評価の専門家としての立場から助言を期待されていた。とくに，大阪府の独立行政法人の場合は府立大学や府立病院が対象になっていたが，筆者の立場は府立大学（教育研究）や府立病院（医療）には関係なく，評価のスケジュールと仕組み，評価項目としては何を見るのか，数値指標として何をどこまで書き込めばいいのかというアドバイスを行い，かつそれが府立大学や府立病院の評価システムとして実際に運用する時の問題点を行政職員と一緒になって考えた。

　この場合，行政は行政が持っていないノウハウ，知識の吸収が主要な目的であるため，特別外部性にこだわっているわけではない。[14] したがって，ここから外部評価委員会について一般人が抱くイメージとは違ってくる問題がある。専門家委員会ではあるが客観性，第三者性は弱くなり，場合によっては無くなるのである。このため今は死語になりつつある「御用学者」という言葉によって非難されることもあるが，その非難は無意味である。外部専門家の活用は，客観性の確保と言うよりは専門知識の吸収だからである。チェックすべきは専門性の有無であり，それは専門家同士のピアレビューによって可能である。

　行政が外部評価委員会を活用する第2の目的は，評価に対する客観性の付与である。「お墨付き」機能と呼んでもよいかもしれない。内部評価がお手盛り

評価ではないことを証明するため外部者を活用する，そのため評価プロセスの要所要所に外部者が参加し，第三者の目で見た意見を言うことが期待される。もっとも招いた行政側も，招かれた委員側も，具体的作業として何をするのかが分かっていないため，混乱することが多い。

府省や地方自治体が公表した議事録には，色いろな問題事例が見られる。委員の適性に関する認識がないので行政が選んだ委員がおよそ場違いな放言をする，本来「メタ評価（2次評価）は2度評価することではない」にもかかわらず行政が外部委員に2度目の評価作業をさせるという問題事例である。こうした問題状況が出現する理由は，評価委員会に対する行政の誤った願望にある。通常の各種審議会・委員会と同じように考えて人選のバランスを取りたい，行政が議論をコントロールしたい，評価と監査を錯覚しているため監査的な運営になってしまう，まじめなので細かく重箱の隅をつつきたい，全事業を悉皆調査したい，とにかく外部委員会に諮ったという形式的事実が必要である，などの願望である。そもそも，他に本業を持つ外部専門家を限られた時間だけ拘束しているのであり，何をしてもらうのかあらかじめ考えておかなければならないはずであるが，その配慮に欠ける事例が少なくない。

行政（とくに地方自治体）が外部評価委員会を活用する第3の目的は，ターミネーターとしての役割を期待するところにある。財政に危機感を抱く地方自治体にはこのパターンが多い。外部評価委員会は事業カット・業務「強制終了（ターミネート）」をするために，担当課が書いた評価書を見直すように求められる。辞令交付の時には幹部から「専門家の目で見ておかしいところはドンドン切ってくれ」という要請を受ける。そのため事業担当者に対するヒアリングや現地調査を繰り返すことになるが，委員はカットのプロではないため，素人の無関係な第三者が「対岸の火事を見ている」目になっている。もちろんこのカットという目的は，評価本来の趣旨からはずれている。

評価とは情報を産出する価値中立的な活動である。成果が出ているかどうかを知りたいのであれば，成果や有効性に関する調査が必要であり，そのための収集・分析のツール，アンケートをはじめとする調査手法を使う。事業執行が効率的であるかどうかを知りたければ，また別のツールが必要になる。それら

のツールが評価をする目的，評価結果を使う目的にとって妥当であったか，使い方が適性であったかどうかだけがチェック項目になる。評価シートや評価書を見るのもその視点である。したがって外部評価委員が自ら現地調査に赴いたり，担当者に長々とヒアリングする必要はない。ましてや，事業をカットしろ，廃止しろと迫るのは外部評価委員会の任務を逸脱している。多くの地方自治体では，本来この任務に当たるべき選挙で選ばれた人や幹部が責任放棄をしているために，筋違いの逸脱任務を外部評価委員に「ヤラセ」ているにすぎない。

そもそもカットや終了を前提として評価することは，評価自体にあらかじめバイアスをかけることであり，そこではカットすべきだという結論を導くことができる情報だけが使われる。そのバイアス情報を基に，事業を守りたい事業担当課と2次評価の外部委員が「やり合う」のは常識的に考えてもおかしい。評価専門家は自ら考える適正な評価の任務ではないので困惑し，逆に任務を勘違いした外部有識者の委員は「このご時世にそんな時代遅れの事業もカットできないのか」と興奮し優柔不断な自治体幹部にあきれ，住民代表の立場で委員になった人は地域社会に気兼ねしたり自らも利益を享受しているので沈黙する。

④外部評価の可能性

外部評価とその委員会の意義を再考すると，以下のような4つの結論になる。

まず第1に，評価の客観性を確保するために外部委員会を置くという目的は，理屈は正しいが，現実にはかなり難しい。これは，外部の「第三者による」客観的な視点というところに無理があるためである。行政が選任する段階ですでに第三者性が失われ，仮に先着順や公募で選んでも，今度は委員の評価能力欠如が問題になる。また，公募では利害関係者が公募してくる可能性を排除できない（ステークホルダー評価を認めるなら話は別であるが）。

第2に，事務事業カットを外部評価委員会に依頼する場合については，そもそもカットは選挙で選任された議会や首長の責任であり，また副知事・助役などの執行幹部がするべきことである。それを外部評価委員にやらせるのは筋違いである。委員にはカット行為を正当化する根拠がないからである。それでも外部評価委員会にカットを頼むというのは，選挙で選ばれた者のモラルハザードである。ただし，行政改革，財政再建の専門家を首長の特別スタッフとして

招き，首長代理として評価を使ったカットをする仕組みを作るなら可能である。

　第3に，府省や地方自治体が行政の説明責任（アカウンタビリティ）を追求するために評価を使うと宣言したため，監査との類似性が出て公認会計士が評価委員として登場する場面も数多い。しかし本来，評価と監査は目的も，手段も，やり方も，担当者の専門もまったく違う。監査は法令順守，手続順守の確認であり，裏返すと非違の追及，問題の摘出が目的の責任追及行為になる。他方，評価は非違，違法の追及が目的ではない。もちろん「誰が悪いのか」でもない。原因追及行為なのであり，もし失敗があればそれを教訓にして2度と同じ間違いを犯さない，さらなる改善を図ることを目的として行う活動である。

　第4に，評価をマネジメントの支援目的で使う時，外部評価委員会を設置する意味はない。内部管理がうまくいったかどうかという話は，外部評価で検証すべき問題ではなく，マネジメント・コンサルタントの活用で済む。

　これら4つの結論を前提条件として考えると，外部評価委員会のミッションはかなり限定的になってくる。つまり外部の専門家のアドバイスである。構成する委員は，特定の政策領域（外交・防衛・教育・医療・福祉保健など）に限定された評価であれば，その政策領域の専門家も必要であるが，政策領域全部が対象であったり総務系の仕事であれば，総務系の話が分かる評価の専門家に限定すべきであろう。他方，仮に政策評価制度導入後3年間に見られたような使い方をしたいのであれば，そのためのコストを負担し，また事務体制を整備し，専門家を拘束した時間に見合う待遇を用意すべきであろう（安易に専門家を動員する背景には専門家にボランティアでの奉仕を押しつける悪習がある）。もちろん，きちんとした権威付けも必要である。そのイメージはオンブズパーソン（オンブズマン）である。その際行われるべきアドバイスや助言の内容は，評価結果が妥当であるかどうか，妥当性に欠けるとすれば評価の仕組みや情報収集ツールなどのどこに問題があったかを考える内容に限定される。この場合，外部評価は「行政の外にいる専門家が内部評価のスキームを見る」という性格に落ち着くはずである。

ま と め

　政策評価に関する課題の認識は，2005年に出揃っていた。また，この課題に関する解決策も色いろな立場から，様ざまな案が寄せられた。ただし，それらは評価制度に関する理解の深浅，研究蓄積の有無，「政策と政治」や「政策と行政」との区別の認識の有無，評価を使用する目的の違い，実務経験の有無，立場の違いなどの条件によって時には大きく食い違い，時には微妙にニュアンスが違っていた。制度の見直しの議論も，こうした条件を踏まえたものであれば有効であろうが，そうでないものは現場をいたずらに混乱させるだけである。そして，有効な議論をするためには，地味で情趣に乏しい「勉強」（字義通り勉めて強いる作業）を果てしなく続けなければならないところに，政策評価の大きな課題がある。政策評価は外交政策や経済政策を語る時のように派手で面白い仕事ではなく，きわめて散文的でつまらない作業なのである。ただしこの散文的な作業を怠ると議論は上滑る。

　また，「政策評価は一時の流行りにすぎない」という声は制度導入期より出ていた。それは一面で正しい。おそらく，行政手続法や情報公開のように政治と行政の中に文化として定着した時，流行は終わる。空気の存在を意識しないように，政策評価もきわめて当たり前の活動として意識せずに行われるようになれば，冷静な政策論を招き，民主主義のリテラシーとして有効な制度になるであろう。

　しかし，政策評価が形骸化して皮相な流行に終わる時，行政責任（アカウンタビリティやレスポンシビリティ）を追及するメカニズムは偏り，選挙の投票行動は悪しきポピュリズムに動かされ，日本の民主主義は堕落する。政策評価制度の見直しも，技術的な議論に加えて，こうした大きな視点が不可欠なのである。

▶注
1）　白浜一良議員他9議員（自由民主党・保守新党，民主党・新緑風会，公明党，

日本共産党，国会改革連絡会（自由党・無所属の会）および社会民主党・護憲連合の各派共同提案発議による．
2）　山口那津男議員他 8 議員（自由民主党，民主党・新緑風会，公明党，日本共産党および社会民主党・護憲連合の各派共同提案による．
3）　経済財政諮問会議，「谷垣議員提出資料（政策評価と予算との連携強化について）」財務省，2005 年 3 月 10 日，7 ページ．
4）　政策評価と予算との連携の試みの概要は，総務省政策評価・独立行政法人評価委員会の政策評価分科会（4 月 28 日開催）議事録に詳しい．本文にある記述は，総務省ホームページにある「http://www.soumu.go.jp/hyouka/seisakunaiyo/050428_2.html」を 2006 年 2 月 23 日に参照したものである．
5）　業績予算に関しては田中秀明「業績予算と予算のミクロ改革——コントロールとマネジメントの相克——(上)・(中)・(下)」『季刊行政管理研究』No.110（2005 年 6 月）・111（2005 年 9 月）・112（2005 年 12 月）を参照．
6）　この部分の記述は 2006 年 2 月 22 日，筆者が参議院決算委員会における参考人として発言した内容（「独立行政法人の評価と政策評価」）に加筆したものである．
7）　メタ評価の問題に関しては，日本評価学会第 6 回全国大会（2005 年 12 月 11 日広島大学）における共通論題Ⅴ「評価の評価——評価の品質保証のための仕組みと手法」において筆者が報告した内容を使用した．
8）　外部評価の問題点に関する記述は，神戸都市問題研究所『都市政策』第 123 号（2005 年 4 月）に筆者が執筆した内容を修正したものである．
9）　日本評価学会第 6 回全国大会（2005 年 12 月 11 日・12 日広島大学）では，政策評価・行政評価制度の見直しが国でも自治体でも広がる中，共通論題Ⅰ「行政評価と行政の質の保証——外部評価を中心に—」，共通論題Ⅴ「評価の評価——評価の質保証のための仕組みと手法」という 2 つの重要セッションが開催されていた．
10）　ただし，NPM の流行は，民間のマネジメント手法・思想を行政に導入することを目的としていたため，企業の経営者や執行役員の場合は外部有識者というよりも，外部専門家であるかもしれない．
11）　国の審議会等における女性委員の割合については，2000 年 8 月 15 日に男女共同参画推進本部が決定した「国の審議会等における女性委員の登用の促進について」に基づき，「平成 17 年（西暦 2005 年）度末までのできるだけ早い時期に」「30％を達成する」ことを目指している．中央省庁でもし女性委員が 30％を超えていない場合，担当課に内閣府から「30％を達成する計画を持っているか」という問い合わせが来た．
12）　審議会・委員会などに女性委員を確保する目的の 1 つは，政策決定に女性の視

点を反映させる必要があるという共通認識があるためで，この立場から内閣府男女共同参画局では各種審議会・委員会等の状況を調査し（「女性の政策決定参画状況調べ」2002年8月），毎年度「審議会等女性委員名簿」が12月に公表されている。そしてこの有識者・専門家の女性のリストを公表する意図は，適切な女性人材を適正に関連した政策審議の場に送り込むことにあると推測される。

13) たとえば，独立行政法人の国立美術館・国立博物館について「やみくもな効率化は危険」という新聞記事が出たことがある（『朝日新聞』2005年11月10日）。この記事が独立行政法人評価委員に向けた批判であれば，それは的はずれである。独立行政法人評価委員は政策の議論には介入せず，独立行政法人という組織のマネジメントの効率化とサービスの充実，経費削減状況を対象に議論するだけだからである。効率化の議論をするなという批判は，国立美術館・国立博物館の独立行政法人化を決めた文部科学省と政府に向けるべきであろう。外部評価の現場はこのような「勘違い」に満ちている。独立行政法人評価委員会は独立行政法人通則法に則って，淡々とその任務を遂行するだけであり，その任務は効率とサービスの質を見るということである。

14) この外部専門家から行政が助言・アドバイスを受けるという点を追求していくと，熱心であればあるほど専門家と行政との接触が増え，専門家と行政はやがて密着する。たとえば岩手県立大学教員時代の筆者は岩手県から政策評価の助言や研修を依頼されたが，当時県立大学教員も岩手県職員であるという個人的な理由，また県立大学設置が岩手県のシンクタンクを目指すという県庁幹部と大学幹部の暗黙的ではあったが公然の意向，県庁内で助言・研修活動を頻繁に繰り返した事実などが外部性を否定する論拠になる。少し後で岩手県の政策評価外部委員に就任したが，それまでの経緯から岩手県の政策評価については当事者に近く，外部評価委員としての外部性は（物理的にも精神的にも）失われている。さらにその後，筆者は外務省大臣官房考査・政策評価官のポストに就いたが，これは外部者がその専門性によって内部者になる（ミイラ取りがミイラになった）典型的事例であった。もっとも，医学に臨床研究があるように，政策評価のような理論と実務が交錯する分野でも臨床研究は必要であり，それが研究者の資質を高め，研究者に対する実務家の「畳の上の水練」「机上の空論」という批判を弱め，行政に対する専門的助言活動を的確なものにしていくと筆者は考えている。

資 料 編

行政機関が行う政策の評価に関する法律
（平成十三年六月二十九日法律第八十六号）

最終改正：平成一五年四月九日法律第二三号

　第一章　総則（第一条—第四条）
　第二章　政策評価に関する基本方針（第五条）
　第三章　行政機関が行う政策評価（第六条—第十一条）
　第四章　総務省が行う政策の評価（第十二条—第十八条）
　第五章　雑則（第十九条—第二十二条）
　附則

第一章　総則

（目的）
第一条　この法律は，行政機関が行う政策の評価に関する基本的事項等を定めることにより，政策の評価の客観的かつ厳格な実施を推進しその結果の政策への適切な反映を図るとともに，政策の評価に関する情報を公表し，もって効果的かつ効率的な行政の推進に資するとともに，政府の有するその諸活動について国民に説明する責務が全うされるようにすることを目的とする。

（定義）
第二条　この法律において「行政機関」とは，次に掲げる機関をいう。
一　内閣府設置法（平成十一年法律第八十九号）第四条第三項に規定する事務をつかさどる機関たる内閣府（次号に掲げる機関を除く。）
二　宮内庁及び内閣府設置法第四十九条第一項に規定する機関（国家公安委員会にあっては，警察庁を除く。）並びに警察庁
三　各省（総務省にあっては，次号に掲げる機関を除く。）
四　公害等調整委員会
２　この法律において「政策」とは，行政機関が，その任務又は所掌事務の範囲内において，一定の行政目的を実現するために企画及び立案をする行政上の一連の行為についての方針，方策その他これらに類するものをいう。

（政策評価の在り方）
第三条　行政機関は，その所掌に係る政策について，適時に，その政策効果（当該政策に基づき実施し，又は実施しようとしている行政上の一連の行為が国民生活及び社会経済に及ぼし，又は及ぼすことが見込まれる影響をいう。以下同じ。）を把握し，これを基礎として，必要性，効率性又は有効性の観点その他当該政策の特性に応じて必要な観点から，自ら評価するとともに，その評価の結果を当該政策に適切に反映させなければならない。
2　前項の規定に基づく評価（以下「政策評価」という。）は，その客観的かつ厳格な実施の確保を図るため，次に掲げるところにより，行われなければならない。
一　政策効果は，政策の特性に応じた合理的な手法を用い，できる限り定量的に把握すること。
二　政策の特性に応じて学識経験を有する者の知見の活用を図ること。

（政策評価の結果の取扱い）
第四条　政府は，政策評価の結果の取扱いについては，前条第一項に定めるところによるほか，予算の作成及び二以上の行政機関の所掌に関係する政策であってその総合的な推進を図ることが必要なものの企画及び立案に当たりその適切な活用を図るように努めなければならない。

第二章　政策評価に関する基本方針

第五条　政府は，政策評価の計画的かつ着実な推進を図るため，政策評価に関する基本方針（以下「基本方針」という。）を定めなければならない。
2　基本方針においては，次に掲げる事項につき，次条第一項の基本計画の指針となるべきものを定めるものとする。
一　政策評価の実施に関する基本的な方針
二　政策評価の観点に関する基本的な事項
三　政策効果の把握に関する基本的な事項
四　事前評価（政策を決定する前に行う政策評価をいう。以下同じ。）の実施に関する基本的な事項
五　事後評価（政策を決定した後に行う政策評価をいう。以下同じ。）の実施に関する基本的な事項
六　学識経験を有する者の知見の活用に関する基本的な事項
七　政策評価の結果の政策への反映に関する基本的な事項
八　インターネットの利用その他の方法による政策評価に関する情報の公表に関する基

本的な事項
九　その他政策評価の実施に関する重要事項
3　基本方針においては，前項に掲げる事項のほか，第二十条から第二十二条までの規定に基づき実施し，又は実施しようとしている措置その他政策評価を円滑かつ着実に実施するために必要な措置に関する事項を定めるものとする。
4　総務大臣は，審議会等（国家行政組織法（昭和二十三年法律第百二十号）第八条に規定する機関をいう。）で政令で定めるものの意見を聴いて，基本方針の案を作成し，閣議の決定を求めなければならない。
5　総務大臣は，前項の規定による閣議の決定があったときは，遅滞なく，基本方針を公表しなければならない。
6　前二項の規定は，基本方針の変更について準用する。

第三章　行政機関が行う政策評価

（基本計画）
第六条　行政機関の長（行政機関が，公正取引委員会，国家公安委員会又は公害等調整委員会である場合にあっては，それぞれ公正取引委員会，国家公安委員会又は公害等調整委員会。以下同じ。）は，基本方針に基づき，当該行政機関の所掌に係る政策について，三年以上五年以下の期間ごとに，政策評価に関する基本計画（以下「基本計画」という。）を定めなければならない。
2　基本計画においては，次に掲げる事項を定めるものとする。
一　計画期間
二　政策評価の実施に関する方針
三　政策評価の観点に関する事項
四　政策効果の把握に関する事項
五　事前評価の実施に関する事項
六　計画期間内において事後評価の対象としようとする政策その他事後評価の実施に関する事項
七　学識経験を有する者の知見の活用に関する事項
八　政策評価の結果の政策への反映に関する事項
九　インターネットの利用その他の方法による政策評価に関する情報の公表に関する事項
十　政策評価の実施体制に関する事項
十一　その他政策評価の実施に関し必要な事項
3　行政機関の長は，前項第六号の政策としては，当該行政機関がその任務を達成する

ために社会経済情勢等に応じて実現すべき主要な行政目的に係る政策を定めるものとする。
4 行政機関の長は，基本計画を定めたときは，遅滞なく，これを総務大臣に通知するとともに，公表しなければならない。
5 前二項の規定は，基本計画の変更について準用する。

（事後評価の実施計画）
第七条 行政機関の長は，一年ごとに，事後評価の実施に関する計画（以下「実施計画」という。）を定めなければならない。
2 実施計画においては，計画期間並びに次に掲げる政策及び当該政策ごとの具体的な事後評価の方法を定めなければならない。
一 前条第二項第六号の政策のうち，計画期間内において事後評価の対象としようとする政策
二 計画期間内において次に掲げる要件のいずれかに該当する政策
イ 当該政策が決定されたときから，当該政策の特性に応じて五年以上十年以内において政令で定める期間を経過するまでの間に，当該政策がその実現を目指した効果の発揮のために不可欠な諸活動が行われていないこと。
ロ 当該政策が決定されたときから，当該政策の特性に応じてイに規定する政令で定める期間に五年以上十年以内において政令で定める期間を加えた期間が経過したときに，当該政策がその実現を目指した効果が発揮されていないこと。
三 前二号に掲げるもののほか，計画期間内において事後評価の対象としようとする政策
3 行政機関の長は，実施計画を定め，又はこれを変更したときは，遅滞なく，これを総務大臣に通知するとともに，公表しなければならない。

（事後評価の実施）
第八条 行政機関は，基本計画及び実施計画に基づき，事後評価を行わなければならない。

（事前評価の実施）
第九条 行政機関は，その所掌に関し，次に掲げる要件に該当する政策として個々の研究開発，公共事業及び政府開発援助を実施することを目的とする政策その他の政策のうち政令で定めるものを決定しようとするときは，事前評価を行わなければならない。
一 当該政策に基づく行政上の一連の行為の実施により国民生活若しくは社会経済に相当程度の影響を及ぼすこと又は当該政策がその実現を目指す効果を発揮することがで

きることとなるまでに多額の費用を要することが見込まれること。
二　事前評価に必要な政策効果の把握の手法その他の事前評価の方法が開発されていること。

（評価書の作成等）
第十条　行政機関の長は，政策評価を行ったときは，次に掲げる事項を記載した評価書を作成しなければならない。
一　政策評価の対象とした政策
二　政策評価を担当した部局又は機関及びこれを実施した時期
三　政策評価の観点
四　政策効果の把握の手法及びその結果
五　学識経験を有する者の知見の活用に関する事項
六　政策評価を行う過程において使用した資料その他の情報に関する事項
七　政策評価の結果
2　行政機関の長は，前項の規定により評価書を作成したときは，速やかに，これを総務大臣に送付するとともに，当該評価書及びその要旨を公表しなければならない。

（政策への反映状況の通知及び公表）
第十一条　行政機関の長は，少なくとも毎年一回，当該行政機関における政策評価の結果の政策への反映状況について，総務大臣に通知するとともに，公表しなければならない。

第四章　総務省が行う政策の評価

（総務省が行う政策の評価）
第十二条　総務省は，二以上の行政機関に共通するそれぞれの政策であってその政府全体としての統一性を確保する見地から評価する必要があると認めるもの，又は二以上の行政機関の所掌に関係する政策であってその総合的な推進を図る見地から評価する必要があると認めるものについて，統一性又は総合性を確保するための評価を行うものとする。
2　総務省は，行政機関の政策評価の実施状況を踏まえ，当該行政機関により改めて政策評価が行われる必要がある場合若しくは社会経済情勢の変化等に的確に対応するために当該行政機関により政策評価が行われる必要がある場合において当該行政機関によりその実施が確保されないと認めるとき，又は行政機関から要請があった場合において当該行政機関と共同して評価を行う必要があると認めるときは，当該行政機関の

政策について，政策評価の客観的かつ厳格な実施を担保するための評価を行うものとする。
3　前二項の規定による評価は，その対象とする政策について，その政策効果を把握し，これを基礎として，必要性，効率性又は有効性の観点その他政策の特性に応じて必要な観点から，行うものとする。

（総務省が行う政策の評価に関する計画）
第十三条　総務大臣は，毎年度，当該年度以降の三年間についての前条第一項及び第二項の規定による評価に関する計画を定めなければならない。
2　前項の計画においては，次に掲げる事項を定めなければならない。
一　前条第一項及び第二項の規定による評価の実施に関する基本的な方針
二　計画期間内において前条第一項の規定による評価の対象としようとする政策
三　当該年度において前条第一項の規定による評価の対象としようとする政策
四　その他前条第一項及び第二項の規定による評価の実施に関する重要事項
3　総務大臣は，第一項の計画を定め，又はこれを変更したときは，遅滞なく，これを公表しなければならない。

第十四条　総務省は，前条第一項の計画に基づき，第十二条第一項及び第二項の規定による評価を実施しなければならない。

（資料の提出の要求及び調査等）
第十五条　総務大臣は，第十二条第一項及び第二項の規定による評価を行うため必要な範囲において，行政機関の長に対し資料の提出及び説明を求め，又は行政機関の業務について実地に調査することができる。
2　総務大臣は，第十二条第一項及び第二項の規定による評価に関連して，次に掲げる業務について，書面により又は実地に調査することができる。この場合において，調査を受けるものは，その調査を拒んではならない。
一　独立行政法人（独立行政法人通則法（平成十一年法律第百三号）第二条第一項に規定する独立行政法人をいう。）の業務
二　法律により直接に設立される法人又は特別の法律により特別の設立行為をもって設立すべきものとされる法人（総務省設置法（平成十一年法律第九十一号）第四条第十五号の規定の適用を受けない法人を除く。）の業務
三　特別の法律により設立され，かつ，その設立に関し行政官庁の認可を要する法人（その資本金の二分の一以上が国からの出資による法人であって，国の補助に係る業務を行うものに限る。）の業務

四　国の委任又は補助に係る業務
3　総務大臣は、第十二条第一項及び第二項の規定による評価の目的を達成するために必要な最小限度において、地方自治法（昭和二十二年法律第六十七号）第二条第九項第一号に規定する第一号法定受託事務に該当する地方公共団体の業務（行政機関の業務と一体として把握される必要があるものに限り、前項第四号に掲げる業務に該当するものを除く。）について、書面により又は実地に調査することができる。この場合においては、あらかじめ、関係する地方公共団体の意見を聴くものとする。
4　総務大臣は、第十二条第一項及び第二項の規定による評価の実施上の必要により、公私の団体その他の関係者に対し、必要な資料の提出に関し、協力を求めることができる。

（評価書の作成等）
第十六条　総務大臣は、第十二条第一項又は第二項の規定による評価を行ったときは、第十条第一項各号に掲げる事項を記載した評価書を作成しなければならない。
2　総務大臣は、前項の規定により評価書を作成したときは、速やかに、これに必要な意見を付して関係する行政機関の長に送付するとともに、当該評価書及びその要旨並びに当該意見の内容を公表しなければならない。

（勧告等）
第十七条　総務大臣は、第十二条第一項又は第二項の規定による評価の結果必要があると認めるときは、関係する行政機関の長に対し、当該評価の結果を政策に反映させるために必要な措置をとるべきことを勧告するとともに、当該勧告の内容を公表しなければならない。
2　総務大臣は、前項の規定による勧告をしたときは、当該行政機関の長に対し、その勧告に基づいてとった措置について報告を求めることができる。
3　総務大臣は、第十二条第一項又は第二項の規定による評価の結果を政策に反映させるため特に必要があると認めるときは、内閣総理大臣に対し、当該評価の結果の政策への反映について内閣法（昭和二十二年法律第五号）第六条の規定による措置がとられるよう意見を具申するものとする。

（評価及び監視との連携の確保）
第十八条　総務大臣は、第十二条第一項又は第二項の規定による評価に際し、これと総務省設置法第四条第十八号の規定による評価及び監視との連携を確保するように努めなければならない。

第五章　雑　則

（国会への報告）
第十九条　政府は，毎年，政策評価及び第十二条第一項又は第二項の規定による評価（以下「政策評価等」という。）の実施状況並びにこれらの結果の政策への反映状況に関する報告書を作成し，これを国会に提出するとともに，公表しなければならない。

（政策評価等の方法に関する調査研究の推進等）
第二十条　政府は，政策効果の把握の手法その他政策評価等の方法に関する調査，研究及び開発を推進するとともに，政策評価等に従事する職員の人材の確保及び資質の向上のために必要な研修その他の措置を講じなければならない。

（政策評価等に関する情報の活用）
第二十一条　総務大臣は，政策評価等の効率的かつ円滑な実施に資するよう，行政機関相互間における政策評価等の実施に必要な情報の活用の促進に関し必要な措置を講ずるものとする。

（所在に関する情報の提供）
第二十二条　総務大臣は，政策評価の結果その他の政策評価等に関する情報を入手しようとする者の利便を図るため，その所在に関する情報の提供に関し必要な措置を講ずるものとする。

附　則　抄

（施行期日）
第一条　この法律は，平成十四年四月一日から施行する。ただし，第五条の規定は，公布の日から起算して六月を超えない範囲内において政令で定める日から施行する。

（検討）
第二条　政府は，この法律の施行後三年を経過した場合において，この法律の施行の状況について検討を加え，その結果に基づいて必要な措置を講ずるものとする。

（事後評価の実施計画に関する経過措置）
第三条　この法律の施行後第七条第一項の規定により国家公安委員会，金融庁長官又は

警察庁長官が最初に定める実施計画についての同項の規定の適用については，同項中「一年ごとに」とあるのは，「一年未満で，国家公安委員会，金融庁長官又は警察庁長官の定める期間を計画期間として」とする。

（事後評価の実施に関する経過措置）
第四条　第七条第二項（第二号に係る部分に限る。）の規定は，この法律の施行前に決定された政策であって，同号イ又はロに規定する期間がこの法律の施行の日以後に経過したものについても，適用する。

　　附　則（平成一五年四月九日法律第二三号）抄

（施行期日）
第一条　この法律は，公布の日から施行する。
第三条　前条に定めるもののほか，この法律の施行に関し必要な経過措置は，政令で定める。

政策評価・独立行政法人関連年表

1994年2月	建設省道路局,「道路投資の評価に関する研究会」設置
1994年10月	自治省事務次官通知「地方公共団体における行政改革推進のための指針について」(7日付)
1995年4月	北川正恭氏,三重県知事当選事務事業評価につながる「さわやか」運動開始
1996年4月	三重県庁,事務事業評価システム導入
1996年10月	自由民主党,総選挙で「エージェンシー」制度の導入を公約
1996年11月	行政改革会議,発足(橋本内閣,～98年12月)
11月	民主党,行政監視院法案,提出(29日,97年6月18日審議未了廃案)
1997年1月	北海道庁「時のアセスメント」実施(9施策・事業を選定,再評価)
7月	通産省,「政策評価広報課」設置
12月	行政改革会議最終報告,独立行政法人,政策評価の導入を提言
1998年3月	通産省政策評価研究会(第1次)発足12月に第2次研究会発足
3月	公共事業関係6省庁「再評価システム」導入決定
6月	中央省庁等改革基本法成立,政策評価機能強化,独立行政法人制度の創設が盛り込まれる
9月	中央省庁等改革に係る立案方針(中央省庁等改革推進本部決定),政策評価機能の充実強化を図る案方針提示
9月	通産省政策評価研究会『政策評価の現状と課題——中間報告——』公表
1999年1月	中央省庁等改革に係る大綱(中央省庁等改革推進本部決定),政策評価に関する大綱を提示
4月	中央省庁等改革の推進に関する方針(中央省庁等改革推進本部決定),政策評価の枠組み決定
5月	総務庁行政監察局に政策評価等推進準備室を設置各省庁政策評価準備連絡会議発足
5月	北海道,いわゆる「政策アセスメント」実施のため政策評価課を設置
5月	青森県,「政策マーケティング委員会」設立
7月	国家行政組織法一部改正法,内閣府設置法,総務省設置法成立,政策評価の根拠規定を含む
7月	独立行政法人通則法,公布(16日)
8月	各省庁政策評価準備連絡会議,「標準的ガイドライン案に盛り込むべき事項(検討案)」了承
8月	通産省『政策評価の現状と課題——新たな行政システムを目指して——』公表

	11月	北海道庁・政策評価の導入検討プロジェクトチーム（赤レンガ政策検討プロジェクト，座長・山口二郎北大教授），報告書『新世代型道政運営システムの確立を目指して』を公表，政策評価導入を示唆
	12月	男女共同参画影響調査研究会，発足（調査に政策評価の視点が入る）
2000年 2月		政策評価の手法等に関する研究会，「政策評価の導入に向けた意見・論点の中間整理」公表
	5月	新たに総務省に設置される政策評価・独立行政法人評価委員会の組織，所掌事務等を規定した「政策評価・独立行政法人評価委員会令」が閣議決定
	6月	政策評価の手法等に関する研究会，「政策評価の導入に向けた中間まとめ」公表
	7月	各省庁政策評価準備連絡会議において「政策評価に関する標準的ガイドラインの案（概要・全文）」了承，公表
	7月	外務省「ODA評価研究会」発足
	9月	日本評価学会，設立（25日）
	12月	行政改革大綱，閣議決定（1日），政策評価導入・法制化と特殊法人改革を指示各省庁政策評価準備連絡会議において「政策評価に関する標準的ガイドライン（案）（概要・全文）」を了承，公表
	12月	政策評価の手法等に関する研究会「政策評価制度の在り方に関する最終報告」公表
2001年 1月		中央省庁再編総務省，政策評価・独立行政法人評価委員会，設置
	2月	経済協力局長の私的諮問委員会のODA評価研究会「我が国のODA評価体制の拡充に向けて」公表
	4月	独立行政法人（通則法，個別法，関連制令施行，独立行政法人制度）スタート
	6月	行政機関が行う政策の評価に関する法律，参議院を全会一致で通過，成立（22日）
	9月	行政機関が行う政策の評価に関する法律施行令（27日，政令第323号）
	12月	「政策評価に関する基本方針」，閣議決定（28日）
2002年 2月		川口外務大臣「開かれた外務省のための10の改革」公表，「経済協力局幹部（評価担当）に外部の人材を起用」
	4月	政策評価，全府省で公式に実施
	7月	川口大臣の私的懇談会「外務省を変える会」最終報告書提出（22日），評価の拡充を盛り込む
	8月	外務省，「行動計画」公表（22日），経済協力局評価室の移管を組織見直しの一環として検討
2003年 7月		地方独立行政法人法，公布（16日，2004年4月1日施行）
	10月	独立行政法人，国際交流基金，国際協力機構，設立（1日）

参考文献

足立幸男『公共政策学入門』有斐閣，1994年。
足立幸男編著『政策学的思考とは何か――公共政策学原論の試み――』勁草書房，2005年。
アーユス NGO プロジェクト評価法研究会編『小規模社会開発プロジェクト評価――人々の暮らしは良くなっているか――』国際開発ジャーナル社，1995年。
有川博『有効性の検査の展開――政策評価との交錯――』全国会計職員協会，2003年。
淡路富男編，社会経済生産性本部・自治体マネジメントセンター監修『「行政経営品質」とは何か――住民本位の改革と評価基準』生産性出版，2001年。
石原俊彦『地方自治体の事業評価と発生主義会計』中央経済社，1999年。
──『自治体行政評価ケーススタディ』東洋経済新報社，2005年。
伊多波良雄編著『これからの政策評価システム――評価手法の理論と実際』中央経済社，1999年。
稲継裕昭「英国ブレア政権下での新たな政策評価制度――包括的歳出レビュー（CSR）・公共サービス合意（PSAs）――」『季刊行政管理研究』No. 93, 2001年3月。
今村都南雄「行政責任と統制」今村都南雄・武藤博己・真山達志・武智秀之『ホーンブック行政学』北樹出版，1996年，第7章。
打越綾子『自治体における企画と調整――事業部局と政策分野別基本計画』日本評論社，2004年。
梅田次郎「行政評価のアウトソーシング」島田達巳編著『自治体のアウトソーシング戦略――協働による行政経営――』ぎょうせい，2000年。
OECD 調査団（文部省訳）『日本の社会科学を批判する』講談社学術文庫，1980年。
大住荘四郎『ニュー・パブリック・マネジメント――理念・ビジョン・戦略』日本評論社，1999年。
──『NPM による行政革命――経営改革モデルの構築と実務』日本評論社，2003年。
──『NPM による経営革新』学陽書房，2005年。
大山耕輔「政策実施と行政手段」福田耕治・真渕勝・縣公一郎編著『行政の新展開』法律文化社，2002年。
──『エネルギーガバナンスの行政学』慶應義塾大学出版会，2002年。

オークレー P. 編著，勝間靖・齋藤千佳訳『国際開発論入門——住民参加による開発の理論と実践——』築地書館，1993年。
オズボーン，デビッド／テッド・ゲーブラー著，高地高司訳『行政革命』日本能率協会マネジメントセンター，1995年。
加藤芳太郎『予算論研究の歩み——加藤芳太郎氏に聞く』（聞き手は納富一郎）〈自治総研ブックレット〉65，地方自治総合研究所，1999年。
木佐成男監修，今川晃編『自治体の創造と市町村合併——合併論議の流れを変える7つの提言——』第一法規，2003年，第3章。
規制に関する政策評価の手法に関する研究会（総務省行政評価局）『規制評価のフロンティア——海外における規制影響分析（RIA）の動向』行政管理研究センター，2004年。
北大路信郷「業務棚卸による行政改革——静岡県の取り組みを中心に」『地方自治職員研修』1998年9月号。
——「成果主義に基づく自治体経営システム——業務棚卸法によるTQC」『自治フォーラム』1999年3月号。
君村昌『現代の行政改革とエージェンシー——英国におけるエージェンシーの現状と課題——』行政管理研究センター，1998年。
行政改革会議事務局OB会編『21世紀の日本の行政——行政改革会議活動記録——』行政管理研究センター，1998年。
行政管理研究センター編「行政における評価機能の実態とその在り方に関する調査研究報告書」，第6章「目標による管理と行政評価——玉野市の目標管理の実際」1986年（総務庁長官官房総務課）。
行政管理研究センター『政策評価の基礎用語』行政管理研究センター，2005年。
窪田好男「政策評価論」足立幸男・森脇俊雄編著『公共政策学』ミネルヴァ書房，2003年，第11章。
——『日本型政策評価としての事務事業評価』日本評論社，2005年。
熊坂伸子『NPMと政策評価』ぎょうせい，2005年。
斎藤達三『総合計画の管理と評価——新しい自治体計画の実効性』勁草書房，1994年。
サイモン，ハーバート・A.／クレランス・リドレー著，本多弘訳『行政評価の基準——自治体活動の測定——』北樹出版，1999年。
佐々木毅・金泰昌編『中間団体が開く公共性』〈公共哲学〉7，東京大学出版会，2002年。
市民がつくる政策調査会編集発行『市民が政策を拓く』（市民がつくる政策調査会・設立記念総会記録），1997年。

白樫三四郎「数量的アプローチと臨床的アプローチ」『組織科学』Vol. 35, No. 4, 2002年。

新藤宗幸『講義現代日本の行政』東京大学出版会，2001年。

────『概説日本の公共政策』東京大学出版会，2004年。

スミス，ジェームズ著，長谷川文雄・石田肇他訳『アメリカのシンクタンク』ダイヤモンド社，1994年。

政策研究大学院大学政策研究科『公共政策の決定に伴う多元的総合評価システムの構築に関する学際的基礎研究』2004年7月。

政策評価制度の導入と政策評価手法等研究会，行政管理研究センター編『政策評価ガイドブック』ぎょうせい，2001年。

武智秀之「信頼の制度設計──自治体サービスの認証と格付け」西尾勝編著『行政評価の潮流──参加型評価システムの可能性──』行政管理研究センター，2000年，第4章。

田所昌幸・城山英明編『国際機関と日本──活動分析と評価』日本経済評論社，2004年。

田中一昭・岡田彰編著『中央省庁改革』日本評論社，2000年。

田中秀明「業績予算と予算のミクロ改革──コントロールとマネジメントの相克──(上)・(中)・(下)」『季刊行政管理研究』No. 110・111・112，2005年6月，2005年9月，2005年12月。

田中弥生「構造調整借款20年間のレビューからみる日本政府の政策と判断」『日本評価研究』Vol. 6, No. 1, 2006年)。

田辺国昭「日本における政策評価の現状と課題」総合研究開発機構『政策形成支援のための政策評価』，2005年9月，第2章第1節。

────「中央省庁における政策評価の現状と課題──期待と失望のスパイラルを超えて──」総合研究開発機構『政策形成支援のための政策評価──NIRA型政策評価モデルの提言』NIRA研究報告書，2005年。

────「政策評価制度の構築とその課題」『日本労働研究雑誌』No. 497，2001年12月。

田辺智子「政策評価の手法──アメリカの評価理論と実践をもとに──」『季刊行政管理研究』No. 97，2002年3月。

塚本壽雄「政策評価の現状と課題」『季刊行政研究』No. 97，2002年3月。

辻清明編『岩波小辞典　政治〔第3版〕』岩波書店，1975年。

ドロア，イエヘッケル著，宮川公男訳『政策科学のデザイン』丸善，1975年。

中井達『政策評価──費用便益分析から包絡分析法まで』ミネルヴァ書房，2005年。

中邨章「行政，行政学と『ガバナンス』の三形態」日本行政学会編『ガバナンス論と行政学』ぎょうせい，2004年。

西尾隆「行政統制と行政責任」西尾勝・村松岐夫編『講座行政学・第6巻——市民と行政』有斐閣，1995年，第8章。
西尾勝「効率と能率」『行政学の基礎概念』東京大学出版会，1990年，第7章。
――「行政責任」『行政学の基礎概念』東京大学出版会，1990年，第9章。
――『新版・行政学』有斐閣，2001年。
西川伸一『この国の政治を変える——会計検査院の潜在力——』五月書房，2004年。
西山慶司「独立行政法人制度のおける評価の機能——中期目標期間終了後の見直しの意義とその課題——」『季刊行政管理研究』No. 108，2004年12月。
日本都市センター「自治体における行政評価の現状・課題・視点——都市自治体の行政評価に関する調査研究中間報告——」1999年3月。
ハトリー，ハリー・P. 著，上野宏・上野真城子訳『政策評価入門——結果重視の業績測定』東洋経済新報社，2004年。
東田親司「行政監察」高辻正己・辻清明編『行政管理』〈現代行政全集〉3，ぎょうせい，1984年。
――『現代行政と行政改革——改革の要点と運用の実際』芦書房，2002年。
人見剛「住民参政・参加制度の歴史的展開」人見剛・辻山幸宣編『協働型の制度づくりと政策形成』〈市民・住民と自治体のパートナーシップ〉第2巻，ぎょうせい，2000年。
廣瀬克哉「政策手段」森田朗編『行政学の基礎』岩波書店，1998年。
福田耕治『国際行政学——国際公益と国際政策——』有斐閣，2003年。
古川俊一「政策評価の概念・類型・課題(上), (下)」『自治研究』第76巻第2号（2000年2月）～第76巻第4号（2000年4月）。
古川俊一・北大路信郷『〔新版〕公共部門評価の理論と実際』，日本加除出版，2004年。
星野芳昭『ガバメント・ガバナンスと行政評価システム——企業経営に何を学ぶか』公人の友社，2001年。
増島俊之「プラン偏重の行政」『行政管理の視点』良書普及会，1981年。
水口憲人「行政事業の評価」村松岐夫編『行政学講義』青林書院新社，1977年，第7章。
湊直信編『政策・プログラム評価ハンドブック——新しい評価手法を目指して——』国際開発高等教育機構，2003年。
宮内忍「公会計制度改革の一視点——行政機能の実効性を高めるために——」『時評』2003年11月号。
宮川公男『政策科学の基礎』東洋経済新報社，1994年。
宮川公男・山本清編著『パブリックガバナンス——改革と戦略——』日本経済評論社，2002年。

武藤博己「政策評価の手法開発」松下圭一・西尾勝・新藤宗幸編『政策』〈岩波講座自治体の構想〉3，岩波書店，2002年。
村松岐夫「政策評価と行政責任」『行政学教科書』有斐閣，2001年，第11章。
森田朗編集代表，武藤博己編著『政策形成・政策法務・政策評価』〈図説・地方分権と自治体改革〉4，東京法令出版，2000年。
山口二郎『大蔵官僚支配の終焉』1987年，岩波書店。
山重慎二「公平性の観点からの政策評価」『会計検査研究』No. 22，2000年9月。
山田治徳『政策評価の技法』日本評論社，2000年。
山本清『自治体経営と政策評価——消極的顧客主義を超える NPM を』公人の友社，2000年。
——「国際比較から見た政策評価の課題と展望(2)」『会計と監査』2002年2月号。
山谷清志「行政管理におけるサッチャーの『革命』——『エイジェンシー』と業績評価」『國學院大学紀要』第28巻，1990年3月。
——『政策評価の理論とその展開——政府のアカウンタビリティ——』晃洋書房，1997年。
——「評価の多様性と市民——参加型評価の可能性——」西尾勝編著『行政評価の潮流』行政管理研究センター，2000年，第3章。
——「政策評価と行政学——わが国における研究と実践」『法学新報』第107巻第1・2号，2000年8月。
——「政策評価とシンクタンク——不幸な出会い——」『NIRA 政策研究』Vol. 14，No. 4，2001年。
——「わが国の政策評価——1996年から2002年までのレビュー——」日本評価学会『日本評価研究』第2巻第2号，2002年9月。
——「評価の理論と実践におけるプログラムの概念——政策評価と ODA 評価をめぐって——」『同志社政策科学研究』第6巻，2004年12月。
——「外部評価の課題——外部評価委員会の人選，運用，目的——」『季刊・都市政策』神戸都市問題研究所，第123号，2006年4月。
龍慶昭・佐々木亮『「政策評価」の理論と技法』多賀出版，2000年。
ロッシ，ピーター・H／マーク・W. リプセイ／ハワード・E. フリーマン著，大島巖・平岡公一・森俊夫・元永拓郎監訳『プログラム評価の理論と方法』日本評論社，2005年。

Bamberger, Michael, Jim Rugh and Linda Mabry, *Real World Evaluation*, Sage, 2006.
Behn, Robert D., "Performance and the New Public Management," *Rethinking Demo-*

cratic Accountability, Brookings, 2001,

———, "Why Measure Performance? : Different Purposes Require Different Measures," *Public Administration Review*, September/October 2003, Vol. 63, No. 5.

Bevir, Mark, R. A. Rhodes and Patrick Weller, "Traditions of Governance : Interpreting the Changing Role of the Public Sector," *Public Administration*, Vol. 81, No. 1, 2003.

Carter, Neil, "Learning to Measure Performance : The Use of Indicators in Organizations," *Public Administration*, Spring 1991, Vol. 69.

Dale, Reider, *Evaluation Frameworks for Development Programmes and Projects*, Sage (New Delhi), 1998.

Davidson, E. Jane, *Evaluation Methodology Basics*, Sage, 2005.

Day, Patricia and Rudolf Klein, *Accountabilities : Five Public Services*, Tavistock Publications, 1987.

Fetterman, David M., "The Transformation of Evaluation into a Collaboration : A Vision of Evaluation in the 21st Century," *The American Journal of Evaluation*, Vol. 22, No3, Fall 2001.

Fetterman, David M., Shakeh J. Kaftarian and Abraham Wandersman eds., *Empowerment Evaluation : Knowledge and Tools for Self-Assessment & Accountability*, Sage, 1996.

Hansen, Hanne Foss, "Choosing Evaluation Models : A Discussion on Evaluation Design," *Evaluation*, Octorber 2005, No. 11.

Henkel, Mary, "The New 'Evaluative State'," *Public Administration*, Vol. 69, Spring 1991.

Kettl, Donald F., *The Global Public Management Revolution : A Report on The Transformation of Governance*, Brookings Institution Press, 2000.

Kjær, Anne Mette, *Governance*, Polity Press, 2004.

Mathiasen, David, "The Separation of Powers and Political Choice : Budgeting, Auditing, and Evaluation in the United State," Gray, Andrew Bill Jenkins and Bob Segsworth, *Budgeting, Auditing & Evaluation : Functions & Integration in Seven Government*, Transaction, 2002 (first Hardcover edition 1993).

Maynard, Rebecca A., "Whether a Sociologist, Economist, Psychologist or Simply a Skilled Evaluator : Lessons from Evaluation Practice in the United States," *Evaluation*, Vol. 6(4), 2000.

McDavid, James C. and Laura R. L. Hawthorn, *Program Evaluation & Performance*

Measurement, Sage, 2006.
Mulgan, Richard, "'Accountability': An Ever-Expanding Concept?" *Public Administration*, Vol. 78, No. 3, 2000.
Murray, Richard, "Citizens' Control of Evaluation: Formulating and Assessing Alternatives," *Evaluation* Vol. 8(1), 2002.
Nathan, Richard P., *Social Science in Government: The Role of Policy Researchers*, Rockefeller Institute Press, 2000.
OECD, *Responsive Government: Service Quality Initiatives*, 1996.
―― (PUMA/PAC), *Improving Evaluation Practices: Best Practice Guidelines for Evaluation and Background Paper*, 1999.
――, *Governance in Transition: Public Management Reforms in OECD Countries*, 1995.
Osborne, David and Ted Gaebler, *Reinventing Government: How the Entrepreneurial Spirit is Transforming the Public Sector*, A Plume Book, 1992.
Osborne, Stephen P. ed., *Public Management: Critical Perspectives*, Vol. I~V, Routledge, 2002.
Padaki, Vijay ed., *Development Intervention and Programme Evaluation: Concepts & Cases*, Sage (New Dehli), 1995.
Pierre, Jon and B. Guy Peters, *Governance, Politics and the State*, Macmillan, 2000.
Rhodes, R. A. W., "Governance and Public Administration," Jon Pierre ed., *Debating Governance: Authority, Steering, and Democracy*, Oxford University Press, 2000.
Rosenau, James N. and Ernst-Otto Czempiel eds., *Governance without Government: Order and Change in World Politics*, Cambridge University Press, 1992.
Rossi, Peter H., Howard E. Freeman and Mark W. Lipsey, *Evaluation: A Systematic Approach*, sixth edition, Sage, 1999.
Smith, Bruce L. R. and D. C. Hague eds., *Dilemma of Accountability in the Modern Government*, Macmillan, 1971.
Smith, Ian Mayo and Nancy L. Ruther, *Achieving Improved Performance in Public Organizations: A Guide for Managers*, Kumarian Press, 1986.
Smith, James A., *The Idea Brokers: Think Tanks and the Rise of the New Policy Elite*, Free Press, 1991.
Stufflebeam, Daniel, *Evaluation Models* (New Directions for Evaluation, No. 89), John Wiley & Sons, 2001.
Valadez, Joseph and Michael Bamberger eds., *Monitoring and Evaluating Social*

Programs in Developing Countries: A Handbook for Policymakers, Managers, and Researchers, the World Bank, 1994.
Vedung, Evert, *Public Policy and Program Evaluation*, Transaction, 1997.
Wheat, Edward M., "The Activist Auditor: A New Player in State and Local Politics," *Public Administration Review*, September/October 1991, Vol. 51, No. 5.
Wholey Joseph S. and Harry P. Hatry, "The Case for Performance Monitoring," *Public Administration Review*, November/December 1992, Vol. 52, No. 6.
Williams, Daniel W., "Evolution of Performance Measurement Until 1930," *Administration & Society*, Vol. 36, No. 2, May 2004.
World Bank, *Governance and Development*, 1992.
――, *Governance: the World Bank Experiences*, 1994.

〔中央政府・地方自治体等の文書〕
会計問題研究会（座長・加藤芳太郎）「業績検査に関する研究報告書」1990年。
閣議決定「政策評価に関する基本方針の改定について」2005年12月6日。
規制に関する政策評価の手法に関する研究会「規制に関する政策評価の手法に関する調査研究」2004年7月。
規制の政策評価に関する研究会「規制の事前評価の在り方について――中間報告――」2005年11月。
国土交通政策研究所「建設政策における政策評価に関する研究――政策評価用語集」『PRCNOTE』第24号，2002年6月。
財政制度審議会「財政構造改革特別部会海外調査報告」2000年4月27日。
衆議院調査局「事務・事業の評価・監視システム導入に関する予備的調査（決算行政監視委員会，平成10年衆予調第3号）についての報告書」1998年8月。
政策評価各府省連絡会議了承「政策評価に関する標準的ガイドライン」2001年1月15日。
政策評価各府省連絡会議了承「政策評価の実施に関するガイドライン」2005年12月16日。
政策評価の手法等に関する研究会「政策評価制度の在り方に関する最終報告」総務庁行政監察局，2000年12月。
政策評価の導入検討プロジェクトチーム「試される大地北海道――新世代型道政運営システムの確立をめざして」（平成10年度赤レンガ・政策検討プロジェクト報告書）1999年4月。
政策マーケティング委員会「政策マーケティングブック2002～2003――暮らしやすさをはかる――政策市場をつくってみよう」政策マーケティング委員会事務局（青森県政策推進室），2003年3月。

総務省行政評価局「実施庁に係る実績評価に関する調査結果報告書」2004年7月。
総務省行政評価局政策評価官室「政策評価関係資料Ⅰ　諸外国の政策評価制度の概要」2001年5月。
総務省行政評価局政策評価官室「政策評価関係資料Ⅱ　諸外国の政策評価制度の概要」2001年5月。
総務省行政評価局政策評価官室「政策評価関係資料Ⅲ　諸外国の政策評価制度の概要」2002年3月。
総務省行政評価局政策評価官室「政策評価関係資料（第4巻）　諸外国の政策評価制度の制度と運営」2002年5月。
総務省行政評価局政策評価官室「政策評価関係資料（第5巻）　諸外国における政策評価の制度と運営」2003年4月。
総務省行政評価局政策評価官室「政策評価関係資料（第6巻）　諸外国における政策評価の制度と運営」2003年10月。
総務省行政評価局政策評価官室「政策評価関係資料（第7巻）　諸外国における政策評価の制度と運営」2004年3月。
総務庁行政監察局行政監察史編集委員会「行政監察史」，行政監察局・発行2000年12月。
男女共同参画局・影響調査ワーキングチーム「影響調査事例研究ワーキングチーム――都道府県・政令指定都市等取組事例集」2005年3月。
通商産業省政策評価研究会（事務局：通商産業省大臣官房政策評価広報課）「政策評価の現状と課題――新たな行政システムを目指して――」1999年8月。
東京都総務局行政改革推進室「平成11年度　行政評価の志向における評価結果報告書」2000年1月。
内閣府男女共同参画局，影響調査事例研究ワーキングチーム「影響調査事例研究ワーキングチーム　都道府県・政令指定都市等取り組み事例集」2005年3月。
三重県監査委員「平成14年度　行政監査（評価）結果報告書――行政評価方式による行政監査結果と意見――』（その1・その2）2002年12月。
三重県地方分権行政改革総括推進室「さわやかニュース」創刊号，1995年9月1日。

　各府省が行っている政策評価の実際については，総務省行政評価局のホームページの中に「政策評価の総合窓口」http://www.soumu.go.jp/hyouka/seisaku-top_f.htm があり，ここからすべての府省の政策評価の実際と総務省行政評価局の評価関連業務を見ることができる。また都道府県，代表的な市の政策評価・行政評価等については，同じく総務省の「行政評価ライブラリー」http://www.soumu.go.jp/click/003.html から見ることができる（2006年3月28日現在）。

おわりに

誤　算

　個人的な話で恐縮だが，政策評価の最初の講義を担当したのは同志社大学大学院総合政策科学研究科修士課程においてであり，それはこの課程が設置された1995年であった。当時，日本国内では政策評価の教科書は皆無で，また公表される評価関連の公式資料は政府開発援助（ODA）ぐらいだけであったため，実践例を求めることはきわめて難しかった。もちろん，情報公開の制度は積極的に展開されていなかったために，今日のようにインターネットを通じて官庁が政策の見直しを公表するという方法も一般的ではなく，地方の研究者が活用できる政策情報は限られていた。したがって，講義ノートは諸外国の理論動向やODA評価に関する記述が主であった。その講義ノートを整理したものが前著『政策評価の理論とその展開――政府のアカウンタビリティ――』（1997年）である。しかし，実はまさにその時，政策評価は制度化を始めていたのであった。当然，これを知らなかった筆者には予測不可能な誤算が出てきた。

　第1に，前著を執筆していた際には，サッチャーの政府改革とNPMを背景とした業績指標とその測定，クリントン政権のGPRAを導いた'reinventing government'を背景とした業績測定については，政策評価の範疇に入らないと判断し，ほとんど言及しなかった。その理由は，プログラム評価でなかったためである。しかし，日本で制度化された政策評価には「実績評価」として取り入れられ，予算との連携において重要な役割を演じる。業績測定型の実績評価は，組織のトップマネジメントが財務管理や人事管理を意識しながら組織活動をコントロールするには役に立つが，政策そのものの見直しには不適合である。というのも，主としてアウトプットの活動実績からなる業績（performance）の数字だけでは，仮に政策目標が達成されなかった時にはその理由が分からないし，政策目的にその政策手段が適合していたかどうかも不明である。もちろ

ん政策そのものがその時の社会環境条件に適合しているかどうかも判断できない。それでも日本の評価の現場では，業績測定や実績評価が急速に取り入れられた。主たる理由は，社会科学の応用を意識した現場の担当者が少なかったこと，また首長がマネジメントのツールとして使いたいと考えたからである。

第2の誤算は，政策評価導入に際しては国の府省も地方自治体も，その試行錯誤を通じて政策評価を冷静に考察する余裕がなかったことである。したがって，どのような方法が使用可能か，いかなる制約があるのかについて熟考する間もなく，日程に追われながら制度化の作業が進められた。それを「泥縄」方式と批判するつもりはまったくない。ただ，現場では実に様々な議論が真摯に重ねられていたが，しかしその熱心な議論が広く浸透する時間がなかった。また，導入後すぐ政策評価に対しては予算との連携をはじめとした多くの追加要求が突き付けられ，現場の担当者はそれらの対応に追われた。各府省や各自治体で政策評価を取りまとめる評価担当者と，政策評価シートを書かなければならない政策担当者は，「政策を見直す」という本来の任務ではなく，評価「業務」に追い立てられる毎日になった。

第3の誤算は，政策の概念そのものが混乱していた点である。政策の概念は，少なくとも政策評価においてはその主体を欠いては存在しない。つまり，誰がどのような権限（責任）において，どんな目的で，誰（何）に対して，いかなる手段・ツールを用いて働きかけるのかが分からなければ，政策評価はおろか，実証的な政策研究までもが不可能になる。一例を挙げると，外務省のODAが外交政策なのか，それとも国の枠を超えた社会福祉政策なのかという議論は，政策主体が外務省，あるいは官邸であると定義すれば外交政策のツールであろうし，経済協力局やJICA，海外で展開するNGOが政策主体であると考えれば国際的な社会福祉政策だと言うこともできる。しかし，問題は難しい。

たとえば国土交通省はその所管の政策の枠内で都市下水路の整備を行おうとする。目的は①トイレの水洗化による生活の質的改善と，②汚水排除によるA川の公共用水域の水質改善，の2つである。この事業を進めるため，国土交通省は窓口のB県を通してC市に補助金を出すが，C市は補助部分だけでは不足なので，国土交通省の補助事業とC市の単独事業の2段構えで行おう

とする。もちろん事業主体はいずれもC市都市整備部下水道課である。その予算分担は，国土交通省がその補助事業部分（10分の5である50％）を負担した国費，C市が地方債の起債分で45％（10分の4.5），残り5％は受益者（市民）負担というように設定されている。またC市が単独事業として行う部分については95％が起債，残り5％が受益者負担である。しかし受益者の多くは高齢者（農業の年金生活）で，とてもその受益者負担部分を支払うことができないため，C市が代わりに負担した（もっともC市は財政赤字が深刻で4年後赤字再建団体転落必至の状勢であった）。

　なお，この事業の評価はなぜかB県公共事業評価委員会が評価を行った（事務局はB県県土整備部が担当）。さらにC市のA川沿い隣にあるD町は，農業集落排水事業として農林水産省補助で同じ種類の下水道事業を行っていた（ただし国庫補助率は50％で事業主体はB県）。しかもD町の事業は経済産業省と環境省の後援する「バイオマス利活用優良表彰」を受けており，D町住民にとってこの事業は生活環境整備でなく，環境政策としてのイメージが強かった。

　政策の現場はこのように複雑な体系になっていることが多いが，国土交通省，農林水産省，経済産業省，環境省，B県，C市，またD町それぞれが，自らの所管の中で「生活政策」「環境政策」として語り，しかしD町住民は省資源・資源循環政策として見ているかもしれないのである。この場合，言葉は悪いが，評価対象になる政策は，それぞれの関係者が成果をPRできる部分が政策だということになりかねない。前著を執筆していた時，こうした複雑な政策像は想定していなかった。

　誤算はもう1つ，個人的な事情からの誤算があった。前著については田辺国昭教授から懇切ご丁寧な書評をいただいた（日本行政学会「行政と責任」『年報行政研究』第33号，1998年）。そこでは「著者の『政策評価の応用と実際』への取り組みのさらなる成果が期待される」と研究課題が示されていた。しかし，当時の著者にとってこれは重すぎる研究課題であった。広島にいた頃は行政の現場との接点がまったくなく，したがって研究論文を書くにしても，ほとんど「畳の上の水練」の中で「机上の空論」をでっち上げるか，外国文献を丹

念に読んで理論紹介するしか考えられなかったからである。温かいご示唆ではあったが，非常に当惑した。

ところが岩手県立大学に赴任した直後の1998年，東日本では「政策評価ブーム」がなぜか始まり，北海道，岩手県庁や秋田県庁，宮城県，岩手県の一関市や水沢市をはじめとした多くの地方自治体が開催した実践向け研究会に参加する機会を得た。これは嬉しい誤算であった。しかしながら，そこには政策評価という応用社会科学を可能にする組織条件が実務の現場にはないという失望，したがって業績測定，実績評価をベースにしたものしか有効ではないという違和感もあった。さらにその後，外務省においてODA評価の取りまとめ，政策評価と独立行政法人評価の制度設計に関わり，またいくつかの府省や府県，市の政策評価・独立行政法人評価・行政評価に関与して，色いろな問題を見聞し，経験したが，やはり事情は同じであった。

こうした経験上言えるのは，政策評価制度を導入する際に考慮すべきなのは，明確な導入目的（評価情報で何を説明させたいか），十分な組織資源（ヒト・ノウハウ・カネ），そしてトップの熱意（政治力）があるかないかだということであり，なぜならこれらの有無に評価制度は制約されるからである。そして，これらのいずれかが欠如していた時，現場ではモラルハザードが発生した。「法律で決まったから取り組まざるをえない」という消極主義，トップが導入と言ったから不承不承導入する，人を割けないのでコンサルタントやシンクタンクにすべて委託する（丸投げ），導入する目的・意欲がないのでヨソで行っている評価の中で使えそうなものをまねる，マスコミに取り上げられた時に争点になりそうな問題は「微妙」に回避する，評価するという経験・文化がないので評価取りまとめ担当課が音頭を取ってもまったく動かないという，いい加減な取り組み状況である。その結果，評価は行政内部では「あまり役に立たない」と吹聴され，部外者（国民とその代表である議員）は「何をしているのかまったく分からない」と非難する。これも想定外の誤算であった。

役に立つ政策評価の条件

そこで「役に立つ政策評価」が求められるようになったのであるが，政策評

おわりに

価が有用性をさらに高めるためには，いくつかの必要条件をクリアしなければならないことはすでに明らかである。

第1の条件とは「政策」概念の明確化である。概念整理と言ってもよいかもしれない。「東アジア地域の緊張をふまえた防衛」はもちろん政策の話であるが，「政府や企業，家庭を横断した男女共同参画の問題を考える」ことも政策であり，さらに「いじめに遭って小学校に行けなくなった子供にどのように対応するのか」ということも政策であろう。このように政策概念の理解に幅があるのは，政策を語る時に個々人がそれぞれ持っている 'frame of reference' ごとに「政策イメージ」が異なっているからである。「準拠枠」と訳されるこの 'frame of reference' は，個人がものを考える時に拠り処とするものの見方・判断基準，所属する社会や家族・会社・職場で共有される思考・価値観などによって形造られ，したがってこの 'frame of reference' を共有しない人たちの間では，評価の場で同じ政策の議論をしようとしても政策のイメージが違うのであり，もちろんその評価基準も 'frame of reference' ごとに違ってくるはずである。一方では非常にマクロな政策をイメージして論議し，他方では実務のより細かな政策評価の議論をしたがるのは，両者が違う 'frame of reference' を持つために異なる政策イメージが展開され，すれ違いが生じているからである。したがって，政策概念の明確化とは，個々人や集団それぞれが持つ政策の 'frame of reference' に関する合意の形成かもしれず，それはプログラムをアジェンダにして形成される。

第2の条件は，TOR(terms of reference) の明確化である。TORとは「誰が，何を目的に，何を対象として，いつまでに，何をするのか，そしていくらでやるか」について事前に明確化することである。「評価（調査）事項の範囲の決定」であり，たとえば今はなき外務省経済協力局評価室（2003年3月31日まで存在）で行っていたODA評価の実務では，評価室が直接に評価せず，コンサルタントやシンクタンクに業務委託する形態があった。この時，評価室の担当者と受注したコンサルタントの間で契約内容のTORがきちんと詰められていないと，まったく役に立たない評価報告書が出てくる。これは，地方自治体が政策評価設計をコンサルタントに委託した時も同じである（第6章を参照）。

そして政策評価全般においても，取りまとめ課と政策評価を行う原課との間で，また首長と取りまとめ課との間で，さらに総務省行政評価局と各府省との間で，あるいは各府省と国会との間で，このTORに関する合意が必要であろう。そうしないと，「どのような評価をするのかに関してはお任せします」と言われたのに，後になってから膨大な質問・修正要求が出てきたのでは，評価する者の意欲は萎える。

　第3の条件は，序章で述べた3つの体系の理解である。①教育行政・福祉行政・医療行政・防衛行政というところに共通する「行政」の機能とそれを研究対象にする行政学という学問分野，②教育政策・福祉政策・医療政策・防衛政策に共通する「政策」の機能とこれら政策を研究する政策学，③教育・福祉・医療・防衛それぞれの実務の専門家の知と教育学・福祉学・医学・防衛研究，という3種類の異なる体系が存在し，行政・政策・実務と研究のそれぞれが深く関係しながらも，本質的な機能が違うことを理解しなければ，政策評価において何をしたいのかが分からなくなる。評価の現場で，政策評価を通じてアカウンタビリティを達成したい，職員の意識改革をしたい，職員のスキルアップが求められると言うのであるが，何についてのアカウンタビリティや意識改革なのか，どんなスキルをアップしたいのか分からなくなる。ただし国の府省での政策評価では，一部この3体系を反映している府省が存在する。それは外部評価委員会や外部有識者の会議のメンバー構成に反映されているのである。

　最後に，第4のクリアすべき条件がある。これは第3の条件と重なっているが，政策をめぐるアートとサイエンスの一層の交流による進化，成熟が必要だということである。3つの体系と，理論研究・実務活動を交差させたマトリックスには6つの枠ができるが（次ページの表），それらの枠1つひとつをどのように考え，チェックしていくかが非常に大事な課題になると考えられる。参考になるのは前述した評価を任せる際のTORである。ただし，政策をめぐる人びとの思いと役割は錯綜している。何の権限もない外部評価委員が事業の廃止を勧め，行政官が政治家に代わって政策を企画立案し，福祉や教育の専門職が人事異動によって行政職の仕事をし，議員とその秘書が様々な地域課題に関するケースワークやカウンセラーに似た仕事をしている状況が，日本ではごく

	行政マネジメント	政策立案・実施・評価	専門職の質の維持
実践活動(アート)	教育行政・学校運営 医療行政・病院経営	教育政策・モデル事業 医療政策・健康日本21	国家資格制度，教員養成，医師研修，再教育，ピアレビュー
理論研究(サイエンス)	行政学・経営学	政策学と諸社会科学	教育学，医学

当たり前のように見られる。この状況では政策の役割に関する線引き，特定が難しい。誰が本来の評価主体であるかも決めかねる。ただ，日本公共政策学会や日本評価学会をはじめとする研究の場では研究者と実務家との垣根が低くなり，政策・行政・専門職の相互理解が進んでいることを考えると，この第4の条件のクリアは比較的簡単かもしれない。必要なのは研究者が理論の蛸壺に閉じこもらないこと，また実務家が2～3年で交替する異動の中に流されないことである。

新たな政策研究に向けて

前著執筆時には，政策評価が「暗黒大陸」にあるような気がしていた。存在はあるが，姿が見えないので「わが国では政策評価は『暗黒大陸』の奥に隠れているのである。本格的な教育，研修がはじまるのはまだ遠い先かも知れない」（前著83ページ）と書いた。しかし，これもまた大きな誤算であった。すぐ直後には政策評価の正式な取り組みが始まり，導入時にはマニュアル作成，実施計画の策定，研修，「行政機関が行う政策の評価に関する法律」や政策評価条例の制定が行われた。われわれはすでに目指すべき「新大陸」に上陸していたのである。

したがって，政策評価に関してはこれからも色いろな探検や調査が必要である。そのためには，高いところに登って「鳥の目」で俯瞰することも必要であろう（政策レビュー，広義の政策評価，メタ評価）。また，行政のジャングルを「虫の目」で丹念に調査する必要もある（プロジェクト評価や前述した都市下水路整備の話）。あるいは特定のターゲットを決め，試しに「魚眼レンズ」のように特定方向から広角的に見る必要もあるかもしれない（「プログラム」の評価）。ここで必要になるのは，政策学のより一層の進化・洗練である。

たとえば序章で述べた政策評価の方法や手法は，実は政策の内容・構造に深く関わる問題である。そのため大学や大学院の政策教育や公務員政策研修で選定されるテーマは，政策の構造と論理，政策の体制とプロセスを学習し，説明（アカウンタビリティ）する訓練の材料として使われるべきであろう。それらテーマは一見脈絡のないトピックの羅列に見える。すなわち，同志社大学における筆者の最初の学部演習のテーマは，ゼミ生各個人の希望に任せて，以下のようにバラエティに富んだものになった。

- 女性政策を対象とした政策評価の評価
- 地域活性化におけるまちづくり三法
- 高齢化社会における防災計画
- 大阪中之島における都市開発と住民
- 教育政策における「ゆとり教育」の始まりと見直し
- 「近隣外交」政策の日独比較
- 現代日本の高等教育政策（大学政策）
- 愛護動物に関する国と地方自治体の政策体系，
- 農業者の目から見た戦後日本の農業政策
- 国と地方自治体の観光政策における組織体制
- 戦後日本の経済政策のレビュー
- 日本の外交政策と国際連合
- 政策手段としての税制
- 「村おこし」による過疎地域振興の可能性
- 京都の都市（建築・まちづくり）政策——観光都市の現状分析——

しかし，これら多種多様の政策テーマにはすべて政策としての構造，ロジック，プロセスにおいて共通する部分がある。それを発見るためには，まず「どのような 'frame of reference' で切っていくのか」を考えることが必要になるであろう。つまり，政策を評価するということは，政策を学ぶことに他ならないのである。

　本書は萌書房の白石徳浩さんとの出会いがなければ誕生しなかった。かつて

著者が初めて世に出した本『政策評価の理論とその展開』をご担当いただいてから，ことあるごとに「次の本を」と激励していただき，著者が大学や職場を変えてもその激励は忍耐強く続いた。もともと怠け者の筆者が何とか『政策評価の実践とその課題』を公にできたのは，ひとえに白石さんのおかげである。心から感謝したい。

2006年4月25日

山谷 清志

索　引

〔ア　行〕

アウトカム　16, 125, 131, 227
アウトカム指標　127
アウトカム目標　136
アウトプット（output）　16, 125, 127, 131
アウトプット指標　113, 127, 157, 227
アウトプット目標　136
アウトプット予算　131
青森県　154
アカウンタビリティ（accountability）　10, 86, 95, 124, 127, 136, 212, 224, 225, 232
アカウンタビリティのジレンマ　10, 11, 106, 210, 224
新しいポリティカル・エコノミー（New Political Economy）　104
アート（art）　7, 10
administrative accountability　230
administrative inspection　55
administrative audit　55
appraisal　113
applied social sciences　220
アメリカ　124, 135, 136
イギリス　126, 135, 136
意識改革　169
1 次評価　202
医療政策の評価　7
岩手県　41, 153, 154, 171
岩手県滝沢村　154
因果関係のロジック　169
インタビュー　126
インパクト　16, 227
インパクトの適否　92
インパクト評価　8, 9, 14
インプット　16
影響調査　14
影響評価　14

エージェンシー　113
NGO　167, 189
NPM（New Public Management）　99, 110, 113, 116, 117, 119, 120, 133-137, 141, 143, 159, 171, 186, 187, 191, 204, 211, 222, 229, 257
NPM 型改革　109, 230
NPM 型ガバナンス　102, 109
NPM 型ガバナンス改革　113
NPM 型評価　192, 194
NPM 志向　160
NPO　126, 163, 167, 189, 190-193, 199, 200, 201, 204, 231
Evaluation Research　110
evaluatability assessment　78
MDGs　140
エンパワメント評価　198, 202, 268
OECD　111
応用社会科学　42, 72, 99, 110, 183, 220, 228
応用社会学　33
大きな政府　112
オーストラリア　130, 135, 136
ODA の事前評価　86
ODA 評価　62, 64, 257

〔カ　行〕

外局　49
会計監査　55, 230
会計検査（audit）　59
会計検査院　141
会計検査院法の改正　59
『会計検査研究』　141
『会計と監査』　141
外交政策評価パネル　51, 62, 65
介護評価　228
外部専門家　51, 182, 221, 266, 267, 270

外部評価　　35, 179, 181, 223, 265
外部評価委員　　260
外部評価委員会　　36, 57, 73, 179, 182, 202, 221, 260, 266, 270
外部有識者　　51, 182, 221, 260, 261, 265, 266, 267
外部有識者委員会　　261
外部有識者会議　　73
外務省　　53, 60, 140
外務省経済協力局評価室　　303
外務省政策評価アドバイザリー・グループ　　51, 66
外務省の重点外交施策ヒアリング　　67
科学（science）　　110
学識経験　　247
学識経験者　　51, 180, 181, 240, 265
格付け・認証　　157
各界代表　　266, 267
学校評議員制度　　27
合衆国会計検査院（GAO）　　26, 31, 111, 114, 125, 253
カナダ　　128
ガバナンス（governance）　　100, 231
governance as communities　　106
governance as networks　　106
governance as hierarchies　　106
governance as market　　106
ガバナンス理論　　100
Government Performance and Results Act：GPRA　　114
亀井静香　　219
環境アセスメント　　61
韓国　　131
監査　　36, 180
観察　　126
監察業務運営要領　　56
監査と評価との違い　　58
官房系　　139
管理会計　　38, 58, 94, 232
機関評価　　81
疑似的定量評価　　94
技術評価　　133
規制　　89
規制インパクト分析　　133, 134
規制の経済コスト分析　　220

北川正恭　　28, 149, 212
機能的責任　　205
基本計画　　50, 75
基本法　　76
客観性　　35, 53, 270
客観性担保評価　　52, 53, 55, 64, 66, 213, 214, 225, 262
旧総務庁　　124
教育・研修　　91
教育評価論　　228
行政　　4, 304
行政改革会議　　30, 59
行政改革会議「最終報告」　　23, 253, 255
行政改革の重要方針（2005年12月24日）　　254
行政監査　　55
行政監査・監察　　230
行政監察　　55, 56, 60
行政監察局　　55
行政監視院法案　　26
行政関与の在り方に関する基準　　97
行政管理　　168, 170, 171, 229, 230
行政管理型の評価　　67
行政管理予算局（OMB）　　125
行政機関の保有する情報の公開に関する法律（情報公開法）　　26
行政経営改革　　166
行政経営評価　　73
行政経営品質改善　　153
行政効率化関係省庁連絡会議　　65
行政サービス協定（PSA）　　126
強制された自己評価　　44, 46
行政システム改革　　148
行政責任のジレンマ　　21
行政責任論争　　205
行政の関与のあり方に関する基準　　26
行政の管理　　187
行政の統制　　5
行政の病理　　210, 211
行政評価　　4, 62, 64, 67, 75, 117, 149, 157, 161, 166, 168, 170, 171, 173, 176, 185, 186, 226, 229
行政評価・監視　　54, 55, 66
行政評価局の「行政評価」　　176
行政評価システム　　165

索　引　311

業績管理　113
業績検査に関する研究報告書　27
業績指標　113, 229
業績測定　6, 8, 10, 29, 33, 83, 93, 95, 113, 116, 129, 130, 131, 137, 165, 186, 220, 221, 226, 229
業績評価　229, 230
業績予算　253
協働型評価　197, 268
業務棚卸法　152
緊急雇用対策特別交付金　18
グッド・ガバナンス(good governance)　103, 192
国別援助計画　87
クロス・セクション分析　126
経営評価　67, 149, 171-173, 187
計画　75
計画の進行管理システム　165
計画の進捗管理　169
経済協力開発機構(OECD)　102
経済財政諮問会議　50, 65, 217, 251
経済産業省　133
経済性　6
形式的評価(formative evaluation)　9, 90
形成的評価　92
ケーススタディ　126
結果に基づくマネジメント　186
結果の公平　227
研究開発　52, 86
研究開発評価　61, 220
健康日本21　87
公会計　117
合規性(regularity)　11, 111, 226
公共事業　52, 86, 133
公共事業官庁　61
公共事業再評価　27
公共事業評価　34, 220
公共政策(public policy)　187
後発省庁　47, 48
公平性　43, 68, 245
広報広聴　91
合法性(legality)　11, 111, 226
効率　6, 11, 227
効率性　11, 68
効率性評価　8

顧客サービス　43
顧客重視　186
顧客満足　43
国際協力機構(JICA)　53, 258
国際協力銀行　53
国際交流基金　258
国際通貨基金(IMF)　103
国際的相互依存ガバナンス　104
国際標準化機構(ISO)　158
国土交通省　137
国土交通政策研究所　137
子育て支援税額控除制度　90
国会　193
国庫補助事業　61
コーポレート・ガバナンス　102
コンサルタント　163, 164, 165, 183, 187
constitutional accountability　231
conditionality　103
コンパクトシティ　14
コンプライアンス　12
コンプライアンス・コスト　53, 57, 262
comprehensive evaluation　84

〔サ 行〕

サイエンス(science)　6, 10
財務会計　58, 232
財務省　134
財務諸表　117
サッチャー改革　112, 121
サッチャリズム　112
査定管理型モデル　171
サービス提供協約(SDA)　127
3E(経済性, 効率性, 有効性)監査　115
3E検査　59
参加型評価　194
参議院行政監視委員会　59
三位一体の改革　108, 169
事業官庁　168
事業評価(Project Evaluation)　3, 4, 6, 8, 10, 33, 83, 93, 168, 183, 263
時系列分析　126
事後評価　86, 246, 251
市場テスト　134
市場の活用　186
静岡県　152

312

事前・事後比較　14
事前評価　34, 47, 52, 53, 64, 86, 216, 240, 246
自治体改革　149
自治体経営　31
自治体の監査　57
自治体版 TQC 運動　212
自治体リストラ　222
市町村合併　169
実験法　126
実施官庁　168
実施庁　49
実績評価（Performance Evaluation）　3, 6, 8, 49, 83, 93, 184, 220, 221, 229
実績評価型行政評価　188
GPRA（Government Performance and Results Act）　29, 124, 126, 184
市民憲章（the Citizens' Charter）　192
市民満足学会　158
事務事業　153
事務事業評価　29, 34, 67, 75, 117, 152, 156, 162, 185, 226
事務事業評価システム　149
社会サイバネティック・システム（socio-cybernetic system）としてのガバナンス　104
社会実験　110
社会福祉法　17
社会プログラム　228
衆議院決算・行政監視委員会　59
衆愚制　204
重点外交施策ヒアリング　50
住民代表　266, 267
準拠（compliance）　230
準拠性（compliance）　111
準拠枠　303
準実験法　126
情報提供　91
情報の非対称性　33
所管府省独立行政法人評価委員会　64
職員研修　170
自律的責任　205
新規施策の定期調査　27
シンクタンク　186
新公共管理（New Public Management）　6
新自由主義　113
新保守主義　113
数量的アプローチ　34
スクラップ・アンド・ビルド　31
ステークホルダー評価（stakeholder evaluation）　194, 195, 201, 223, 268
スポーツ振興基本計画　87
SMART　202
成果　227
政策　4, 48, 175, 304
政策アプローチ　111
政策エリート　189
政策科学　99, 111
政策官庁　31, 165, 166, 168, 187
政策金融　90
政策群　50
政策形成　89, 92
政策形成研修　162
政策研究　99, 110, 111, 305
政策研修　162, 170
政策広報　91
政策指標　156
政策手段　89, 167, 186
政策シンクタンク　188, 189, 190
政策体系　16, 75, 79, 162, 169, 184, 185, 186, 244, 253, 256, 263
政策体系評価　83, 184
政策提言　188
政策提唱型評価　197, 199, 202, 205
政策等の評価　156
政策21（特定非営利活動法人）　203
政策の概念　300
政策のコスト　240
政策の自己管理　5
政策の実践　183
政策の体系化　250, 256
政策の定義　161
政策評価　56, 73, 173, 182, 230
政策評価各府省連絡会議　8
政策評価研究会（通産省）　31, 44
政策評価手法の混乱　93
政策評価調書　13, 252
政策評価・独立行政法人評価委員会（「政独委」）　36, 56, 64, 69, 239, 261, 262

索　引　313

政策評価と予算との連携　13
政策評価に関する標準的ガイドライン　24
政策評価の方法に関する標準的ガイドライン　83
政策評価のリテラシー　183
政策評価分科会(「政独委」政策評価分科会)　239
政策評価有識者会議　266
政策プロセス　16, 186
政策へのフィードバック　50
政策マーケティング　154
政策目的　167
政策リサーチ　165
政策立案・形成者　92
政策領域別の基本計画　170
政策レビュー　6, 30
政策レベルの評価　64
政治的責任　205
政治力学　43
税制措置　90
制度評価　26
政府開発援助(ODA)　52, 86, 111, 133
政府金融機関　239
政府の失敗　113
セオリー評価　8, 9, 16, 253
世界銀行　103
施策(program)　10, 252
施策評価　152, 156, 162
施策レベルの評価　13
説明責任　209, 212, 224
節約　6, 227
ゼロベース予算　125
専門家　185, 223
専門家のパターナリズム　198
専門的評価　256
専門評価　73
戦略的評価　231, 233
総括的評価(summative evaluation)　9, 92
総合計画　75, 161, 165, 169
総合性確保評価　53, 239
総合評価(Comprehensive Evaluation)　3, 6, 8, 83, 184
総務系　139

総務省　124
総務省行政評価局　45, 56, 67, 124
総務省政策評価・独立行政法人評価委員会　108
総務庁「政策評価の手法等に関する研究会」　24, 29, 30, 31, 44, 50, 74
social experimentation　110
social sciences　6

〔タ　行〕

第1次評価機関　260
第三者　180, 223, 260
第三者性　270
貸借対照表　117
対照実験法　126
妥当性　9
ターミネーター　271
terms of reference(TOR)　8, 187, 303, 304
他律的責任　205
男女共同参画局の「影響調査」　87
小さな政府　113, 229
地方議会　160, 193
地方公共団体　168
地方分権改革　222
地方分権推進委員会　27
地方分権推進法　26
中央省庁等改革基本法　23, 24, 26, 30, 49, 61
中間評価　9
中期目標　49, 76, 255
通商産業省　30
TQC(total quality control)　151, 170, 171
TQC運動　222
定性的評価　42, 91, 92, 199
定量的評価　91
定量分析偏重主義　199
適正手続(due-process)　230
手続順守　11, 12
手続や会計基準の順守(compliance)　226
ドイツ　139
統一性確保評価　53
統一性・総合性確保評価　54, 55, 66
東京都　156

東京都政策指標「TOKYO CHECKUP LIST 99」　156
道州制　169
統制型の政策形成　93
統治能力（governability）　101
透明性（transparency）　101, 186
時のアセスメント　27, 134, 151
特殊法人　53
特殊法人改革　107
独立行政法人　49, 53, 55, 76, 223, 229, 257, 259
独立行政法人通則法　55, 64, 73, 76
独立行政法人に関する有識者会議　108, 264
独立行政法人の評価　259
独立行政法人評価　54, 62, 64, 73, 249, 253
独立行政法人評価分科会　263
独立性　53
都市計画法　17

〔ナ　行〕

内閣府男女共同参画局　87
内閣府男女共同参画局の影響調査　94
内部管理事務　49, 76, 168
内部評価　35
National Performance Review　114
2次評価　202
日本公共政策学会　267
日本評価学会　4, 96, 190, 200, 267
『日本評価研究』　4
ニュージーランド　131, 135, 136
認可法人　53
ネットワークとしてのガバナンス　105
納税者の視点　43

〔ハ　行〕

箸の上げ下ろし　12
PART　252
パネル分析　126
パフォーマンス　39
パフォーマンス監査　114
performance measurement　33, 83, 121
バランスシート　117
Value for Money（支出に見合う価値）　6, 12, 57, 113, 131, 186, 228

ピアレビュー（peer-review）　114, 259, 270
必要性　11, 68
必要性認定　214
必要性評価　8
PDS（Plan-Do-See）　216
PDCA（Plan-Do-Check-Action）　152, 216
PPBS　125, 128, 139, 216
PPBS（Planning Programming Budgeting System）　39, 111
PPBSの失敗　39, 135
評価　5, 6, 71
評価可能性　78
評価観点　77
評価結果　50
評価研究　93, 110
評価項目　77
評価時期　86
評価シート　6
評価指標　77
評価手法　8, 10, 86, 89
評価対象　42, 74, 75, 76
評価疲れ　262
評価テーマ　77
評価の観点　51, 52, 68
評価の専門家　96, 180, 259, 267
評価の評価　201, 213
評価方式　8, 10, 86
評価方法　76
費用対効果分析　134
評定　263
費用便益　6
費用便益分析　9, 14, 133, 134
VFM監査　130
fiscal accountability　226
フィールド重視型の評価　139
府県連携　169
プラン偏重主義　34
frame of reference　303, 306
プログラム（施策）　9, 10, 12, 13, 15, 17, 94, 124, 161, 225, 227, 228, 253, 306
プログラム・アカウンタビリティ（program accountability）　111, 226, 227, 228
プログラム・デザイン　92

索　引　315

プログラムの管理者　92
program performance evaluation　114
プログラム評価（program evaluation）　6, 8, 10, 31, 84, 93, 95, 110, 112, 114, 116, 125, 129, 130, 133, 134, 137, 138, 165, 220, 228, 253
プログラム・レベルの評価　64
プロジェクト　15
プロジェクト評価（project evaluation）　83
プロジェクト評価（費用便益分析）　8
プロジェクト・レベルの評価　64
プロセス　14
process accountability　226, 227
プロセス思考　16
プロセス・チェック　260
プロセス評価　8, 9
professional accountability　228
プロフェッショナル評価　193, 200, 203
ベンチマーク　155, 156, 157
包括的歳出レビュー（Comprehensive Spending Review：CSR）　115, 126
方式　9
法令の順守（legality）　230
北海道　151
ポピュリズム　204
policy evaluation　55
Policy Sciences　111
Policy Studies　110
Policy Research　110
policy review　84

〔マ　行〕

松井孝治　30
マニフェスト　173
マニフェスト評価　170
マネジメント　113
マネジメント改革　212
マネジメント・サイクル　186
マネジメントのアカウンタビリティ　229
マネジメントの改革　29

マネジメントの改善　31
Management by Objectives　114
management review　28
三重県庁　28, 149
三重県の行政監査　57
三鷹市　154
未着手・未了案件　63
3つの体系　3, 304
ミレニアム開発目標（Millennium Development Goals：MDGs）　63, 140
無償資金協力　52, 63, 64
メタ評価（meta-evaluation）　13, 179, 199, 260, 262, 264, 266
目標達成度　92, 227
目標による管理　85, 114, 121, 170, 186, 222
モデル事業　40, 45, 50, 217, 218
モニター　9, 83
モニタリング　169
モラル　210
モラール　210
問責者　10, 11
問題解決プログラム　9

〔ヤ・ラ・ワ　行〕

有効性　11, 68, 92, 227
有効性検査　60
有効性評価　225
有償資金協力　52, 63, 64
優先性　68, 245
予算査定　13, 92
予算措置　90
予算への反映　5
reinventing government　29, 102, 120, 211, 229
リエンジニアリング　29
legal accountability　230
臨床的アプローチ　34
連結決算　117
ロジカル・フレームワーク　7
技（art）　7, 72, 110, 181

■著者略歴

山谷清志（やまや　きよし）

1954年，青森市に生まれる。中央大学法学部政治学科卒業，中央大学大学院法学研究科博士後期課程単位取得退学。中央大学博士（政治学）。㈶行政管理研究センター研究員，広島修道大学法学部教授，岩手県立大学総合政策学部教授，外務省経済協力局評価室長，外務省大臣官房考査・政策評価官を経て，現在同志社大学政策学部・大学院総合政策科学研究科教授（政策評価論・行政責任論を担当）。

主要業績

『政策評価の理論とその展開——政府のアカウンタビリティ——』（晃洋書房，1997），「汚職の防止」（西尾勝・村松岐夫編『講座行政学第6巻 市民と行政』有斐閣，1995），「自治体の政策責任」（自治体学会編『年報自治体学・自治体の政策責任』良書普及会，1999），「住民投票と自治体政策システム」（新藤宗幸編著『住民投票』ぎょうせい，1999），「行政の評価と統制」（福田耕治・真渕勝・縣公一郎編著『行政の新展開』法律文化社，2002），「外務省大臣官房の政策管理機能——総合外交政策局とのデマケーション——」（日本行政学会編『年報行政学40　官邸と官房』2005）など。

政府・地方自治体の委員活動等

広島県「行政システム改善懇話会」（94～98），通商産業省「政策評価研究会」（98～99），通商産業省「経済協力評価研究会」（98～99），総務庁行政監察局「政策評価の手法等に関する研究会」（99～00），総理府「男女共同参画影響調査研究会」（99～00），外務省「ODA評価研究会」（00），岩手県「公共事業評価委員会」（98～03），㈶海外技術者研修協会「事業システム評価委員会」（99～02）。内閣府「男女共同参画会議・苦情処理監視専門調査会」（01～02），秋田県「政策・事業評価の条例化に関する研究会」（01～02），岩手県政策評価委員会（01～03），文部科学省「政策評価に関する有識者会議」（01～02），内閣府「（男女共同参画）影響調査事例研究ワーキングチーム」（02～04），滋賀県草津市「行政評価市民委員会」（04～05）。総務省「政策評価・独立行政法人評価委員会，独立行政法人評価分科会」（04～），内閣府男女共同参画会議・監視影響調査専門委員会（04～），愛知県「行政評価委員会」委員（04～），大阪府「地方独立行政法人評価委員会」（04～），大阪府高槻市事務事業評価委員会（05～），独立行政法人・日本万国博覧会記念機構・基金事業事後評価等検討委員会委員（05～），防衛庁「政策評価に関する有識者会議」（06～），内閣府本府「政策評価有識者懇談会」（06～）などを務める。

連絡先メールアドレス：kyamaya@mail.doshisha.ac.jp

政策評価の実践とその課題──アカウンタビリティのジレンマ──
2006年5月30日　初版第1刷発行
2010年10月5日　初版第2刷発行

著　者　山　谷　清　志
発行者　白　石　德　浩
発行所　萌　書　房
　　　　〒630-1242　奈良市大柳生町3619-1
　　　　TEL（0742）93-2234 / FAX 93-2235
　　　　［URL］http://www3.kcn.ne.jp/~kizasu-s
　　　　振替　00940-7-53629
印刷・製本　共同印刷工業・藤沢製本

© Kiyoshi YAMAYA, 2006　　　　　Printed in Japan

ISBN978-4-86065-023-0